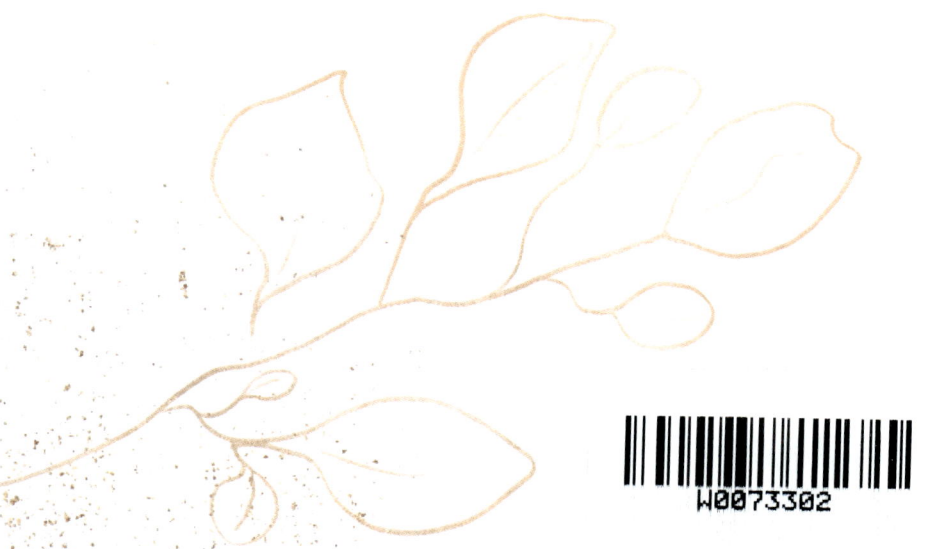

Aufbruch in

Grenzenlos

Ein neues Bewusstsein

Zemina Schulz

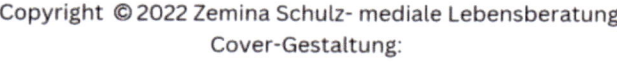

Alle Rechte dieser Ausgabe vorbehalten durch
Zemina Schulz- mediale Lebensberatung
c/o Grosch Postflex #1634
Emsdettener Str. 10
48268 Greven
Keine Pakete oder Päckchen – Annahme wird verweigert!

Druck und Bindung:
Sedruck Darmstadt
Magdalenenstraße 5
64289 Darmstadt

FSC
www.fsc.org
FSC® C006990

Das Zeichen für
verantwortungsvolle
Waldwirtschaft

Printed in Germany
ISBN: 978-3-00-073598-1
www.einfach-himmlisch.net

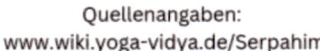

Quellenangaben:
www.wiki.yoga-vidya.de/Serpahim

www.oz-orgonite.de/infos-mehr/die-erzengel/

www.Lichtwesen.com/lw_ge/infoblog/die-elohim

https://wiesieliebt.de/dunkler-empath-12-anzeichen-dafuer-
dass-es-sich-um-die-gefaehrlichste-persoenlichkeit-handelt/

INHALT

INHALT

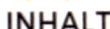

Interview mit der geistigen Welt

INHALT

Die Welt der Engel

Wellness für die Seele

INHALT

Übungen

Meditative Übungen für jeden Tag

Mediale Übungen

Alltagsübungen für Hochsensible und Empathen

INHALT

Grenzenlos

Vorwort

Wie fängt man ein Buch über Medialität an, wenn es da draußen schon so viele unzählige Bücher gibt, die einem immer dasselbe predigen und die Menschheit deswegen immer noch nicht „zur Erleuchtung" gefunden hat? Richtig, am besten gar nicht, und startet dadurch seine ganz eigene Reise. Dir ist dieses Buch wahrscheinlich nicht zufällig in die Hände gefallen, denn alles was für dich bestimmt ist, fällt dir automatisch zu. Dieses Buch ist anders als andere, denn es wird nicht die typischen Merkmale enthalten, welche dich auf irgendeine Pseudo-Reise schicken werden um doch noch medial zu werden. Dieses Buch erzählt keine langen Geschichten über meinen Leidensweg, und wie lange ich denn da schon drinstecke. Es stellt alles auf den Kopf, was man auf den Kopf stellen könnte. Und bringt dir neue Erkenntnisse, die du zuvor noch niemals gelesen hast. Es bringt dir neuen Mut, neue Ansichten, und auch (meine) Wahrheit über die geistige Welt und ihre Bewohner. Wenn du nun neugierig geworden bist, nehme ich dich gerne mit auf eine Reise, welche du so schnell nicht mehr vergessen wirst. Wenn du auch ein Stück weit an dir arbeiten möchtest, bist du hier genau richtig. Ich kann dir keine Garantie dafür geben, dass du danach der Guru in Person bist, aber ich kann dir sagen, dass sich dein Leben verändern wird. Natürlich zum Positiven hin. Aber immer gut aufgepasst: Dieses Buch ist nicht frei von Nebenwirkungen. Du könntest am Ende die Wahrheit kennen und die Welt in einem anderen

Licht sehen. Du könntest umdenken und dich neu entwickeln.

Ich räume hier auch gehörig mit einigen Mythen auf, welche die Menschheit bewusst versucht klein zu halten. Viele Denkmuster und Glaubensmuster sind überholt und haben im schlimmsten Fall noch nicht einmal so stattgefunden. Daher ist dieses Buch für alle Mutigen, welche die Spiritualität neu entdecken wollen.

Jetzt will ich dich mal nicht länger auf die Folter spannen und gleich loslegen. Du kannst alle Kapitel einzeln lesen, wenn dich eins nicht sonderlich ansprechen sollte. Das ist dir überlassen. Such dir intuitiv heraus, was für dich wichtig ist. Für die ganze Reise empfehle ich dir aber das komplette Buch zu lesen.

Und nun anschnallen: Es geht los.

Medialität neu erklärt

Das ganze Chaos und ich

Mein chaotisches Leben begann früh in den 1992-iger Jahren. Ich kam in einer Stadt zur Welt, obwohl ich als Baby schon wusste: "Das wird hier nicht gut gehen." Dies hatte sich dann so bestätigt. Schon früh als Kind hatte ich mehrere geistige Begleiter an meiner Seite, welche ich stets wahrnehmen und sehen konnte. Schon früh als Kind war ich größten und schlimmsten Erlebnissen ausgesetzt, welche ich hier bewusst nicht erwähnen werde.

2

In der Pubertät wurde es dann nicht besser und mein Weg ins Chaos und Verderben setzte sich fort. Es war weniger meine Wenigkeit, welche dazu beitrug als die äußeren Umstände. Ein Schicksalsschlag nach dem anderen jagte mich. Es war mir so als wollte Gott mir keine Pause gönnen. Wobei ich meinen „Chef" hier nun nicht mit reinziehen möchte.

Irgendwann war es der geistigen Welt wohl doch zu blöd mit mir und sie zogen mich als Erwachsene aus meinem Berufsleben hinaus. Ich wurde erst einmal richtig krank. Ja, chronisch krank, und ich habe einen Weg hinter mir, der alles andere als leicht war. An manchen Tagen hatte ich kaum mehr Geld, um mir etwas zu Essen zu kaufen. Ich versank in meinen Tränen und verfluchte die Welt. Und doch, nach alledem waren meine geistigen Freunde immer für mich da. Sie halfen mir, durch all diese Zeiten. Ohne sie wüsste ich nicht, wo ich heute wäre. Da sie nicht namentlich hier erwähnt werden wollen, lasse ich sie bewusst raus. Besonders einer von ihnen war mir immer ganz nah. Ich weiß, dass wir eine sehr enge Verbindung pflegen, und dies schon seit mehreren Leben.

Nachdem man mich also durch das ganze Chaos geschleust hatte, traf ich meinen Seelenpartner. Es war wie ein Wunder und ich war sehr froh ihn zu haben. Meine Erkrankung gab schmerzlichst keine Ruhe, aber er hielt zu mir, was er noch bis heute tut. Ich war voller Freude und Glück, denn ich hatte ihn gefunden. Die Zeit aber wurde dadurch nicht weniger leidvoll: ganz im Gegenteil. Dann legte meine Chaos-Welt erst recht los. Irgendwann sagte ich zu meinem Geistführer, ob er denn noch alle Tassen im Schrank habe. Er lachte daraufhin und meinte, dies diene alles meinem Prozess des vollständigen Erwachens. Ich verdrehte die Augen und dachte mir: Na, da schlafe ich doch lieber weiter. Doch so weit kam es nicht, denn ich wurde tatsächlich wach. Es war wie ein Schlag, den es auf einmal gab und seitdem weiß ich, wer ich bin und was meine Aufgabe hier ist. Dies soll dir zeigen, wenn auch nur sehr kurzgehalten, wie schmerzlich erwachen sein kann. Es ist nicht das rosige "ich bin so frei und glücklich" Gehabe, es ist das komplette Gegenteil. Deswegen wundere dich nicht, wenn manche Menschen mehr Stolpersteine in ihrem Weg haben als andere. Auf dieses Thema gehe ich in einem separaten Kapitel noch einmal genauer darauf ein.

Heute bin ich ein Channelmedium, Bewusstseins-Coach, Botschafterin der Arkturianer und lebe meine Berufung. All meine Fähigkeiten, welche ich schon als Kind mitgebracht hatte, nutze ich heute für dich und für alle, welche meine Hilfe benötigen. Bei mir läuft das Ganze aber ganz anders ab, als du es vielleicht denkst oder kennengelernt hast. Denn die meisten Medien haben Techniken erlernt, aber nie ihre eigenen gefunden. Sie haben sich orientiert, an dem was ihnen irgendwelche Bücher einst vorgeschlagen haben. Versteh mich nicht falsch: Es sind durchaus Dinge dabei, die sehr nützlich sein können und auch richtig sind. Doch wenn man seinen eigenen Weg nicht findet, nützt dir auch die beste Technik nicht viel.

Deshalb ist dieses Buch entstanden: Es soll dir Aufklärung bieten und dir helfen, die (geistige) Welt ganz anders zu betrachten und kennenzulernen. Und falls du gerade in so einem Chaos steckst, wie ich es tue, kannst du hieraus eine Menge mitnehmen und lernen. Da ich nicht gerne detailliert auf mein Chaos eingehen will, starten wir doch einfach direkt mit dem ersten Kapitel. Denn seien wir mal ehrlich, niemand möchte jedes Lebensjahr von einem Autor erzählt bekommen, oder? Ich zumindest nicht. Du kennst ja nun ein paar Eckdaten von mir, die dir genügen sollten.

Was ist überhaupt Medialität?

Das hast du bestimmt schon so oft gehört: Du bist medial. Oder: Geh doch mal zu einem Medium. Doch was ist das eigentlich? Manche denken dabei an ein Medium wie eine CD, auf der man Musik speichern kann oder besser noch: Ein paar Filme für einen netten Abend. Auch wenn man uns Medien als eine CD bezeichnen könnte, auf der alles Wissen des Universums gespeichert ist, so sind wir viel mehr als das. Medialität bezeichnet unter anderem eine Reihe von Hellsinnen, Fähigkeiten und Gaben, welche ein jeder mitbringen kann. Jeder von uns hat diese Hellsinne, doch bei manchen waren sie schon immer aktiv (wie bei mir), bei anderen nicht, und wieder rum andere haben sie verschlossen, weil sie für verrückt erklärt worden sind. Das gibt es leider immer noch in dieser Welt. Menschen werden für verrückt erklärt, wenn sie mehr wahrnehmen können als der Otto-Normal-Verbraucher. Am besten sperrt man sie dann weg, dass die Wahrheit nicht ans Licht treten kann. Du fragst mich jetzt, woran man erkennt, ob man verrückt ist oder nicht?

Nun, schon allein, wenn du dich das fragst, bist du es nicht. Das ist eine simple Geschichte. Wenn du also wieder Stimmen hörst, frage sie doch einfach mal, was sie dir mitteilen wollen. Medialität beansprucht also die Hellsinne. Du kennst bestimmt schon ein paar davon: Hellsichtigkeit, Hellriechen, Hellhören und Hellfühlen. Die geistige Welt ist sehr erfinderisch, wenn sie deine Sinne benutzen. So kannst du Bilder vor deinem geistigen Auge ablaufen sehen, die du zunächst nicht zuordnen kannst. Oder du hörst Dinge, wie ein inneres Gespräch, welches du führst. Du kannst auch Gerüche wahrnehmen, welche überhaupt nicht zu dir in den Raum passen. (Großmutters Parfüm, welche schon längst verstorben ist.) Es gibt unendlich viele Möglichkeiten. Doch sei dir sicher, die geistige Welt findet immer einen Weg, mit dir in Kontakt zu treten. Ich für mein Teil bin stark hellhörig und höre meine Begleiter. Gelegentlich sehe ich sie auch alle. Ja, 3D ist möglich, aber das würde einen auf Dauer nur verstören, deswegen ziehen sie es lieber anders vor. Es wäre auch wirklich zu seltsam, wenn du deine verstorbene Großmutter plötzlich im Bad sehen würdest. Selbst wenn sich das viele wünschen, ist das tatsächlich für viele "nicht zu fassen" und sie erleiden einen Schock. Medialität ist also alles, was anders ist als diese materielle Welt. Alles, was höher schwingt, sich nicht mit dem Verstand erklären lässt und was dich in völlig andere Sphären bringt. Medialität ist alles und nichts. Sie kann wachsen, sie kann laut, aber auch still sein. Sie beinhaltet das ganze Universum und gleichzeitig nur dich und die Stille. Medialität kann erworben werden (durch traumatische Ereignisse), oder bereits vorhanden sein. Sie kann erweitert werden oder bereits ausgereift sein. Sie kann alles sein, was du dir vorstellst. Man könnte hier einen Fragebogen anhängen: "Bin ich medial?" Dies habe ich bewusst nicht getan. Medialität ist so individuell wie der Mensch selbst, und jeder Mensch ist anders. Jeder hat andere Anzeichen und jeder erlebt sie anders. Daher können ein paar Fragen dies auch bei dir nicht klären. Du weißt eigentlich schon selbst, sonst würdest du dieses Buch hier nicht lesen. Somit beantwortet sich deine Frage hier bereits und wir beide sparen uns gerade einiges an Zeit. Da wir nun ungefähr geklärt haben, was Medialität ist und was sie bedeuten könnte, können wir uns ja daran machen, was die geistige Welt ist. Denke immer daran, es ist meine Wahrheit, so wie ich sie übermittelt bekommen habe von meinen Helfern. Wenn dir etwas nicht zusagt, kannst du dich gerne deiner Wahrheit widmen. Auch diese ist richtig, denn deine Seele macht ganz andere Erfahrungen als ich.

Die geistige Welt-Ein Blick hinter die Kulissen

Spätestens hier höre ich immer als Erstes: "Boah, ist das nicht gruselig? Da hätte ich ja Angst." Und spätestens hier schmunzele ich immer leise in mich hinein. Vielleicht kennst du all diese Grusel-Geschichten aus Filmen und Büchern, in welchen der Geist über deinem Bett schwebt und dich zu erwürgen versucht. Ich kann dich beruhigen: Das ist tatsächlich nur Film und Fernsehen. Das ist nicht echt. Die geistige Welt ist weder "würgerisch" noch möchten sie dir etwas antun. Auch wenn viele behaupten, es gäbe dort rachsüchtige Seelen und böse Dämonen. So kann ich das ganz klar widerlegen. Diese Energien existieren in den Menschen, sie wurden erzeugt, um Menschen Angst zu machen, und wir beide wissen, dass Angst der schlechteste Ratgeber ist, den es geben kann. In der geistigen Welt gibt es nichts, wovor man sich fürchten müsse. Selbst dann nicht, wenn sie einst in 3D vor dir stehen mögen, doch wie oben schon beschrieben, ist das eher selten. Sie wissen um unsere Ängste und wahren unsere Grenzen. Ja, das tun sie tatsächlich. Wenn ich gerade wieder einmal beim Kochen stehe und ein verstorbener Kontakt sucht, darf ich ihn erst einmal ablehnen und dies wird auch respektiert. So muss aber auch ich respektieren, wenn sie mal nicht reden wollen. Dies kann durchaus bei einem Jenseitskontakt einmal vorkommen. Sie sind eben Seelen und haben auch das Recht, selbst zu entscheiden. Viele glauben, sie müssten erst durch irgendwelche Zwischenwelten hindurch und schlimme Qualen erleiden. Dass dies nicht der Wahrheit entspricht, weiß jeder, der sich spätestens jetzt damit auseinandersetzt. Wenn man die Sache ausnahmsweise mal logisch angeht, wäre es doch zu seltsam, dass man dort an einem Ort, der so voller Liebe ist, noch zusätzliche Qualen erleiden müsse. Viele sind der Auffassung, dass man gewisse Dinge dort oben zu erledigen hat. Alles, was man als Seele dort tut, ist helfen: und zwar seinen Lieben auf der Erde. Dort oben gibt es keine „Berufe", „Ausbildungen" oder sonstigen Kram. Das haben wir Menschen hier erfunden. Da oben ist man einfach nur. Einfach nur Da-Sein. Ja, ich weiß, schwer vorstellbar. Deswegen gehen wir an dieses Buch auch nicht mit dem Verstand ran, sondern mit deinem Herzen. Verstand aus, Bewusstsein an.

Um die geistige Welt ranken sich so viele Legenden und Mythen wie um die Menschheit selbst. Manche sind davon überzeugt, man könne mit Verstorbenen gar nicht sprechen und dies sei alles ein „Hinterhalt" Satans. Leider haben diese Menschen den kompletten Bezug zu ihrer Spiritualität und dem Universum verloren. Viele Religionen beruhen nur auf der Begebenheit, Menschen kleinzuhalten, um nicht hinter das System blicken zu können. So erfanden sie einfach für all ihre Taten und Schandtaten eine andere Kreatur, welche alles rechtfertigen sollte. Und natürlich wurde auch Gott als Richter und Vergelter dargestellt. So macht man heute noch Menschen Angst, damit diese nicht erwachen und die Wahrheit hinter den Dingen erkennen. So bezeichnen viele streng religiöse Menschen uns Medien als „Satan-Gesandte" ohne sich überhaupt bewusst darüber zu sein, was die geistige Welt wirklich ist. Sie haben einfach ihr Weltbild von einem anderen Menschen übernommen und hoffen dann im stillen Kämmerlein auf ihre "Erlösung." Dass sie sich aber selbst „erlösen" könnten, von all ihren selbstauferlegten Fesseln, darauf kommen sie leider nicht. Religion ist und bleibt Gehirnwäsche, und das auf oft brutalste Art und Weise. So versucht man uns Medien schlechtzureden, nur, damit wir nicht die Wahrheit verbreiten können. Und wer könnte da besser dran schuld sein als Satan? Wenn man das hier mal logisch angeht, hätte Satan rein gar nichts davon, wenn ich anderen helfe und es ihnen danach auch noch besser geht. Er würde dann doch wohl das Gegenteil vorziehen. Doch wie gut, dass es so ein Wesen nicht gibt.

Nicht nur religiöse Menschen neigen dazu, die geistige Welt zu engstirnig zu sehen. Es gibt da auch noch die, die denken, man bräuchte für alles ein Utensil in Form von Witchboards oder anderen Praktiken und bezeichnen diese dann als okkult. Dass ein Medium das nicht braucht um mit der geistigen Welt in Kontakt zu treten, sollte jedem klar sein. Alles andere dient nur einer Show, da die Menschen es mittlerweile so erwarten. Erst letztens durfte ich folgenden Kommentar bei mir lesen: "Verstorbene können gar nicht reden". Da merkte ich schnell, wie viel Aufklärungsarbeit noch nötig ist, um diese Welt auf das nächste „Level" vorzubereiten. Ich hätte am liebsten geantwortet, dass Verstorbene sich mittels Telepathie verständigen, doch dann hätte ich wieder erklären müssen, was dies ist, und das ist bei manchen Menschen manchmal nur verlorene Zeit. Über Telepathie und die ganzen Praktiken werde ich für dich gerne hier noch mal gesondert eingehen. Wie du also nun gesehen hast, gibt es tatsächlich viele Menschen, welche sich die geistige Welt als Grusel-Kabinett vorstellen. In welchem man umherirrt, und nie wieder rausfindet. Und ganz am Ende, da sitzt dann der Richter des Jüngsten Gerichts und bestraft dich dann für dein Eis, welches du als Kind nicht bezahlt hast. Im besten Falle landest du noch in der Hölle und der Spuk ist komplett. Du merkst jetzt selbst, dass dies alles gar nicht der Wahrheit entsprechen kann.

Doch was ist die geistige Welt dann? Wie sehe ich sie

als Medium? Die geistige Welt ist Licht, und oftmals viele Farben. Verstorbene erzählen mir von fliegenden Kugeln, welcher auch sie sich bedienen. Da sie nicht mehr physisch sind, haben sie keine Begrenzungen mehr. Sie können sich frei bewegen, durch Raum und Zeit und sind unabhängig von ihrem Körper. Sie komprimieren ihre Energie und können so jeden Winkel dieser Erde innerhalb einer Sekunde erreichen. Und können als Licht überall und nirgendwo sein. Stell dir eine Lampe vor. Wenn du das Licht anschaltest, kannst du es nicht anfassen, aber es ist überall im Raum. Man kann es zwar nicht genau definieren, wo es jetzt ist, doch du kannst es sehen. So ist es auch mit den Seelen. Man kann sie (je nach Gabe) sehen, hören oder fühlen. Machst du das Licht wieder aus, ist es zwar nicht mehr sichtbar, aber die Glühbirne bleibt bestehen. So kannst du dir auch den Tod vorstellen. Dein Körper magst du ausgezogen haben, doch du selbst bleibst immer Teil dieses großen Ganzen. Du bist nicht nur ein "Teil des Kuchens", sondern du bist selbst der Kuchen. Das ist jetzt wieder einiges an Information für so ein kleines Gehirn wie unseres. Nehmen wir an, du bist die Sonne und schickst deine Sonnenstrahlen auf die Erde, dann gehören diese Strahlen auch zu dir. Du bist sie und sie sind du. So verhält es sich in der geistigen Welt. Wenn wir heimkehren, kehren wir zu unserer Sonne zurück. Du kannst sie Gott, Universum, das große Ganze, Kollektiv oder sonst was nennen. Wie es dir beliebt. Wir kehren zu unserer Urquelle zurück, ganz ohne Zwischenwelten, Qualen oder Fegefeuer. Wir werden wieder selbst zu der Sonne, die wir einst waren und heute noch sind. Daher

spricht jeder gerne von: "Das höhere Selbst." Wenn du dich mit deinem höheren Selbst verbindest, sprichst du sozusagen mit dem großen Ganzen, dem Universum, deiner Seele sowie Gott. Für viele ist es unvorstellbar geworden, dass sie selbst „groß" sein sollen. Doch das sind wir alle. Wir sind alle diese große „Sonne" und daher selbst Schöpfer dieses
Lebens.

Jetzt fragst du dich vielleicht direkt: Was fühlt man denn da so auf der „anderen" Seite? Wie steht es um unseren Charakter? Auch das durfte ich von der geistigen Welt erfahren: Da es dort oben nur reine, bedingungslose Liebe gibt, existieren keine anderen Gefühle. Keine Trauer, keine Wut, kein Hass oder Angst. Deswegen inkarnieren wir hier, um zu erfahren, was Liebe ist. Stell dir vor, du kennst nur Sonne. Du kennst nur hellen, grellen Sonnenschein. Mehr kennst du nicht. Doch du willst unbedingt wissen, wie sich dieses Licht anfühlt, hierfür musst du aber zuerst das Gegenteil kennenlernen: Dunkelheit. Ohne Dunkelheit wüsstest du nicht, wie sich Licht anfühlt, also machst du dich als Seele auf den Weg, um diese Dunkelheit kennenzulernen, um dann das Licht wiederzusehen. Willkommen in der Dualität der Erde. Dualität bedeutet nichts anderes als: DUAL-Zwei Seiten. Hell und Dunkel. Auch bekannt als YING und YANG. Liebe und Angst, Trauer und Freude. All diese Gefühle lassen dich Erfahrungen sammeln.

Puh, ganz schön viel zu verdauen gerade. Wenn man sich gerade das erste Mal damit beschäftigt, kann es sein, dass man sich das mehrere Male durchlesen muss, um das Ganze „zu verstehen". Doch wie eingangs schon erwähnt, solltest du dabei nicht mit dem Verstand rangehen. Es ist eine BEWUSSTSEINS-Sache. Lasse dir dabei ruhig Zeit, es dauert bis der Verstand in den Hintergrund rückt. Wir Menschen neigen leider dazu, alles mit dem Verstand erklären zu wollen. Er ist uns in die Wiege gelegt worden und jedes noch so kleine Ding müssen wir bis ins kleinste Detail erklären können. Wir haben nicht gelernt, einfach nur- zu SEIN. Und das ist das Problem. Wir müssen wieder anfangen ZU SEIN statt immer nur ZU WERDEN. Wir SIND ja schon, wir sind ewig, was also möchten wir noch WERDEN?

Da du nun festgestellt hast, dass dich kein Dämon holen wird und du ein Lichtstrahl einer großen, wärmenden Sonne und die Sonne zugleich selbst bist, weißt du besser über dich Bescheid und kannst dich den weiteren Zeilen widmen.

Die geistige Welt und ihre Zeichen

Jetzt höre ich gleich wieder irgendwelche Frauen schreien, dass sie immer noch nichts von ihren „Liebsten" gehört hätten und wieso da denn nichts komme. Seien sie es denn nicht wert, auch mal ein Zeichen zu bekommen? Tja, das liegt ganz schlicht ergreifend daran, dass die meisten einen sich selbst-fahrenden Staubsauger erwarten oder den Verstorbenen am besten noch in 3D. Möglichst noch zum Knuddeln, Knutschen und Bespaßen. Sie erwarten das Kettenrasseln, das Heulen an den Türen und das Klappern der Schlösser. Was ich damit ausdrücken will ist, dass viele Menschen eine ganz falsche Vorstellung von Zeichen haben. Verstorbene, und andere geistige Wesen drücken sich in den seltensten Fällen so aus. Nämlich nur dann, wenn es entweder furchtbar dringend ist oder man die anderen Zeichen übersehen hat. Sie teilen sich in der Regel über Gefühle mit. Ein kleiner Schauer, ein kleiner Sonnenstrahl, ein Windhauch oder ein Tierchen, welches dir über den Weg läuft. Am liebsten benutzen sie unsere Gefühle um sich zu zeigen. Ich als Medium habe wache Hellsinne und kann sie dadurch hören und sehen. Bei einem Menschen, dessen Sinne einfach nicht aktiv sind, lassen sie sich gerne auch mal etwas einfallen. Doch erwarte hier keinen Brad Pitt, welcher dir noch das Essen auf dem Silbertablett serviert. Man muss schon an sich arbeiten, wenn man sich ihnen medial widmen möchte. Die Betonung liegt auf MEDIAL. Du kannst mit ihnen immer reden, gerne in Gedanken. Und dies ist die Telepathie, welche ich vorher erwähnt habe. Telepathie ist eine Art der Gedankenübertragung, welche via Bilder und Eingebungen, Visionen, Töne und Akustik geschehen kann. Alle Wesen der geistigen Welt nutzen Telepathie, daher ist es auch möglich, uns zu erreichen. Sie benötigen kein Witchboard oder Kerzen, sie benötigen unsere Aufmerksamkeit. Sobald wir still werden und einfach mal nur SIND, genau dann werden wir sie wahrnehmen. Klingt dir zu einfach? Dann darf ich dich hier somit enttäuschen. Du brauchst, um mit einem Verstorbenen zu reden keine Utensilien oder andere Rituale. Du kannst jetzt also alles in den Mülleimer werfen, außer dir gefällt es so gut, dann kannst du es gerne als Dekoration nutzen, denn mehr ist es einfach nicht. Um ihre Zeichen zu empfangen, musst du einfach nur still werden. Sitzen und SEIN. Das ist alles. Es wird wohl eine Weile dauern, bis du etwas „empfängst", doch je öfter du es machst, desto einfach wird es.

Dies soll nicht bedeuten, dass sie dir nicht mal ein Klopfen senden könnten. Ich habe regelmäßig Schritte hier bei mir zu Hause. Oftmals macht sich ein Löffel selbstständig, oder die Tasse geht wieder spazieren. Manche haben ein humorvolles Gemüt und mögen es auch mal gerne einen „zu ärgern". Dann verstecken sie dir ein paar Gegenstände. Denke aber daran, sie meinen es nie böse mit uns. Manche wollen einen damit auch nur aufmuntern. Sei etwas nachsichtig mit ihnen. Du brauchst vor ihren Zeichen keine Angst zu haben, selbst wenn du dich beobachtet fühlst. Nimm es an, und frage gerne nach, wer da ist und was derjenige oder diejenige möchte. (Geschlechter gibt es als Seele nicht mehr.) Es kann durchaus vorkommen, dass manche Energien zu stark sind und man innerlich unruhig und nervös wird, es sich „nicht gut" anfühlt. Dies bedeutet nicht, dass etwas Böses anwesend ist. Es zeigt dir lediglich, dass diese Seele aufgebracht, möglicherweise sogar überaktiv ist und die Energie für dich im Moment zu stark ist. Bitte sie einfach zu gehen. Wenn sie nicht gehen möchte, darfst du sie gerne härter hinaus „begleiten". Ja, das darfst du tatsächlich, denn du gehörst zu den Lebenden und hast wie diese Seele auch einen freien Willen. Achte einfach mal auf deine ganz persönlichen Zeichen. Vielleicht fühlst du mal in dich hinein, oder du kannst hervorragend riechen. Du weißt Dinge einfach oder hast besondere Träume. Über

15

Träume verständigen sie sich auch gerne mit dir, da unser Verstand im Traum zur Seite rückt. Daher kannst du dies gerne in die Schatzkiste der Zeichen mit aufnehmen. Manche werden jetzt sagen: Ja, aber woher weiß ich, dass das nicht meine eigenen Gefühle sind? Und da liegt der Hase im Pfeffer. Du musst schon wissen was zu dir gehört und was nicht. Damit haben viele Probleme. Sie kennen nicht einmal ihre eigenen Gefühle, wie wollen sie dann die einer Seele fühlen und kennen? Deswegen ist es unerlässlich sich durch und durch zu hundert Prozent zu kennen, bevor man sich an die mediale Reise macht.

Die geistige Welt hilft uns

Wie oft haben wir schon Probleme gehabt und nicht mehr weitergewusst. Wie oft haben wir schon den Tag verflucht oder wirklich in ernsthaften Schwierigkeiten gesteckt? Vielen ist bewusst, dass sie stets auf die Hilfe der geistigen Welt zählen können. Doch wie sieht diese Hilfe überhaupt aus? Vielleicht stellst du dir gerade vor, wie sie dir die ganze Arbeit abnehmen und alles für dich erledigen. Wäre wirklich praktisch, so ein eigener Hausgeist, der dir mal eben die Böden wischt. Doch ganz so einfach ist das nicht. Unsere Seele hat sich Aufgaben ausgesucht und um diese zu erledigen, muss sie da auch durch. Das kann dir keiner abnehmen, aber die geistige Welt kann dich darin unterstützen. Sie können dir jemanden „schicken", der dahin gehend Ideen hat oder dich emotional stützt. Sie können dir Sachgüter und andere Hilfen zukommen lassen, in Form von Ideen oder Telefonaten, sodass du stets weißt, wohin dich dein Weg führt. Selbst wenn du die Hilfe nicht sofort als solche wahrnimmst, wirst du sie eines Tages als solche erkennen. Mir ging es selbst auch lange Zeit so. Ich war davon überzeugt, die Hilfe müsse jetzt sofort kommen, am besten heute noch und dann auch so, dass ich nichts mehr machen brauchte. Oftmals war die Hilfe auch als solche nicht erkennbar und ich fand erst später heraus, dass ich wahnsinniges „Glück" hatte. Ich nehme da einfach das Beispiel den Tod meiner Mama. Du fragst dich, wo hier die Hilfe war? Ja, viele sehen den Tod als etwas Schreckliches, aber als Mama ging, konnte sie mir viel besser zur Seite stehen als zu Lebzeiten in ihrem kranken Körper. Ohne ihr weniges Geld, was sie mir hinterlassen hatte, hätte ich meine schwierigen Operationen nicht finanzieren können. Da ich in eine Spezialklinik musste und selbst weder Auto noch Führerschein habe. So benötigte ich das Geld für die Taxifahrten, welche nicht von der Krankenkasse übernommen wurden. Ich hatte in dieser Klinik den besten Arzt der Welt, den es in keinem anderen Klinikum auf diesem Gebiet gab. Bei meinen weiteren Operationen half mir die geistige Welt genau diesen Arzt wie durch Zauberhand wieder im Aufzug der Klinik zu treffen. Und das ist nur ein Beispiel von vielen. Viele sind überzeugt, die geistige Welt müsse einen vor solchen „Schicksalsschlägen" schützen. Doch die Frage lautet viel eher: Wieso sollten sie uns davor schützen, wenn es doch so in unserem Seelenplan geschrieben steht? Nicht alles, was auf den ersten Blick für uns Menschen schlecht aussieht, ist es auch. Es ist viel mehr ein Wachstum und eine Entwicklung, die daraus stattfindet.

17

Wir werden alle unterstützt, doch wenn wir es nicht erkennen oder es einfach nicht sehen wollen, wird es schwer diese Hilfe als solche anzunehmen. Die geistige Welt ist nicht dazu da, dir alles abzunehmen und für dich deine Schritte zu gehen. Sie können dich leiten, führen und dich beschützen, aber du hast die Füße in diese Welt gesetzt. Es ist deine Inkarnation, also mach was draus.

Du brauchst auch keine ewigen Rituale, um sie um Hilfe zu bitten. Du kannst mit ihnen normal sprechen, als würdest du deine Mama oder deine beste Freundin/ besten Freund um Hilfe bitten. Dort zündest du auch keine Kerze an und singst erst mal ein Freuden-Lied, damit sie dir endlich zuhören. Du brauchst nur deine Gedanken in ihre Richtung ausrichten und deine Bitte oder deinen Wunsch formulieren und dann warte einfach ab. Im Kapitel „Das System und unsere Zeit" erkläre ich dir, warum die geistige Welt keine Zeit kennt. Daher erwarte einfach keine zeitliche Erfüllung. Morgen, übermorgen oder später. Lass es einfach laufen und du wirst sehen, dass du Antworten bekommen wirst. Wenn du schon medial bist, fällt dir das auch leichter diese zu erkennen. Wenn du da noch nicht so mit dem Thema bewandert bist, vertraue darauf, dass sie es so machen werden, wie es für dich richtig ist. Du musst dazu keine Hieroglyphen auswendig lernen. Sie wenden sich immer so an dich, wie du sie erkennen kannst. Denke auch nicht, dass es „zu viel" sei, wenn du nach etwas fragst oder bittest. Limitierungen sind nur die Grenzen unseres Verstandes, nicht mehr und nicht weniger. Du und dein

Bewusstsein sind nicht limitiert. Du bist frei, darum darfst du so oft wünschen und bitten, wie du möchtest.

Der Tod und das Leben danach

Dass das Leben nicht mit dem Tod endet ist den meisten Menschen mittlerweile bewusst geworden. Viele interessieren sich für die "andere Seite" und fangen an selbst hier und da sich eigenes Wissen anzulesen. Jeder hat so seine Erlebnisse und auch andere Phänomene erlebt. Wobei ich dies jetzt nicht unbedingt als Phänomen bezeichnen möchte, denn es ist völlig normal die geistige Welt wahrzunehmen. Ich wage sogar zu behaupten, dass alles andere "nicht normal" ist. Unser weltliches System hat uns frühzeitig als Kind gelehrt, was es bedeutet in einen Rahmen gedrückt zu werden. Und diesem folgen wir dann bis wir in die Grube hüpfen. Doch dann gibt es ein paar Menschen, die sich diesem System nie angepasst haben. Diese werden dann als "verrückt, unnormal oder seltsam" beschrieben, weil sie nicht das machen, was man von ihnen erwartet. Sie sind als Kind neugierig genug geblieben und haben sich stets anders gefühlt. Das Leben nach dem Tod ist wie mit einem Traum vergleichbar. In diesem Moment bist du in der Kulisse deines Traumes und erlebst ihn ziemlich real, so wie es auch sein soll. Sobald dein Körper stirbt, wirst du wach und erkennst alles was jemals gewesen war. Du bist eine Seele, ein Bewusstsein und hast einen menschlichen Körper. Eine Art Verkleidung, welche dich alles erleben und spüren lässt. Du bist hier nur zu Gast auf dieser wundervollen Welt. Du kannst dieses Leben so richtig viel Spaß haben, oder dich über alles

19

aufregen. Am Ende kommst du so oder so wieder nach Hause. Dort fängt dein richtiges "Leben" erst an. Alle die eine Nahtod-Erfahrung hinter sich haben werden nun wissen, wovon ich spreche. Du bist frei, so frei wie noch nie. Du hast keine Begrenzungen mehr und es fühlt sich so an, als wären Zeit und Raum miteinander verschmolzen. Du bist überall gleichzeitig. Es ist ein unbeschreibliches Gefühl und wer dies einmal erlebt hat, wird es nie wieder vergessen können. Doch du musst dafür nicht erst sterben und zurückkommen. Du kannst dieses Gefühl auch erleben, wenn du dich der geistigen Welt öffnest. Du kannst das auch in manchen Momenten der Meditation erleben. Alle Seelen kehren nach dem Ablegen ihres Körpers in ihr wundervolles zu Hause zurück und bleiben dort. "Und nun?" fragst du mich jetzt. Dann speichern sie ihre Erfahrungen in der sogenannten "Akasha Chronik" ab. Hier ist alles weltliche Wissen sämtlicher Nationen und Inkarnationen gespeichert. Wie eine riesige Welt-Bibliothek zu welcher nur wenige Menschen Zugang haben. Stell dir vor, was damit getrieben werden könnte, wenn es in die falschen Hände geraten würde. Ich selbst lese aus der Akashachronik anderer, um ihnen bei wichtigen Lebensfragen zu helfen. Nicht jeder hat Zutritt und viele werden abgewiesen. Es ist vor allem sehr wichtig, dort mit Liebe hinzugehen. Dein Herz muss rein sein, ohne jeglichen "negativen" Gefühle und Absichten. Wenn also eine Seele ihre Erfahrungen und Wissen dort abgelegt hat, verweilt sie eine Zeit lang dort, bis sie sich entscheidet, wieder zu inkarnieren. Da es dort weder Zeit noch Raum gibt kann es für uns aussehen, als würde die Seele hunderte von

20

Jahren dort oben verweilen, obwohl es für sie wahrscheinlich nur ein Wimpernschlag ist. Selbst wenn die Seele wieder inkarniert, ist sie nicht "einfach weg". Viele denken dann, man könne sie nicht mehr erreichen, doch dem ist nicht so. Das Höhere Selbst bleibt für immer bestehen. Deswegen ist es als Medium ganz leicht einen Verstorbenen von 1788 zu erreichen. Du verstehst was ich dir damit sagen möchte. Niemand ist wirklich jemals weg. Es fühlt sich immer nur so an, weil das System die Menschen mit Absicht trennt. Nichts ist "gefährlicher" als ein Mensch der weiß, dass er nichts zu befürchten hat, da er unendliches Bewusstsein in sich trägt. Die Seelen auf der anderen Seite unterstützen auch ihre Liebsten hier auf der Erde. Wie ich dir oben bereits erklärte, ist die geistige Welt kein finsterer Ort voller Zombies oder anderer Kreaturen. Es gibt in ihr unzählige andere Seelen, welche höher schwingen, oder niedriger. Dies bedeutet einfach, dass die einen leichter wahrzunehmen sind, wieder andere nicht ganz so leicht. Die Seelen sind an ihrem Ort einfach nur das was sie sind. Unendliches Licht und Bewusstsein. Sie erholen sich gerne von ihrem irdischen Leben oder reisen durch Raum und Zeit. Sie erleben ihren Frieden neu und arbeiten ihr Leben auf. Dies geschieht aber alles binnen einer Sekunde. Wir Menschen fragen uns dann oft, ob ihnen da oben "nicht langweilig" wird. Wenn wir uns daran erinnern, dass Langeweile auch wieder nur ein menschliches Ding ist, dann merken wir schnell, dass es das da oben gar keine Langeweile geben kann. Ihnen ist dort nicht langweilig, weil es das dort nicht gibt. Ganz einfache Antwort. Sie sind auch nicht traurig, wütend oder verzweifelt, selbst wenn das oft gerne von manchen Medien behauptet wird. Nein, das sind sie nicht. Sie können vielleicht berichten, dass sie es einst zu Lebzeiten waren, aber dort oben existieren diese Gefühle schlichtweg nicht. Stell dir einfach vor, du stehst inmitten eines Schlachtfeldes und beschließt nach Hause zu deiner Mama zu gehen. Dort wartet Kuchen und eine Tasse Tee auf dich. Warum solltest du bei deiner Mama heulend am Küchentisch sitzen? Eben, gar nicht. Und so verhält es sich mit den Seelen, welche endlich nach Hause einkehren können.

Tier,- und Kinderseelen

Zwischen Tier,- Kinder,- und Erwachsenen-Seelen gibt es keinen Unterschied. Viele meinen, dass alle an einem anderen Ort „aufbewahrt" werden, oder jeweils an einen anderen Ort gehen, doch dem ist nicht so. Sie sind alle eins und sind an einem Ort. Deswegen macht es keinen Sinn, wenn ein Medium behauptet, es könne nicht mit einer Tierseele sprechen. Denn das ist jederzeit möglich. Viele sind bei einem Jenseitskontakt auch verunsichert, wenn sie einen Kinderkontakt wünschen. Gerade bei Fehlgeburten oder sehr frühen Todesfällen fragen sie mich immer, ob denn das kleine Sternchen was zu sagen hätte, in der kurzen Lebenszeit, die es da war. Sie wissen leider nicht, dass die Seele schon viele Leben hinter sich hat, und jede Menge erzählen kann. Doch hier ist vielen nicht bekannt, dass sie nicht zu Lebzeiten gesprochen haben müssen, da sie sich der Telepathie bedienen. So ist es auch bei den Tieren. Sie verstehen zu Lebzeiten unsere Sprache nicht, aber im Jenseits ist dies immer möglich. Kinderkontakte sind jedes Mal besonders emotional, denn auch ich fühle die kleine/große Seele sehr aufgeweckt und spielerisch bei mir. Viele sind dann sehr aufgeregt, sodass man sie kaum beruhigen kann, doch ist es zeitgleich wunderschön zu sehen und zu hören, wie sich ein Sternchen bemerkbar macht. Meist sind es kleine Erdenengel gewesen, die ihren Eltern auf ihren Wegen helfen wollten und ihnen etwas Wichtiges lehren sollten. So schlimm das auch klingt, so schön ist es gleichzeitig. Was Erdenengel sind, kannst du im Exkurs nachlesen. Die Kleinen haben schon eine sehr große Aufgabe hinter sich. Auch Tierseelen sind ganz wunderbare Seelen, welche sich vorwiegend zeigen, wie sie zu Lebzeiten waren. So kann sich eine Katze mit ihrem typischen Verhalten zeigen, oder wie mein Meerschweinchen so lustig mit den Augen rollen, an welchem ich es jederzeit erkennen würde. Mach dir also keine Sorgen, wenn du denkst, wo denn all diese „unterschiedlichen" Seelen hinkommen. Sie sind alle am selben Ort, dort wo das Licht heller scheint, als wir es uns jemals vorstellen könnten. Die besagte Regenbogen-Brücke wird nicht nur bei Tieren sehr gerne verwendet. Ich habe schon Eltern kleiner Sternenkinder sagen hören, wie sie über diese Brücke zurück nach Hause gegangen sind. Der Regenbogen stellt mit all seinen Farben eine wunderschöne Metapher zwischen Jenseits und dem Diesseits dar. Ich selbst mag die Vorstellung, denn er enthält alle Farben unserer Chakren.

"Und was ist mit Kindern, welche schon vor der Geburt

sterben?" höre ich dich nun fragen.

Ja, auch sie haben bereits eine Seele. Manche Menschen glauben, die Seele tritt erst mit dem Schrei der Geburt ein, wenn das Baby seinen ersten Atemzug macht. Die Seele jedoch ist bereits da, wenn die Zelle sich im Mutterleib teilt. Diese Erfahrung ist für beide Elternteile sehr schmerzhaft und doch gleichzeitig sehr erfahrungsreich. Selbst wenn das Baby nicht das Licht der Welt erblickt, so geht die kleine Seele ganz normal in die geistige Welt über und begleitet seine Eltern, seine Seelen dabei, damit zurechtzukommen.

Und was ist mit der Totenruhe?

Auch das ist ein Mythos. Viele sind überzeugt davon, sie dürften die Verstorbenen nicht stören, oder sie gar nicht kontaktieren. Manche denken, man könne sie erst nach einer gewissen Zeit kontaktieren. Doch wie wir mittlerweile wissen, existiert auf der „anderen Seite" keine Zeit, und auch kein Raum. Zeit ist hier auf Erden unsere Variable, welche nur wir hier kennen. Wieso sollten dann die Verstorbenen und andere Seelen sich genau an diese Zeit halten? Du siehst es richtig. Sie haben keine Zeit, und sie kennen und benötigen weder Ruhe oder sonst noch irgendetwas anderes in dieser Art. Es ist zu jederzeit möglich sie zu kontaktieren, selbst wenn sie gerade erst auf die Sekunde verstorben sind. Sie sind freie, unbegrenzte Seelen, welche neue Wege gehen und sich neuen Aufgaben widmen dürfen. Sie sind jetzt unendliches Licht und freuen sich sehr, wenn man an sie denkt oder sie sogar mit einbindet. Mal abgesehen davon, dass sie ohnehin stets an unserer

Seite sind, haben sie auch echtes Interesse daran, was wir hier alles so erleben.

Suizid und die Zwischenwelt

Vielfach wird mir die Frage gestellt, was mit den Menschen und deren Seele passiert, welche einen Suizid begangen haben. Ob diese dann qualvoll in einer Zwischenwelt festsitzen und darauf warten, bis sie ins Licht dürfen. Ich weiß ja nicht, wer auf diese Idee kam, das zu erzählen. Vielleicht hilft es dem ein oder anderen zu glauben, dass er Seelen ins Licht begleiten müsse. Vielleicht verlangt man dafür auch Geld, oder denkt, man helfe anderen damit. Grundsätzlich ist Hilfe nie verkehrt, wenn sie denn auch ehrlich ist. Natürlich gibt es Menschen, die wissen es einfach nicht und denken sie helfen. Das ist auch in Ordnung. Doch ich darf dir sagen, dass jede Seele ins Licht geht. Sie muss nicht vorher in irgendwelchen „Zwischenwelten" umherschweben und ihre Aufgaben erfüllen. Sie geht, wie jede andere Seele ins Licht über und wird zu Licht und Liebe. Daran ändert selbst der Suizid nichts. Für viele Gläubige ist ein Suizid die Todsünde schlechthin. Zum Thema Glauben beziehungsweise Gott werde ich hier auch noch mal etwas gesondert erzählen. Nur schon einmal vorweg: Nein, es ist keine Todsünde. Sünde gibt es nicht und ist menschengemacht. Die geistige Welt urteilt nicht, und daher auch nicht über unsere Wahl und dem, was wir tun. Ja, sie urteilt nicht. Richtig verstanden. Das gilt auch wieder für die weniger schönen Dinge. An diesen Gedanken muss man sich erst wieder gewöhnen. Suizid ist niemals schön, und ich verstehe jeden, der sich daran sehr schwertut dies zu verarbeiten, völlig egal, wer es war. Ich verstehe den Schmerz dahinter, der meist ganz anders ist, als bei einem natürlichen Todesfall. Diese lieben Seelen haben diesen Weg gewählt und sind auch nach dem Suizid bei dir. Auch wenn du dir ewig die Frage stellst, warum das passiert ist und ob man es hätte verhindern können: Wenn es passiert ist, ist es passiert und die Seele hat ihre Erfahrungen gemacht. Nicht alle Erfahrungen sind schön, aber durchaus lehrreich. Mach dir also keinen Kopf, ob deine geliebte Person nun irgendwo durch Zwischenwelten fliegt und nicht weiß wohin. Die Seele weiß genau, wohin sie muss. Ich habe die „Zwischenwelt" als solche nie erlebt. Ich nenne sie höchstens Astralebene, in welcher wir und unser Energiekörper sich aufhalten können. Wir sind aber niemals im Astralkörper gebunden und so können wir überall gleichzeitig sein. Da das Jenseits nicht „oben" oder „unten" ist, sondern direkt bei uns, neben uns und in unserer Welt sind die Seelen nicht weit weg, wie viele denken. Sie sind nicht verschwunden, weil sie in das Licht gegangen sind. Sie sind direkt neben dir. Und wer weiß, vielleicht ist genau in diesem Moment eine liebe Seele bei dir.

Selbst wenn ein Suizid immer schwerwiegend ist. Jedoch weißt du jetzt, dass die Person, welche du vermisst, keine Qualen erleiden muss oder ihren Weg nicht findet. Lass diese Bedenken unbedingt los. Auch Menschen, die den Suizid wählen, kann ein Medium erreichen. Die Seele bleibt im Kern immer rein, sprich reines Licht. Nichts kann dies verändern.

Das Sterben-Leidvoll oder nicht?

Bei einem Jenseitskontakt taucht dann oft die Frage auf: "Hatte er/sie denn Schmerzen? War es arg schlimm? Hatte er/sie Angst?" Dann gibt es so clevere Medien, die einfach sagen: JA, hatte er oder sie. Der arme Klient bricht dann in Tränen aus und weiß sich nicht mehr zu helfen. Von solchen Medien unbedingt weit Abstand nehmen. Auch jene, die behaupten, dem Verstorbenen würde es schlecht gehen! Diese haben absolut keine Ahnung von einem Jenseitskontakt. Die meisten Verstorbenen berichten immer wieder, dass der Übergang weder schmerzvoll noch leidvoll war. Ich höre von so vielen Verstorbenen immer wieder das Gegenteil, sie spüren tiefe Liebe und Frieden. Meistens sehen sie jemanden, eine andere Seele, welche sie begleitet und mitnimmt. Das ist, wie wenn du in einem anderen Land ankommst und erst mal einen Guide brauchst, bis du dich wieder zurechtfindest. Dies geht in der Regel sehr schnell und du weißt sofort wieder, wo du dich befindest. Ich möchte dir hier einmal zeigen, was ein Verstorbener dabei empfindet:

"Zunächst einmal wird es ganz warm, es fühlt sich an, wie eine Decke, welche sich über dich ausbreitet. Dann fühlt man eine Art Sog, es zieht an einem und man hat das Gefühl aufzustehen, obwohl man noch spürt, dass man liegt und sich nicht bewegen kann, und doch fängt man an, sich zu bewegen. Man spürt seinen Körper nicht mehr. Da ist nichts mehr, kein

Schmerz, kein Zwicken oder Drücken. Es fühlt sich an, als würde man weiter atmen, aber man atmet nicht mehr. Man weiß das, aber ist ganz ruhig. Und dann überkommt einen eine unendliche Liebe, welche so stark ist, die sich hier nicht beschreiben lässt. Sie ist so tief und so voller Frieden, es fühlt sich an, als wäre nie etwas anderes dort gewesen. Dann sieht man plötzlich eine Menge Leute um sich herumstehen und weiß instinktiv wohin die Reise führt. Man ist sehr neugierig und freut sich, denn man erinnert sich. Man weiß sofort, wer man wirklich ist und lächelt still, weil man das zu Lebzeiten nie erkannt hat. Sterben ist einfach wunderschön. Es ist wie eine Geburt und Weihnachten gleichzeitig. So voller schönen Überraschungen. Alles, was wir Seelen dabei empfinden ist Glückseligkeit und so viel Liebe. Alles ist so leicht und so schnell und einfach zugleich. Es ist ein wenig wie Fliegen und dennoch steht man fest, fest in seinem eigenen Licht. Das Licht, welches man sieht, ist man selbst. Es ist der eigene Tunnel des Lebens und man leuchtet sich selbst den Weg. Es ist niemals schmerzhaft. So schlimm es sich die Hinterbliebenen auch vorstellen mögen und egal was passiert dabei, es ist eine wunderschöne Reise, eine Befreiung."

Karin Schulz (meine Mama)

Das, was meine Mutter hier beschreibt, trifft es in allem komplett auf den Kopf, was die Verstorbenen mir bei einem Jenseitskontakt erzählen. Wir Menschen können uns das nur nicht ganz so vorstellen, denn wir sind in diesem Moment gesund. Wir haben einen Überlebenswillen, und der ist auch wichtig, sonst würde ja jeder nach Hause gehen, wann und wie er lustig ist. Du fragst dich bestimmt gerade, was mit jenen passiert, welche sich das Leben nehmen. Diese landen nicht in der Hölle oder sind gefesselt, bis sie ihre Aufgaben erledigt haben. Sie gehen genauso in das Licht, wie alle anderen Seelen auch. Es mag sich unspektakulär anhören, aber so ist es tatsächlich. Sie kehren nach Hause, da es sich ihre Seele so ausgesucht hat. Es war ihre Erfahrung, welche sie machen durften. Dies erkläre ich dir noch gesondert, was es damit auf sich hat. Sterben ist ein natürlicher Vorgang, welcher zur Natur gehört. Doch wir Menschen neigen dazu, den Tod aus unserem Leben zu verbannen. Noch immer scheint er endlich, wie ein Abschied für immer, ohne zu wissen, dass es nicht so ist. Spätestens wenn ein geliebter Mensch oder das geliebte Haustier verstirbt, wird man das erste Mal mit diesen Gefühlen konfrontiert. Die einen machen sich auf die Suche nach Antworten, wieder andere zerbrechen an ihr, und wieder andere brauchen mehr Zeit. Nichts ist hier richtig oder falsch, denn jeder geht seinen eigenen Weg.

Viele fragen mich auch, ob es ein Mensch spürt, wenn es Zeit wird zu gehen. Hier habe ich meine Mama wieder gebeten, etwas dazu zu sagen:

29

"Ja, das spürt man ziemlich deutlich. Bei mir war es schon Anfang März 2021. Ich spürte eines Nachts einen ziemlich warmen Schauer, welcher sich über mich legte. Es war sehr angenehm und dann vernahm ich eine Stimme. Sie schien in mir zu sein. Sie sagte mir, dass es bald Zeit wird. Ich fragte, wofür es denn Zeit werde, und sie sagte mir: Zeit, nach Hause zu kommen. Da ich erst dachte ich hätte es geträumt, wollte ich meiner lieben Tochter davon nichts erzählen. Ich wusste zu jedem Zeitpunkt wie sehr sie mich liebt, und ich wollte ihr das Herz nicht brechen. Doch dieses stetige Gefühl blieb, es ging nicht mehr weg. Irgendwann, eines Nachts, sah ich meine Tochter an meinem Bett stehen. Sie war es selbst, ihre Seele, welche mich begleitet hat. Ihre Seele war es, welche mir sagte, dass es nun Zeit wird und es nicht mehr lange dauern wird. So habe ich daraufhin mit meinem Kind gesprochen. Als ich alles geklärt hatte, konnte ich in Frieden meine Augen schließen. Ich wusste, dass ich nicht mehr aus dem Krankenhaus wieder kommen würde. Ich wusste über alles Bescheid." Karin Schulz

Ich hatte mal einen Verstorbenen, der mir erklärte, dass er sehr plötzlich gestorben sei, bei einem Herzinfarkt. Doch auch er wusste es binnen Sekunden vorher. Er erzählte mir, dass er es sofort wusste, so als würde einem einfallen, wo man etwas liegen gelassen hätte.

Ich selbst bin überzeugt davon, dass man es einfach weiß oder spürt, wenn es so weit ist. Manche haben Glück zuvor noch alles mit ihren Liebsten klären zu können, so wie ich das Glück hatte, dass meine Mama mir alles noch mit auf den Weg geben konnte. Es war ein wunderschöner „Abschied".

Die Trauer-Abschied oder Transformation?

Wenn ein geliebter Mensch stirbt, sitzt der Schmerz erst einmal tief. Es scheint einem das Herz zu zerreißen, als würde man an dem Schmerz ersticken. Ich selbst habe ihn erlebt und auch durchlebt, als meine geliebte Mama ihre Augen geschlossen hatte. Ich kann diesen Schmerz nur sehr schlecht in Worte packen, denn er ist so gewaltig, dass man ihn nicht zu beschreiben vermag. Dabei ist es völlig egal, ob es das Kind, die Mama, der Papa, die Oma oder das geliebte Haustier ist. Ich selbst habe trotz meiner Gabe, lange nicht verstanden, was wahre Trauer bedeutet. Das Gefühl selbst nicht da sein zu wollen, und doch irgendwie weiter Leben zu wollen schließt sich ständig einander aus. Man möchte diese Welt nicht verlassen und doch möchte man bei seinen Liebsten sein. Das Gefühl scheint mehr als widersprüchlich zu sein, und doch ist es da. Trauer selbst lässt sich weder psychologisch noch physiologisch erklären. Viele sind der Meinung, dass es "nach einiger Zeit" doch wieder gut sein muss, und versuchen dann die Trauer weg zu therapieren. Es ist sicherlich nicht verkehrt, sich Unterstützung zu holen, es wird dem ein oder anderen sehr geholfen haben, doch lässt sich Trauer nicht mit Tabletten oder Therapie einfach behandeln. Trauer ist nicht behandelbar, und aus diesem Grund haben so viele Menschen Angst vor ihr. Sie haben weniger Angst vor ihrem eigenen Tod als vor dem Tod eines geliebten Menschen. Dies ist auch nicht verwunderlich, denn schließlich liebt man diesen Menschen und möchte nicht ohne ihn sein. Mein Leben lang hatte ich sehr große Angst davor meine Mama zu verlieren. Sie war schon immer sehr krank, und ich hatte immer das Gefühl für sie da sein zu müssen, denn ich tat es von Herzen gerne. Meine Liebe zu ihr gab mir immer wieder Kraft, alles durchzustehen. Doch ich vergaß darüber hinaus mein eigenes Leben und konnte nie die Erfahrung machen, die andere in meinem jungen Alter machen konnten. Trotzdem bin ich meiner Mama sehr dankbar, für alles, was sie mir gab. Sie hatte ein wahnsinnig großes Herz und war eine wundervolle Frau. Der Moment des "Abschieds" kam für mich trotz allem überraschend, und so kann ich es sehr gut nachvollziehen, wie auch du dich vielleicht fühlst. Trauer ist ein natürlicher Vorgang und kann bis zu sieben Jahre andauern. Es ist wie ein Fels. Erst scheint er riesengroß und irgendwann hackt man ihn kleiner, bis man einen kleinen Brocken hat, welcher einen das ganze Leben begleitet. Selbst nach zehn Jahren werden wir noch um unsere Liebsten weinen. Das ist völlig normal und wird immer wieder aufbrechen. Die Trauer selbst kann einen zerbrechen, aber auch Transformieren, wenn wir wissen, dass es kein Abschied ist. Ja, durchaus kann ich verstehen, dass es sich so anfühlen mag, doch auch wenn unser "Good Bye" weh tun mag, so wissen wir bereits, dass unsere Liebsten bei uns sind. Unser

Schmerz lässt uns manchmal nicht die kleinen, warmen Zeichen erkennen und selbst als Medium ist es dann unmöglich, einen Kontakt herzustellen. Die Hellsinne sind blockiert, da dieser Schmerz erst einmal da sein darf, und verdaut werden muss. Daher mache dir keine Gedanken, wenn du inmitten des Prozesses steckst und plötzlich nichts mehr spürst. Es geht uns allen so und es ist völlig normal. Atme tief durch und lass es geschehen. Wie beschrieben, habe ich mich selbst vor diesem Tag mein ganzes Leben gefürchtet, und als es dann passiert war, wusste ich gar nicht wie mir geschieht. Ich fing nach einiger Zeit an mich zu transformieren. Ich dachte erst, ich gehöre zu den Menschen, welche daran zerbrechen und nie wieder zurück ins Leben finden würden, doch es passierte genau das Gegenteil. Noch heute verstehe ich nicht recht, was da passiert war. In mir wuchs eine wahnsinnige Selbstliebe heran, die ich früher nie so kannte. Trauer kann, wenn man sie denn richtig zulässt, sehr heilsam sein. Ich denke, der Unterschied liegt darin, wie wir damit umgehen. Lassen wir die Trauer geschehen, oder lenken wir uns ab?
Im letzteren Fall verdrängen wir meist die Trauer und diese kommt dann irgendwann mal schlagartig zurück, wie ein Bumerang. Ihr kann man nicht aus dem Weg gehen, so sehr es sich jeder wünschen würde. Da jeder seine eigene Art hat damit umzugehen, ist es nicht verwerflich sich etwas abzulenken, nur sollte man seine Tränen niemals zurückhalten. Mir tut es immer gut, so oft wie möglich von meiner Mama zu erzählen und sie überall mit einzubinden, da ich sie auch selbst spüren kann. Wenn wir den Tod als endlich ansehen, und uns

der geistigen Welt nicht bewusst sind, ist es für uns sicher noch schwerer damit umzugehen. Die geistige Welt spendet so viel Trost und Hilfe wie sonst niemand, daher kannst du dich immer auf einen Rückhalt im Himmel verlassen. Du kannst aus der Trauer herauswachsen, wie eine Blume an einem Regentag: Mag es auch eine Überschwemmung geben, so wirst du deine Blüten aufrichten und erstrahlen. Das Wasser wird an dir abperlen und du wirst funkeln wie ein wunderschöner Diamant. In gewisser Weise ist Trauer beides zu gleich: Ein Abschied und eine Transformation. Während der geliebte Mensch sein Erdenkleid ablegt, so verändert seine Transformation auch uns. Wir haben jedoch selbst immer die Entscheidung, ob wir das alles zulassen, oder uns verschließen. Dies gilt für alle Lebensbereiche. In der Trauer kann auch alles hervorkommen, was man sonst nicht von sich kennt. Ich war zum Beispiel sehr wütend und wusste nicht woher diese Wut kam. Es war einfach eine Wut, ohne einen erkennbaren Grund dahinter. Am anderen Tag konnte ich plötzlich nicht mehr weinen und dachte, mit mir stimme etwas nicht, weil ich nicht stundenlang heulen konnte. Ich war von dieser Gefühlsvielfalt total überrascht worden, auch wenn dies nicht mein erster Todesfall war. Ich habe schon einige Menschen und Tiere auf die andere Seite begleiten dürfen. Schon früh als Kind war der Tod mein stetiger Begleiter. Und doch ist es bei den eigenen Eltern, Kindern oder Menschen, die einem sehr, sehr nahe stehen immer wieder was anderes. Das gesamte Leben ändert sich schlagartig. Das kann in einem ein Trauma auslösen. Die

Verstorbenen möchten nicht, dass wir hier so leiden und tun alles dafür, dass es uns gut geht. So fühle auch ich mich nicht allein. Ich dachte einst, mein Vater würde das ganz stark wegstecken, doch es ist komplett andersherum. Der Tod, und das Leben lassen sich niemals planen. Jeder hat seine Zeit und seine Art und Weise. Mache dir keinen Druck, und lass alles zu, was dir begegnet. Für mich ist es, als sei meine Mama immer noch da, was sie ja ist, und es fühlt sich absolut real an. Vertraue dabei einfach deinem Gefühl. Wenn du den Widerstand aufgibst und mit der Trauer fließt, wirst auch du erkennen, was für wundersame Dinge daraus entstehen können. Sie ist nicht schlecht, sie ist nicht gut, aber sie gehört zum Leben, sie ist Natur.

Der Jenseitskontakt (oder das Channeling)

Du hast jetzt oben die Worte meiner Mutter gelesen und fragst dich bestimmt, wie so was denn nun zustande kommt. Ich kann in diesem Abschnitt nur von mir erzählen, da jedes Medium anders arbeitet. Ebenso hat jedes Medium seine eigenen Methoden, um Worte, Bilder oder Gefühle aus der geistigen Welt zu empfangen. Ich selbst bin stark hellhörig, dies bedeutet, ich höre in dem Fall die Verstorbenen und andere Wesen. Früher dachte ich, es seien Selbstgespräche, welche in meinem Inneren stattfinden, doch es stellte sich heraus, dass diese Stimmen mehr wussten, als ich es mit meinem Verstand fassen konnte. So wusste ich immer, dass nicht ich es bin, die da spricht. Da meine Fähigkeit im medialen Schreiben liegt, wie du unschwer erkennen kannst, höre ich also ihre Worte und schreibe sie auf. Es fließt einfach durch mich hindurch. Manchmal weiß ich gar nicht, was ich bei einem Kontakt schreibe. Es ist, als wäre man in Trance und dann doch wieder da. Diese Fähigkeit habe ich schon seit ich denken kann, habe sie aber erst spät als so eine erkannt. Dies Ganze kann man auch als "Channeln" beschreiben. Channeln bedeutet "Kanal sein." Ich diene als Sprachrohr, oder auch Kanal der geistigen Welt. Sie greifen auf meinen Erfahrungsschatz zurück, auf mein Gehirn und meine Hellsinne. Den Zweiten, welchen sie gerne nutzen, ist meine Hellsichtigkeit. In ihr erlebe ich dann wunderbare Momente in Bildern und Visionen, welche ich auch schriftlich übersetzen kann. Es mag jetzt sonderlich schwer klingen, doch dies ist es gar nicht. Ich war schon immer medial, ich habe das, was ich tue, schon immer getan. Stell dir vor, du hast deine Kopfhörer im Ohr und dich ruft jemand an, dann gehst du ran und hörst denjenigen bei dir im Ohr. So ungefähr läuft es auch bei mir. Ich brauche nur mal „eben" an die Seele, den Engel oder andere Wesen denken, und schon "steht die Leitung." Vorausgesetzt sie möchten reden. Manchmal bleibt es auch still, dann frage ich zu einem anderen Zeitpunkt noch einmal nach. So mache ich auch meine Jenseitskontakte. Die Verstorbenen erzählen mir einfach alles, was ihnen "auf der Seele" liegt. Da ich, wie erwähnte, nicht meditiere, geht dies bei mir aus dem Stand heraus. Es ist nicht so, dass ich keine Meditationen mag, doch ich habe meine eigenen Techniken, daher rate ich dir immer selbst auszuprobieren, was dir am besten behilflich ist. Du kennst bestimmt eine Menge Bücher, in welchen eine ganze Anleitung steht, wie du einen Jenseitskontakt herstellen kannst. Ich weiß, dank der geistigen Welt, dass du einfach nur still werden musst, und dann schauen, was in dir aufsteigt, was du fühlst, siehst, hörst oder riechst. Denke aber daran, dass es oft über Telepathie geschieht und du sie in den seltensten Fällen in 3D sehen wirst. Dies ist nicht unmöglich, aber dennoch eher selten. Viele Bücher schreiben dann von ANFÄNGER, FORTGESCHRITTENER oder PROFI, was ich als völligen Quatsch ansehe. Du bist kein Anfänger, nur weil du es noch nicht probiert hast.

Schutzkreis?

Spätestens jetzt kommen wieder die Fragen: "Ja, musst du dich denn nicht schützen? Brauche ich einen Energie-Kreis?"
Nein, brauchst du nicht. Du musst dich gar nicht schützen. Ja, ich weiß, das widerspricht wieder allem, was du bisher kennst, oder nicht kennst. Doch genau dazu ist dieses Buch da, mit all diesem Klimbim endlich aufzuräumen. Die geistige Welt ist LIEBE. Wovor willst du dich da schützen? Vor Frieden und Licht? Schützen muss sich nur jemand, der Angst hat. Wovor solltest du dich jetzt fürchten? Vor dunklen Wesenheiten, welche dich überfallen und dann über deinem Bett schweben lassen? Du kannst jetzt den Exorzisten-Film ausstellen. Du musst dich nicht schützen. Wenn du gerne magst, kannst du dir einen goldenen Lichtkreis um dich herum vorstellen, doch das dient eher dazu, dich selbst mit Energie aufzuladen. Die Verstorbenen und andere Seelen sind immerzu um uns herum, da müsstest du ja

37

den ganzen Tag einen Panzeranzug tragen. Die Luft kannst du ja auch nicht sehen, aber atmest sie trotzdem tagtäglich ein. Also schlag dir diese Grusel-Filme endlich aus dem Kopf.

Jetzt sitzt du immer noch da, und sagst: "Ist ja alles schön und gut, aber ich weiß doch nicht, wer da spricht oder mir etwas sagt." Ich sage dir, das weißt du. Denn wenn du an deine verstorbene Oma denkst, bekommst du auch die dazugehörigen Erinnerungen, manchmal sogar plötzlich mehr, als du denkst und dann bist du überraschst. Wie konntest du das nur vergessen? In dem Moment weißt du es einfach, dass es deine Oma ist. So ist es auch mit anderen Verstorbenen. Du weißt es einfach, wer es ist. Du kannst sie einfach fragen. Doch um auf die Antworten zu vertrauen, musst du wie einst schon erwähnt, dich selbst gut genug kennen und dir vertrauen, sonst hinterfragst du dich jedes Mal selbst. Viele Medien arbeiten dann mit der „Beweisführung" und können den Verstorbenen zu Lebzeiten ganz genau beschreiben. Dies ist immer möglich, denn je nach Hellsinn erzählt der Verstorbene wie er aussah, was er getan hat oder er zeigt es einem in Bildern. Auch Gefühle und Krankheiten können so nachempfunden werden. Die meisten staunen dann nicht schlecht, und sind positiv überrascht. Mir passiert das sehr häufig, da ich hinter jedem Menschen einen Angehörigen stehen sehe, oder ihn neben mir höre und mich dann zusammenreißen muss, dem Gespräch der Lebenden zu folgen. Ich bitte die Verstorbenen dann zu gehen, was sie immer tun, außer es ist sehr wichtig. Wenn man weiß, wie man damit umzugehen hat, ist es ein ganz normales, wundervolles Leben. Ich werde dir noch erklären, wie man mit seinen Hellsinnen am besten umzugehen hat, damit man nicht ganz in die Reizüberflutung fällt.

Flüche, Verwünschungen, Okkultismus

Die schlechte Nachricht für alle, die auf irgendwelche seltsamen Quantenheiler gestoßen sein mögen und eine Menge Geld gezahlt haben: Es gibt keine Flüche oder Verwünschungen. Schauen wir uns dieses Gebiet einfach mal etwas genauer an, um dir klarzumachen, warum das nicht sein kann. Deine Seele ist Licht. Dort, wo sie herkommt, ist auch Licht. Wenn nun ein Mensch (nehmen wir mal an, es sei deine böse Nachbarin) einen nicht so besonders guten Wunsch dir gegenüber ausspricht und du das nicht mitbekommst, passiert erst einmal gar nichts. Natürlich kann auch auf lange Sicht nichts passieren, denn die negativen Gedanken, welche sie dir gegenüber hegt, sendet sie selbst ins Universum aus, und das Universum registriert: Frau XY sendet negativ, dann bekommt sie negativ. (Law of Attraction, auch bekannt als Gesetz der Anziehung.) Ihre Gedanken formen also ihre eigene Realität. Dir fällt irgendwann einmal auf, dass sie dich nicht mehr grüßt, oder du bekommst ein seltsames Bauchgefühl in ihrer Nähe. Das war es dann auch schon wieder. Du lebst deinen Tag weiter und dir geht es gut. Du wunderst dich vielleicht, aber du genießt deinen Tag. Hier kommt das Sprichwort "wer anderen eine Grube gräbt ..." wirklich gut an. Bis hier her konntest du mir folgen? Gut, denn es ist nicht kompliziert, diese Dinge zu verstehen. Wie erwähnt, ist deine Seele Licht, und was soll an Licht herankommen? Richtig, nichts. Denn außer noch mehr Licht, welches dann irgendwann dafür sorgt, dass du solche Leute nicht mehr in dein Leben ziehst wird deiner Seele nichts passieren. Sie ist rein und beschützt zu jeder Zeit.

Jetzt bist du auf einem Jahrmarkt bei einer Wahrsagerin gewesen, wolltest ihr den Preis nicht bezahlen, weil sie absolut nichts auf dem Kasten hatte und schon spricht sie einen „Fluch" aus. Du kriegst das natürlich mit und bekommst direkt Panik. Oder du sitzt gerade bei einem vermeintlichen Heiler, der dir erzählt, in deiner Aura säßen hunderte von Dämonen und Flüchen fest, für 200 Euro würde er sie dir lösen. Wenn du bezahlst, bist du dein Geld los, mehr aber auch nicht. Ob du nun in der ersten oder letzteren Situation steckst: Sobald du dir einbildest und sicher bist, du seist verflucht (oder geheilt) entsteht genau das: Du hast entweder dauernd Pech (du ziehst das an, was du ins Universum aussendest) oder du bist geheilt, weil du dem Heiler recht gibst. Urplötzlich geht es dir wunderbar und du könntest Bäume ausreißen. Deine Gedanken haben dir gegenüber eine wahnsinnige Macht, deswegen sollten wir immer darauf achten, wohin unsere Energie läuft. Der Fokus auf das Leben muss stimmen. Nachdem du soeben auf dem Jahrmarkt in völlige Panik versetzt wurdest, und nun dran glaubst, dir würde alles Schlechte passieren, passiert genau das. Deine Überzeugung ist: Ich bin verflucht. Stell dir aber jedoch mal vor, was du alles in dir und außerhalb von dir in Gang setzen könntest, wenn dir bewusst wäre, dass dein Geist überaus mächtig ist?

40

Das beste Beispiel sind immer wieder Menschen, die als unheilbar krank gelten, und dann eine Art Wunder erfahren. Sie haben sich so lange eingeredet gesund zu sein, dass es am Ende funktioniert hat. Es mag sein, dass es eine Weile dauert, aber du hast ja Zeit. Niemand verlangt von dir, dass du von heute auf morgen alles kannst. Du darfst Geduld mitbringen und an dir arbeiten. Selbiges gilt auch für Okkultismus und "schwarze Magie," denn wer selbst Schwarzes aussendet muss sich nicht wundern, wenn es zu ihm zurückkehrt. Lass dich von Heilern oder anderen Medien nicht in Angst und Schrecken versetzen. Ein gutes Medium sagt dir, wo deine Blockaden liegen und was DU selbst tun kannst. Wer dir Angst macht, hat seinen Beruf weitgehend verfehlt. Leider lässt sich mit Angst viel Geld machen. Vor allem labile Menschen, die gerade in Trauer sind, werden so oftmals über den Tisch gezogen. Dann kommt auch mal die Story von den "würgerischen" Geistern, und man müsse das Haus reinigen. Natürlich kann man sein Haus von Energien reinigen, dagegen spricht nichts, doch sind es vielmehr die eigenen Energien, welche man mit nach Hause bringt. Lichtvolle Seelen stört das nicht. Wenn du dich beim Reinigen wohler fühlst, ist das völlig in Ordnung. Und wenn du dich nach einer 200 Euro Session bei dem fragwürdigen Heiler besser fühlst, kannst du das auch machen. Getreu dem Motto: Wer heilt, hat recht. Alles, was Dir gut tut ist erlaubt, nur solltest du wissen, dass es keine Flüche oder Verwünschungen gibt. Als kleiner Tipp noch am Rande: Halte dich von jeglichen spirituellen Menschen fern, die dir Angst machen wollen. Kein professionelles Medium würde dir so einen Schwachsinn erzählen, deswegen bin ich überzeugt davon, dass es leider viel zu wenig gute Medien auf dieser Welt gibt, die wirklich was von ihrem Handwerk verstehen.

Mag sein, dass genau dieses Kapitel vielen aufstoßen wird, denn viele sind einfach davon überzeugt, dass es so viel Dunkelheit und schwarze Wesenheiten geben soll. Wenn auch du davon überzeugt bist, darfst du das auch gerne bleiben. Aber denke daran: Du ziehst immer das an, was du gerade ausstrahlst und tief in deinem Inneren glaubst.

Flüche aus alten Inkarnationen

Wir wissen bereits, dass es eine Vielzahl an Inkarnationen gibt, welche unsere Seele durchläuft. Wir bringen sehr viel Wissen und Erfahrung dahin gehend mit, auch wenn wir uns nicht direkt daran erinnern können, so weiß unsere Seele zu jeder Zeit was zu tun ist. Nun gibt es da wieder viele Medien und einige Menschen, welche dir erzählen wollen, dass du Flüche aus deiner vorherigen Inkarnation in diese "mitgebracht" haben sollst und deswegen alles so schlecht läuft. Hier halte ich dagegen, denn das gibt es einfach nicht. Das ist auch dir freigestellt, ob du deine Energie und deinen Fokus darauflegen möchtest oder nicht. Doch Fakt ist: Es ist nicht wahr. Wenn du diese Energien in dein Energiefeld lässt, bist du "selbst schuld." Du bist Schöpfer deines Lebens, da mischt kein anderer mit. Auch nicht aus alten Inkarnationen. Ich überlege mir sehr oft, was Menschen dazu bewegt so etwas zu erzählen. Vielleicht möchten sie gerne die

Verantwortung wieder mal abgeben und sie auf jemand anderes schieben. Damit geben sie ihre ganze Macht aus der Hand selbst Schöpfer zu sein, dann müsste man ja zugeben, dass man dieses Schlamassel selbst verursacht hat. Ich kann dich hier beruhigen: Du hast keine Flüche aus alten Inkarnationen. Deine Seele reist von Inkarnation zu Inkarnation und nutzt ihr Wissen und ihre Fähigkeiten hier weiterhin. Ich habe dazu auch die geistige Welt befragt und mich mit dem Universum verbunden: Alles ist Energie. Es liegt an dir, auf was du wert legst und auf was nicht.

Manipulative Energien: Schwarze Magie?

Das Thema Schwarze Magie ist auch wieder auf diesem Gebiet ein Thema für sich. Schwarze Magie wird meist mit Ritualen und anderen Praktiken in Verbindung gebracht. Hier hätten wir zum Beispiel Voodoo, Zauber oder andere Riten, welchen den Menschen zu einer Handlung bringen soll. Für mich hat diese schwarze Magie nichts mit Verwünschungen und Flüchen zu tun, wie ich oben bereits erwähnte, dass es das nicht gibt. In der geistigen Welt ist es unmöglich, Flüche, Verwünschungen und anderes zu erfahren. Die geistige Welt ist, wie bereits erwähnt, Licht und Liebe. Jedoch gibt es bei uns Menschen ziemlich viele manipulative Energien. Viele von euch kennen gerade auch das Beispiel der Narzissten, welche große Manipulationstechniken anwenden. steckt hinter diesen Gedanken jede Menge Energie, denn Gedanken sind Energien. Um einen Menschen also gefügig zu machen, braucht der Narzisst oder der normale Mensch von heute keine schwarze Magie, keine Rituale oder Kerzen. Er benötigt noch nicht einmal einen Zauberspruch, wie sich das die meisten gerne vorstellen. Er benötigt nur ein wirklich gutes Mindset. Um also einen Menschen zu manipulieren, wird sich der Narzisst oder der toxische Mensch in deine Gefühlswelt einlesen. Dies bedeutet nicht, dass er gerade sehr empathisch ist. Es bedeutet nur, dass er dich sehr gut lesen kann und sich jetzt deiner Gefühle widmet. Wenn du nämlich zu offen bist und das sind meist sehr sensible, empathische Menschen, dann kann es sehr leicht passieren, dass ein Narzisst oder ein toxischer Mensch dieses gegen dich verwenden kann. Dies nutzt er dann sehr gekonnt mit seinen Manipulationstechniken aus. Das Ganze hat nichts mit schwarzer Magie zu tun, aber es fühlt sich an wie schwarze Magie. Es zieht in der Magengrube, der Solarplexus meldet sich und man fühlt sich wirklich nur noch schlecht. Auch das weltbekannte Bauchgefühl wird dann plötzlich in Frage gestellt, denn man fühlt Dinge, die man vorher so nie gefühlt hat. Manch einer würde jetzt behaupten, dass es solche Rituale tatsächlich gibt, und ich möchte auch gar nicht abstreiten, dass es sie gibt. Wenn hinter diesen Ritualen tatsächlich Gedanken stecken, die auf eine Person gerichtet sind, kann es durchaus sein, dass diese manipulativen Energien genau das anrichten, was sie sollen. Jedoch ist es nicht einen Heiler oder an eine andere Person gegeben, diese zu lösen. Sie werden diese Energien und manipulativen Techniken nicht auflösen können. Das heißt, wenn eine Person stetig an dich denkt oder solche Riten durchführt, dann kann es sein, dass du dies tatsächlich zu spüren

44

bekommst. Vor allen Dingen, wenn du gerade sehr feinfühlig, medial oder hochsensibel bist. Diese Energien stammen nicht aus der geistigen Welt und haben auch nichts mit der geistigen Welt gemeinsam. Diese Energien stammen nur von Menschen. Deswegen wiederhole ich es immer wieder gerne, dass in der geistigen Welt keine Flüche, Verwünschungen und andere schwarze Magie existiert. Wenn du also an so einen Menschen geraten bist, der dir so etwas antut, liegt das nur an dir, und zwar ganz an dir allein, dich davon zu lösen. Dir kann dabei jemand behilflich sein, eine Art Mentor, der dir dein Selbstwertgefühl wieder stärkt. Doch es ist von enormer Wichtigkeit herauszufinden, was diese manipulative Energie in dir getriggert hat. Welche Einfallstore du dieser Person gegeben hast, damit er sich an dich dran heften kann. Wenn du deine Tore energetisch sowie Herzenstechnisch sehr weit offen hast, ist es für Narzissten und andere toxische Persönlichkeiten ein leichtes Spiel, so in deine Welt einzudringen. Sie spielen alles aus. Und das ist es, was ich tatsächlich als schwarze Magie bezeichnen würde. Schützen kannst du dich nur indirekt davor. Wenn du ein starkes Selbstwertgefühl hast und in deiner Selbstliebe stehst, dann wird dir sowas eher selten bis gar nicht passieren. Und selbst wenn es dir passiert, wirst du es sehr schnell erkennen und rechtzeitig einen Stopp einlegen können. Wenn dir bewusst wird, dass du Opfer einer solchen Manipulationstechnik geworden bist, dann hilft nur noch der Rücktritt und der komplette Kontaktabbruch. Kein Heiler der Welt kann dir dabei helfen. Dann schließt du deine Einfallstore, durch die diese Menschen gekommen sind. Nur du kannst diese Tore schließen und für dich deinen eigenen Weg finden. Sobald du mit klaren Absichten in die Welt hinaus schreitest, anfängst nicht mehr abhängig von dieser Person und ihrer Energie zu sein, erst dann wird auch diese schwarze Magie in dir aufhören. Erst dann werden diese manipulativen Energien dich nicht mehr beherrschen und auch nicht mehr ziehen können. Wenn du dies einmal verstanden hast, dann wird dir auch klar werden, welche Macht und Verantwortung für dich damit einhergeht. Du wirst nämlich nie wieder Angst haben können, dass dich jemand beeinflusst. Angst ist hier ein schlechter Ratgeber denn je mehr Angst du hast, desto mehr ziehst du solche Energien in dein Leben. Du bist ein starkes, spirituelles Wesen und brauchst dir keine Sorgen um irgendwelche schwarzmagische Angriffe zu machen. Wer in sich selbst ruht, braucht keine Angst vor solchen Dingen haben. Wenn dir also demnächst jemand erzählt, er hätte dich verflucht oder verwünscht, dann lächelst du einfach nur weil du weißt, dass dein wahrer Kern bereits die Wahrheit kennt. Du kannst dich getrost zurücklehnen, denn alles, was du nicht an dich heranlässt, wird auch nicht an dich herantreten. Ein weiterer Tipp, sich vor solchen manipulativen Energien zu schützen, ist sie ganz weit zu umgehen. Meistens meldet sich dein Bauchgefühl schon rechtzeitig und du fühlst dich bei einer Person sehr unwohl. Genau dann, wenn dieses Gefühl auftritt, solltest Du umgehend umdrehen und gehen. Du solltest sofort den Kontakt unterbinden oder dich so weit distanzieren, dass sehr wenig Kontakt stattfindet. Dein Bauchgefühl kennt die Antwort zu jederzeit und darauf solltest du immer hören. Wenn dir also nächstes Mal wieder solche Energien begegnen, weißt du, was du zu tun hast. Suche nicht im außen nach den Antworten oder irgendjemanden, der dir diese Antwort liefert, sondern gehe ganz in die Stille und vertraue auf dein Gefühl. Du kannst diese manipulativen Energien sehr leicht loswerden, indem du ihnen keinen Raum mehr gibst. So hat auch diese ganze Magie keine Chance mehr.

Räuchern, Reinigungen und Co.

Räume, Personen oder Gegenstände lassen sich tatsächlich reinigen. Zwar nicht so wie du es vermutet hättest, von Flüchen oder dunklen Gestalten, sondern von Energien, welch so ein Ort gespeichert hat. Diese Energien können auch sehr einfache Strukturen aufweisen, wie zum Beispiel Krankheit, ein Streit, wenn viel Trauriges an diesem Ort war, oder einfach Einsamkeit. Energien kennen keine Bezeichnungen und fühlen sich entweder leicht, schwer, verzerrt, durcheinander oder geordnet an. Es kann sein, dass diese Energie nicht mit unserer harmoniert. Jeder Mensch empfindet eine Atmosphäre anders, da auch jeder Energiekörper verschieden ist.
Wenn du dich jedoch durch Personen, Gegenstände oder Orte beeinträchtigt fühlst, dann höre auf dieses Gefühl. Du musst nicht stundenlang alles reinigen, in der Hoffnung, dass es besser wird. Wenn es einfach nicht besser werden sollte, kannst du jederzeit gehen, den Gegenstand weggeben oder dich von Personen

distanzieren. Du bist nicht verpflichtet, das auszuhalten. Probiere hier einfach, was sich für dich richtig anfühlt.

Aberglauben

Liest du das Buch gerade am Freitag den Dreizehnten? Oder sitzt gerade eine schwarze Katze unter einer Leiter bei dir vor der Türe? Dann gehe am besten drei Schritte rückwärts und hänge dir ein Hufeisen über die Türe. Nun aber Spaß beiseite: Thema Aberglauben, auch hier ist es notwendig, wenn auch nur kurz erwähnt, dass dies wieder menschengemachte Glaubensrichtungen (oder Rituale) sind, welche dich mal wieder in Angst und Schrecken versetzen sollen. Wenn du aber die Sache neutral betrachtest und bis hier her schon gelesen hast, weißt du ja bereits, dass die geistige Welt kein Interesse daran hat, dir Angst zu machen. Und du wirst auch nicht vom Pech verfolgt. Thema Pech und Glück werde ich noch in einem separaten Kapitel für dich klären und erklären, jedoch hat das nichts mit schwarzen Katzen oder Kleeblättern zu tun. Du kannst dich also entspannt zurücklehnen. Überall dort, wo man mit deiner Angst spielt, kannst du dir sicher sein, dass es nicht aus der geistigen Welt stammt. Mit Angst lässt sich, wie schon erwähnt, gut Geld verdienen. Aberglauben beinhaltet bereits das Wort ABER, und ein ABER gibt es in der geistigen Welt nicht. Entweder glaubst du oder nicht. Lass dich nicht verunsichern.

Liebeszauber und andere Rituale

Ich erlebe es (leider) immer wieder, dass gewisse Personen (oder „Medien") Zauber oder andere Rituale anbieten. Ich kann hier gleich vorwegnehmen, dass das völliger Quatsch und teils gefährlich ist. Ich möchte dir hier erklären, warum du niemals einen „Zauber" anwenden solltest, welcher eine andere Person betrifft. Nehmen wir mal an, dein Partner/deine Partnerin hat sich von dir getrennt. Du bist todunglücklich und möchtest diese Person wieder zurückhaben. Du suchst nach jemandem, der dir eine Art Liebesritual/ oder Liebeszauber anbietet, welcher dir die Liebe deines Lebens zurückbringen soll. Dass es aber Gründe hat, dass diese Person gegangen ist, lässt du völlig außer Acht. Du findest also so ein „Medium", das dies für dich macht. Du vertraust dieser Person. Dieses „Medium" weiß entweder schon Bescheid, dass es so etwas niemals machen darf und macht es trotzdem, oder es ist kein Medium, denn sonst wüsste sie oder er, dass man dies nicht tun darf. Warum? Man greift in die Energie und in das Leben eines anderen Menschen ein. Man greift in dessen „freien Willen" ein. Das kann für dich weitreichende Folgen haben. Natürlich auch für das „Medium", denn es bricht die karmischen „Gesetze."

So kommen wir gleich zum nächsten Thema:

Das Karma und seine „Gesetze"

Um vorab eine Sache mal klarzustellen: Die Redewendung „Karma is a …..!" haben wir wohl alle schon einmal gehört, ABER das stimmt so nicht! Denn wenn wir ehrlich sind, benutzen wir das Karma nur als Sündenbock für Dinge, die in unserem Leben schieflaufen. Tatsache ist allerdings, dass wir alle ein falsches Bild davon haben, was Karma eigentlich ist. Die korrekte Bedeutung von Karma ist im Grunde genommen das Resultat einer Handlung und die Handlung selbst. Wenn man sich das Ganze nun richtig anschaut, ist das Karma vergleichbar mit dem dritten Newtonschen Gesetz, dem Reaktionsprinzip. In anderen Worten: Das Karma ist keine Art von Bestrafung des Lebens, sondern bedeutet viel mehr:

Wer Negatives verbreitet, bekommt auch Negatives zurück!

Was völlig verständlich ist, denn auch hier spielt das Gesetz der Anziehung eine große Rolle. Strahlst du selbst und durch deine Taten „Negatives" aus, so wirst du auch „Negatives" anziehen. Und hier kommen unsere karmischen Gesetzte ins Spiel:

1. Das Gesetz von Ursache und Wirkung

Du solltest immer im Hinterkopf behalten: Man erntet, was man sät! Du musst dir also dessen bewusst sein, dass all das, was du in die Welt hinausgibst, eines Tages wieder zurückkommen wird. Um positive Dinge wie Liebe, Glück und Zufriedenheit zu erlangen, musst du in erster Linie dich selbst lieben und mit dir im Reinen sein.

2. Das Gesetz der Schöpfung

Hör auf, dir vorzumachen, das Leben sei ein Glücksspiel! Das Leben ist genau das, was wir selbst daraus machen, es passiert nicht einfach so! Um dir das verständlicher zu machen, kannst du dir Folgendes immer wieder vor Augen führen: Höre auf nach dem wahren „Ich" zu suchen. Wichtiger ist es, ein eigenes „Ich" zu erschaffen! Das funktioniert am besten, wenn du dich mit Dingen und Menschen umgibst, die du magst. Es ist schwerer, als es sich zunächst anhört, sein eigenes „Ich" zu erschaffen, denn so gut wie alles, was dich täglich umgibt, beeinflusst dich und dein Inneres.

3. Das Gesetz der Bescheidenheit

Du hattest einen schlechten Tag und bist einfach nur gefrustet was dir auch immer widerfahren ist … perfekt! Denn jetzt kannst du anfangen, den ersten Schritt zu machen, nämlich Dinge zu akzeptieren und somit im zweiten Schritt genau deswegen eine Veränderung vorzunehmen!
Hör auf, dich so zu verhalten, als ob alles und jeder dir etwas Schlechtes wollen würde oder gar dein Feind ist. Solange du derartige Gedanken nicht unter Kontrolle hast, wirst du deinen Fokus auf die falschen Dinge setzen.

4. Das Gesetz des Wachstums

Du musst dir eingestehen, wenn du eine Veränderung in deinem Leben, deiner Beziehung, dem Job oder was auch immer sehen möchtest, du bei dir selbst anfangen musst. Warum das so ist? Das ist eine einfache Rechnung: Du kannst nicht alles und jeden verändern, ABER du kannst dich selbst positiv verändern.

5. Das Gesetz der Verantwortung

Vermeide es, in Selbstmitleid zu verfallen! Deine Eltern würden höchstwahrscheinlich sagen „Du bist doch schon ein großer Junge!". Es bringt leider nichts, alle anderen für die Dinge, die falsch gelaufen sind, verantwortlich zu machen. Selbst wenn es Umstände sind, die nicht in deiner Hand lagen, musst du trotzdem in den sauren Apfel beißen und die Verantwortung übernehmen. Wenn in deinem Leben Dinge schieflaufen, dann stimmt offensichtlich mit deiner Handhabung von Problemen etwas nicht.

6. Das Gesetz der Verbindung

Es ist logisch, dass Dinge miteinander verbunden sein müssen. Das bezieht sich auch auf unsere Vergangenheit, die mit dem Jetzt verbunden ist und auf das Jetzt, welches die Zukunft beeinflusst.

Jede Aufgabe solltest du Schritt für Schritt angehen, allerdings mit dem Hintergedanken, dass jeder deiner Schritte zählt und gleichbedeutend ist.

Jede auch so unbedeutende Kleinigkeit beeinflusst dein Wohlbefinden und daher auch, in welche Richtung Dinge zukünftig gehen werden. Das heißt natürlich nicht, dass du übervorsichtig durchs Leben gehen musst; du solltest dir lediglich im Klaren sein, dass es viele Aspekte gibt, die deinen Erfolg beeinflussen können.

7. Das Gesetz der Einstellung

Multitasking ist nicht jedermanns Sache, aber das ist auch vollkommen okay so, denn das ist erstens ohnehin nicht produktiv und zweitens ist der Erfolg meist nur dann garantiert, wenn du dich auf eine bestimmte Sache konzentrierst. Wenn du deinen Fokus auf spirituelle Werte legst und dich mit Dingen beschäftigst, die dir wirklich wichtig sind, ist es fast unmöglich, dass negative Gedanken in dir aufkommen.

8. Das Gesetz des Gebens und der Gastfreundschaft

Auf den Punkt gebracht geht es hierbei darum, selbstlos gute Dinge zu tun. Dabei sollte dein äußeres Verhalten deinen inneren Gedanken angepasst sein.

Das Teilen von schönen Dingen mit Menschen, die wir gernhaben oder einfach nur das Zaubern eines Lächelns ist tatsächlich sehr viel wert.

9. Das Gesetz des Hier und Jetzt

Lass das vergangene Vergangenheit bleiben! Du kannst nicht im Hier und Jetzt leben, wenn du deine Vergangenheit nicht ruhen lässt. Versuche, das Vergangene gehen zu lassen und dabei ist es egal, ob es gewisse Angewohnheiten oder bestimmte Erfahrungen sind.
Es ist an der Zeit, neue Erinnerungen und neue Lebenserfahrungen zu machen!

10. Das Gesetz der Veränderung

Die Lebensumstände wiederholen sich so lange, bis wir letzten Endes unsere Lektion daraus gelernt haben und mit dieser Lektion einen neuen Lebensweg einschlagen. So betrachtet sind Veränderungen keineswegs eine schlechte Sache!

11. Das Gesetz der Geduld und Belohnung

Belohnungen gehen meist mit viel Mühe einher. Aber der Schlüssel zum Erfolg lieg darin, nichts zu erzwingen! Du kannst nur erfolgreich sein, wenn du deine Aufgabe auch tatsächlich gerne machst. Wenn das der Fall ist, lässt die Belohnung meist nicht sonderlich lange auf sich warten.

12. Das Gesetz der Bedeutung und Inspiration

Manchmal musst du das Gesamtbild betrachten und nicht nur kleine Ausschnitte. Wenn du dir das vornimmst, realisierst du, wie sehr sich deine Handlungen und dein Verhalten auf alles und auf jeden in deinem Umfeld auswirken.
Karma ist eine Lebenseinstellung, die dafür da ist, uns positiv zu leiten und uns dazu anregen soll, uns gelegentlich selbst zu reflektieren. Dadurch wird dein Leben an sich, sowie das Finden von Lösungen einfacher.

Nun zurück zu dem Liebeszauber und dem Ritual.
Wenn du also in jemandes Leben eingreifst, egal ob
energetisch oder nicht, schaufelst du dir ein Karma auf,
was du nicht haben möchtest. Du sollst dich selbst
verändern, dich selbst entwickeln, und nicht in anderer
Wege eingreifen. Du sendest somit etwas aus, was
nachher an dir „klebt." Mal abgesehen davon, dass die
Person einen Grund hatte zu gehen, solltest du immer
bedenken, dass sich die Dinge immer so entwickeln, wie
es für alle am besten ist. Die karmischen Gesetze
brechen heißt so viel wie: Du greifst in die Energie des
anderen ein, und versuchst so deine Verantwortung dir
gegenüber abzugeben, oder auch loszuwerden. Dass
das nicht so funktionieren kann, versteht sich von selbst.
Daher lass bitte die Finger von solchen Ritualen oder
Zauber, was die „Rückholung eines Partners" betrifft.
Dies gilt im Übrigen auch für alles andere. Wenn du für
dich selbst gerne Rituale machst, und es dir guttut, was
dich und DEINE Energie betrifft, ist das kein Problem.
Du kannst gerne andere fragen, ob du sie mit
einbeziehen kannst. Mit der Zustimmung darfst du dies
auch tun. Alles andere wäre sonst fahrlässig. Und seien
wir doch mal ehrlich: Du würdest es auch nicht
begrüßen, wenn jemand ungefragt in deiner Aura
„umher kramt."

Verschiedene Arten, um Seelen wahrzunehmen

Hier ist es wieder individuell, welche Hellsinne am
ausgeprägtesten sind. Du hast vermutlich schon oft
etwas von Hellsehen gehört. **Hellsehen** besagt nicht nur
objektiv (also mit dem physischen Auge) zu sehen,

sondern auch subjektiv (mit deinem dritten Auge.) Manche Menschen können Dinge besonders gut visualisieren. Man sagt ihnen eine gute Vorstellungskraft nach. Das machen sich auch die Verstorbenen und andere Seelen zunutze. Sie greifen auf diese Fähigkeit zurück und können dir so Bilder, Visionen oder Träume vor deinem inneren Auge ablaufen lassen. Es fühlt sich dann ungefähr so an, als würdest du dir einen wunderschönen, sonnigen Strandurlaub vorstellen, nur stellst du es dir nicht mehr aktiv vor, sondern lässt dich darauf ein, was dir für Bilder gegeben werden. Dann gibt es den nächsten Sinn, das wäre das **Hellhören.** Auch hier kann man wieder subjektiv oder objektiv hören. Subjektiv bedeutet hier: Gespräche in deinem Inneren, so als würdest du Selbstgespräche führen (was sie definitiv nicht sind). Oder du hörst sie objektiv, direkt akustisch neben deinen Ohren. **Das Hellfühlen** beschreibt alles rund um die Gefühle. Du kannst eine Seele auch gefühlt wahrnehmen, zum Beispiel über einen warmen Schauer, oder du fühlst einfach ein bestimmtes Gefühl und weißt genau, dass dieses im Moment nicht zu dir gehört. So kannst du ein Gespür dafür bekommen, wie sich etwas anfühlt, und ganz zum Schluss kannst du sogar fühlen, um wen es sich handelt. Während dem Fühlen kannst du auch Krankheiten nachempfinden. **Das Hellwissen** ist eine weitere Form der Hellsinne. Du weißt einfach Informationen, die du dir nicht erklären kannst. Es fühlt sich für dich stimmig und richtig an, und du bist dir zu hundert Prozent sicher, dass es so ist. Du hast eine Information von einer Seele erhalten und weißt sie einfach. Weitere (meist unbekannte) Hellsinne sind das **Hellriechen und Hellschmecken.** Hier riechst du entweder die Seele (durch ein spezielles Parfum, oder andere Düfte) oder du schmeckst gewisse Dinge (wie etwa das Leibgericht der verstorbenen Person.) Alle diese Sinne beruhen auf **Telepathie.** Die Seelen nutzen meistens alle Sinne, um sich bemerkbar zu machen oder sich mit dir zu verständigen. Meistens aber sind nur ein oder zwei Sinne sehr stark ausgeprägt, sodass diese leichter „zu bedienen" sind. Man kann alle seine Sinne trainieren, doch meist herrscht einer vor. So wie es bei mir das Hellhören und direkt im Anschluss die Hellsichtigkeit ist. Auch können über die Hellsinne Visionen empfangen werden, welche sich am Tag oder nachts in den Träumen zeigen können. Dies nennt man dann auch **Präkognition** (in die Zukunft schauen). Dies kann sich über Bilder, Wissen, Gefühle oder sonstige Inhalte zeigen, je nachdem wie aktiv deine Sinne sind. Telepathie ist die meistgenutzte Form aller Lebewesen im ganzen Universum. Sie bedienen sich „unserer Festplatte" um dir alle möglichen Informationen zukommen zu lassen. So kannst du auch deinen französischen Onkel, welcher nie Deutsch gesprochen hat, mühelos verstehen. Er nutzt dann deine Sinne und deinen Wortschatz.

Manche können die Seelen, wie oft schon erwähnt, ganz schlicht und einfach in 3D sehen. Das gibt es auch. Um deine Sinne zu trainieren, müsstest du erst einmal herausfinden, welcher von dir denn wohl gerade am „aktivsten" ist. Hast du eine gute Vorstellungskraft? Oder führst du oft innere Monologe mit dir? Sind deine Ohren besonders geräuschempfindlich oder bist du jemand, der immer schon vorher fühlt, was passieren wird? Hast du eines ausgeprägten Geruchs,- oder Geschmackssinn? Wenn von allem etwas auf dich zutrifft, kannst du dich auch für eine Sache entscheiden. Da es bei mir schon immer gegeben war, brauchte ich das nie trainieren oder aktivieren. Ich bin schon als Kind damit angeeckt, weil ich dachte, jeder könne das, und es sei völlig normal. Du kannst nun versuchen einen Sinn zu trainieren. Zu viele gleichzeitig macht wenig Sinn und ist auf Dauer gesehen zu anstrengend. Du kannst dazu eine Meditation machen (denn gerade anfangs haben viele damit ein Problem, in der Stille zu sein) oder dich direkt in die Stille begeben und an die Seele denken, welche du gerade vermisst. Nehmen wir einfach deine Oma. Du denkst einfach an deine Oma, und schaust mal, was dir alles so dazu in den Sinn kommt. Ihre Seele wird sich jetzt in dein Aura-Feld begeben und du kannst sie leichter wahrnehmen. Ich sehe, du schlägst die Hände über deinen Kopf zusammen: **Was ist denn bitte schön nun die Aura?**

Die Aura-ein Farbenspiel des Universums

Die Aura, dein achtes Chakra, ist ein lebendes Wesen, der Fingerabdruck deiner Seele und ein messbares Feld elektromagnetischer Energie, das deinen Körper umgibt. (Zitat aus dem Buch Self-Love-Pritam). Nach Ansicht der meisten Anhänger der Energiekörperlehre hat das System mehrere Schichten, die eng mit den Chakren des Menschen verknüpft sind. Sehr häufig denkt man also, die Aura des Menschen bestehe aus sieben Schichten, die den sieben Hauptchakren entsprechen; bzw. mehr, wobei man von mehr als sieben Hauptchakren ausgeht.
Deine Aura ist so zusagen ein Energiefeld, welches dich umgibt, um es mal ganz vereinfacht auszudrücken.
Deine Aura hat bekanntlich mehrere Farben, welche ein

57

hellsichtiger Mensch problemlos erfühlen, auslesen oder wahrnehmen kann. Je nach Veranlagung ist dies unterschiedlich. Je nach Lebenslage hat deine Aura auch eine unterschiedliche Farbe, nur deine Grundfarbe, die bleibt immer erhalten. Nehmen wir an, du bist eine sehr freudige und energiegeladene, heitere Person, dann wird deine Grund-Aura meist Gelb sein. Kranke Personen können phasenweise sogar grau oder schwarz in ihrer Aura aufweisen, dies verschwindet nach der Krankheitsphase wieder. Stell dir deine Aura wie eine kleine Kugel um dich herum vor, wie ein Weltraumanzug, der dich umgibt. Dieser Anzug oder diese Kugel kann riesengroß sein, oder ganz klein, enganliegend bei dir. Je nach Größe deiner Aura kannst du so die Seelen schneller und besser wahrnehmen. Tritt nun deine liebe Oma in diese Aura ein, bemerkst du eine Veränderung des Energiefeldes. Es fühlt sich etwas schwer an, oder drückend. Vielleicht sogar warm, kalt, oder du fühlst eine Art kribbeln. Alles ist möglich. Es kann eine Zeit dauern, bis du deine Aura wahrnehmen kannst. So kannst du dich immer mal wieder in die Stille setzen und versuchen dich selbst zu beobachten: Was fühlst du? Was siehst du? Was hörst du? Wie fühlt sich deine Aura an? Wo ist sie gerade? Ist sie eher klein oder groß? Kannst du sie ausweiten? was spürst du dann? Spiele einfach ein wenig damit herum. Natürlich dient die Aura nicht nur dazu, Seelen wahrzunehmen. Man kann aus ihr viele verschiedene Dinge herauslesen. Die Charaktereigenschaften einer Person, ihr Gemüt, ihre Verfassung, Krankheiten und Blockaden erlesen/erfühlen, die Energiemeridiane neu ausrichten und vieles mehr. Da gibt es einiges, was man damit anstellen kann. Ich persönlich nehme die Aura wie eine farbige Wolke um den Menschen herum wahr. Da die

58

Aura mehrere Schichten hat, sieht es dann aus, wie in einem bunten Regenbogen-Land. Die Aura gehört für mich definitiv auch zu den Arten, mit welchen man eine Seele wahrnehmen kann. Gerade bist du bestimmt neugierig geworden und möchtest wissen, wen du denn sonst noch alles erreichen könntest, da drüben, auf der anderen Seite. Da gibt es eine Menge, die du noch sehen, hören oder erspüren kannst, und dies über deine Aura.

Telekinese und Telepathie

Wie bereits erwähnt bedient sich die geistige Welt in der Regel der **Telepathie**. Diese nutzt sie in Form von Bildern, Töne, Klängen, Farben und vielen weiteren. Telepathie ist eine Kommunikationsform für alle höheren Wesen, welche höher schwingen als unserer Körper hier auf Erden. Daher benötigen sie auch keinen Mund, oder Stimmbänder sowie Ohren und einen Gehörgang, da dies alles über Energieübertragung geht. Diese Energieübertragung kann man auch fühlen. Manchmal bekommen wir einen Tinnitus, wobei ich wage zu behaupten, dass auch viele davon eine Kontaktaufnahme herstellen. Wir hören es nur als sehr hohen Ton, da unser Gehörgang für diese hohe Schwingung nicht ausgerichtet ist. Telepathie kann in jeder Sprache verstanden werden, da sie (hier auf Erden) auf den Erinnerungsspeicher unseres Unterbewusstseins und Gehirn zurückgreifen. So verstehen wir sie sehr leicht. Wenn sie mir etwas beschreiben wollen, aber keine Worte in mir dazu finden, nutzen sie meine Gefühle oder Gedanken in Bilderform.

Bilder und Gefühle werden überall verstanden, denke nur mal an ein Lächeln. Das versteht jeder Mensch gleichermaßen. So ist dies auch bei der Telepathie. Jedes Wesen kann Telepathie. Wären wir nicht ständig damit beschäftigt, uns hier irdisch Gedanken zu machen, würden wir dies auch viel besser und schneller anwenden können. Viele Menschen wissen gar nicht, wie oft sie Telepathie anwenden. Ein klassisches Beispiel ist der Gedanke an die eigene Großmutter und schon ruft sie paar Minuten später bei dir an. Oder du denkst an jemanden, und er weiß instinktiv, dass du ihn gerade brauchst. Genau das zählt auch schon zur Telepathie. Im Grunde genommen ist es etwas völlig Normales und nichts, was nur irgendwelche großartigen Zauberer können sollten.

Es ist unsere Ur-Kommunikation. Wir können sie alle. Daher funktioniert es für mich und andere Medien ausgezeichnet die geistigen Wesen ohne Probleme zu erreichen. Anders als Telepathie ist die **Telekinese**. Es gibt auch hier eine Vielzahl an Unterschiede. Aerokinese ist das Bändigen von Luft. Pyrokinese von Feuer, Aquakinese des Wassers und Geokinese die des Erdreiches. Klingt wie Avatar? Ja, vielleicht ein wenig. Dennoch ist es Realität. Da wir nur einen gewissen Prozentsatz unseres Gehirnes nutzen, wissen wir gar nicht, zu wie viel mehr wir eigentlich in der Lage sind. Unser Geist ist äußerst mächtig. Es gibt die klassische Telekinese (das Bewegen von Gegenständen mithilfe von Gedankenkontrolle) sowie Atmokinese (kontrollieren des Wetters), Kyrokinese (Bändigen des Eises) und Elektrokinese (das Bändigen des Stromes.) Es gibt noch viel mehr, was sich der menschliche Verstand niemals zu träumen wagte. Deswegen fällt es uns auch so schwer, eigene Telekinese auszuüben. Manche können es seit sie Kinder waren, halten sich aber meist verdeckt, andere üben oder entdecken sich neu. Ich für meinen Teil kann dafürsprechen, dass es definitiv möglich ist. Es ist nicht nur eine kleine Sache, denn es gehört eine Menge Konzentration und Willen dazu, um dies zu schaffen. Durch diese Telekinesen lassen sich auch Dinge erschaffen. So kann ein starker Aerokinetiker einen ganzen Tornado erzeugen, ein Pyrokinetiker ganze Flammen hervorbringen und ein Geokinetiker den größten Erdrutsch des Jahrhunderts auslösen. Doch diese Fähigkeiten können auch zur Hilfe eingesetzt werden. Indirekt sind Feuerwehrleute kleine Pyromanen. Und Rettungsschwimmer auch irgendwo mit der Aquakinetik verbunden. Du siehst also, es klingt unglaublich, aber es ist wahr. Du fragst dich jetzt, wie du so etwas erlernen oder entdecken kannst? In erster Linie hatte ich ja erwähnt, dass dazu erst einmal viel, viel Konzentration zu nötig ist. Das Zweite ist, sich selbst und seine Aura, seine ganze Energie zu spüren. Denn du darfst deine Energie auch lenken lernen, daher solltest du sie erst einmal zu spüren wissen. Und dann braucht es natürlich ein gutes Durchhaltevermögen. Manche lernen sehr schnell, manche eher langsam. Viele Wesen der geistigen Welt beherrschen ohne Weiteres Telekinese. Verstorbene nutzen sie zum Beispiel, um Gegenstände zu bewegen oder um Klopfgeräusche zu verursachen. Wir können das auch, hätten wir nicht so einen Verstand, der uns dauernd erzählt, dass nichts möglich sei. Da wäre schon die nächste Lektion: Du musst dir zu hundert Prozent sicher sein, dass es geht. Sonst brauchst du gar nicht erst anzufangen. Da darf kein Zweifel dazwischen sein. Sicher kann es einige Zeit dauern, bis du herausgefunden hast, welche dieser Fähigkeiten zu dir passt, oder in welcher sich dein Talent zeigt. Viel schwieriger ist es, Dinge zu erzeugen, als sie zu lenken. Schau mal für dich, was dich anspricht. Auch wenn es sich wie ein Fantasyfilm anhören mag, so ist es das nicht. Es ist eine einfache Kraft deines Geistes. Als nicht physisches Wesen kannst du dies zu jederzeit.

Wer ist Gott und welche Rolle spielt er

Ich sage dir gleich vorweg: Gott gibt es tatsächlich. Doch anders, als du denkst. Viele Menschen sind in ihrem Weltbild gefangen, dass es dort oben einen großen Herrscher gibt, der über alles und jeden richtet. Der alles im Blick hat und dich belohnt, oder dich straft. Wie soll man auch die Wahrheit kennen, oder anders denken, wenn einem von Kind auf an etwas eingetrichtert wird, was es so gar nicht gibt? Schon früh genug sitzt man in der Kirche oder im Religionsunterricht und lernt Psalme und Bibelverse auswendig, betet fleißig ein Gebet nach dem anderen vor sich hin und hinterfragt sich selbst nicht einmal, ob das auch alles so stimmig ist. Uns wird früh gelehrt, nicht auf unsere eigene Intuition zu hören, sondern sich brav an die Normen einer Religion und der Gesellschaft zu halten. Viele haben sich in ihrem religiösen Glauben derart verloren, dass sie sich selbst Fesseln auferlegt haben, ohne zu wissen, dass „Gott" dies eigentlich gar nicht so vorgesehen hat. Gott setze ich hier mit Absicht in Anführungszeichen, denn er ist eine Urkraft, eine Energie, eine Quelle, welche man bezeichnen darf, wie man es gerne möchte. Religionen sind menschengemacht. Gott selbst straft nicht, auch wenn das viele nicht gerne hören wollen. Gott selbst möchte, dass wir in Freiheit leben, ohne uns dauernd überlegen zu müssen, ob er nun hinter uns steht und über uns richtet. Das tut er keinesfalls. Er ist ein guter Freund, unsere innere Stimme. Gott bedient sich nicht an Wörter, er ist ein Gefühl, er ist Liebe, er ist Anmut und Kraft, doch niemals ein Wort. Er bedient sich oft erst an Wörter, wenn wir alles andere bereits übersehen und noch nicht verstanden haben. Wörter sind die letzten Möglichkeiten, uns zu erreichen. Wir Menschen neigen dazu, alles an einen Herrscher abzugeben. Möglichst noch die ganze Verantwortung und irgendjemanden zu haben, auf den wir sauer sein können. Wer könnte auch sonst Schuld haben, dass deine Beziehung nicht läuft, außer natürlich Gott? Wir erkennen nicht, dass nicht Gott verantwortlich ist, sondern wir selbst. Wir selbst sind Schöpfer, genauso wie er, denn wir tragen seine Energie in uns. Wenn du dich also entscheidest, deine Verantwortung auf jemanden abzuschieben, so nimmst du dir auch gleichzeitig die Möglichkeit etwas dagegen (oder dafür) zu tun. Siehe es nicht als Strafe, sondern als eine Möglichkeit, eine Chance neu zu wachsen. Gott hat kein Interesse daran, dich in irgendeiner Weise kleinzuhalten oder dich zu bestrafen. Er möchte einzig und allein Liebe in diese Welt bringen. Hierzu sendete er einige lichtvolle Seelen aus, welche mit diesem Irrtum aufräumen mögen, so wie ich es hier tue. Immer mehr Menschen wenden sich von der Religion ab, weil auch sie tief in ihrem Herzen spüren, dass dies nicht der richtige Weg ist. Versteh das nicht falsch, ich sage keinesfalls, dass alle Religionen schlecht sind, oder gar furchtbar. Wenn sich jemand mit seinem Glauben wohlfühlt, ist auch das in Ordnung. Mir geht es vielmehr darum, mit diesem hartnäckigen Irrtum aufzuräumen, dass Gott alle „Sünder" bestraft. Wenn du dich einmal fragst, wer denn bestimmt hat, was Sünde ist und was nicht, wirst du schnell feststellen, dass auch dies ein Mensch war. Bei ganz Strenggläubigen gilt mittlerweile schon der normalste, natürliche Vorgang, der Geschlechtsverkehr, zur Sünde. Du merkst also, dass dies nicht dem entspricht, was Gott und die Natur für uns vorgesehen hat, sonst würden wir nicht mit Geschlechtsorganen zur Welt kommen. Ich habe mit Religionen keinerlei Probleme, solange sie nicht Menschen unterdrücken und ihnen die Wahrheit verwehren, und dies erlebe ich leider viel zu oft. Gott wird hier als der "große, Böse" dargestellt, womöglich wird dann noch mit der Trumpfkarte Hölle gespielt, um richtig Angst und Schrecken zu verbreiten. Du fragst dich, welcher Sinn dahintersteckt? Nun, welcher Mensch ist „gefährlicher" als ein Erleuchteter, der sich nicht mehr einsperren lässt in dieses System? Richtig, niemand. Menschen neigen seit Jahrhunderten dazu, andere Menschen zu unterdrücken. Manche Religionen schaffen auch heute noch genau das.

Wer ist Gott also nun? Wie schon erwähnt, ein guter Freund. Er möchte nicht, dass wir uns zurückhalten, sondern unser Leben in vollen Zügen genießen. Gott bestimmt nicht, was falsch und was richtig ist, das obliegt ganz unseren Bewertungen. Wenn es sich für dich also richtig anfühlt, jemandem den Sitzplatz zu "klauen," weil es dir gerade schlecht geht, ist dies für dich stimmig. Fühlt es sich für dich schlecht an, wirst du den Sitzplatz nicht "klauen," und auch dies fühlt sich für dich stimmig an. Bist du im Dschungel groß geworden und es gewohnt ständig Fledermäuse oder Vogelspinnen zu essen, weil du einfach gerade nichts anderes hast, ist es für dich völlig normal. Bist du hingegen in einem Palast groß geworden, wird dich das Anwidern und du wirst es als unnormal bezeichnen, weil du nur Kaviar kennst. Du siehst also auch hier gibt es keine Bestimmung, was richtig oder falsch, normal oder unnormal ist. Je nach Perspektive kann sich einiges ändern. Gott ist genau das alles. Er ist weder richtig noch falsch. Er ist das, was du in deinem Herzen vernehmen kannst und du bist nicht an irgendwelche Richtlinien gebunden. Solange es aus Liebe heraus geschieht, und in Liebe ausgeübt wird, ist es in Gottes Plan. Wenn du für eine Freundin etwas zu Essen "klaust," damit sie nicht verhungert, geschieht auch dies aus Liebe. Du merkst also schon, in welche Richtung das geht. Manche Menschen werden für Dinge verurteilt, ohne zu wissen, welchen Hintergrund sie hatten. Ich höre jetzt schon die Fragen in meinem Ohr erklingen: "Und was ist mit all den Mördern? Und den Kriegen? Und überhaupt, er ist doch allmächtig." Genau da schließt sich der Kreis, welchen ich anfangs erwähnte: Wir Menschen schieben die Verantwortung ab. Wir sind sauer auf jemanden, der wir eigentlich selbst sind. Ja, wir sind SELBST Schöpfer. Wenn wir uns zurücklehnen und sagen: „Gott, mach doch mal." dann wird das nichts werden. Gottes Liebe wirkt mit und durch uns. Wenn du nur einem Menschen, einem Tier oder einer Pflanze hilfst, änderst du diese Welt für dieses Wesens für immer. Gott richtet nicht über dich und dein Verhalten. So verhält es sich ebenso bei Mördern, Vergewaltigern oder anderen Tätern. Es mag sich nun befremdlich anhören, aber auch diese werden nicht bestraft. Die Seele dieser Menschen macht eine Erfahrung, sowie die Person, der dieses „Leid" passiert. Gott straft seine Seelen nicht, denn es war von Anfang an so geplant. Du fragst dich, wie man so etwas Grausames planen kann? Du vergisst auch hier wieder, dass die Dualität nur auf Erden existiert und nicht im Jenseits. Wir empfinden es als grausam, und ja, ich streite nicht ab, dass es grausam ist. Es fühlt sich genauso an, und das ist es auch. Doch dort oben, auf der anderen Seite, gibt es das nicht, und genau hier fangen die Probleme an, dies zu verstehen. Wenn du ein Kind hast, welches ungezogen war, liebst du es dennoch, selbst wenn es Dinge getan hat, die nicht so schön waren. So ist Gott. Er liebt, denn er ist Liebe. Deswegen wird einem auch oft nahegelegt, den inneren Frieden durch Liebe und Verzeihung zu finden, denn wir sind Seelen, alle auf einem Weg des Wachstums. Wir helfen uns gegenseitig, auch wenn die Methoden manchmal sehr seltsam sein mögen. Wenn du mit Gott also das nächste Mal sprechen möchtest, dann brauchst du dazu kein langes Gebet, es reicht, wenn du mit ihm sprichst, wie mit einem guten Freund. Vor ihm muss sich keine Seele fürchten, denn du bist auch er, und somit ein Teil des großen Ganzen. Du brauchst auch keine heiligen Schriften, Bücher oder Kirchen. Du brauchst dein Herz, deine Liebe und dein

Vertrauen. Gott hört dich zu jeder Sekunde, so wie er gerade auch meine Zeilen hier liest. Und er weiß, wie froh ich bin, mit all diesen Mythen hier aufräumen zu dürfen. Gott möchte uns erheben, uns zu unserer Erleuchtung führen und nicht unterdrücken. Wechsel einmal deine Perspektive und hebe deinen Kopf, du wirst sehen, was diese wunderbare, jenseitige Welt alles zu bieten hat.

Eine kleine Geschichte dazu, die ich selbst einmal erlebt hatte:

Ich kannte einst eine alte Schulfreundin sehr gut. Sie war eine Zeugin Jehova, und da für mich jeder Mensch gleich ist, habe ich auch da keine Vorurteile. Doch sie war immer sehr unglücklich, denn stets wurde ihr vorgeschrieben, was sie zu tragen habe, dass sie keine Feste feiern dürfe und vieles mehr. Ich habe ihre dann mal meine Wahrheit zu und über Gott erzählt, und sie sagte mir, sie spüre dies genauso, schon seit sie denken könne, doch werde sie von ihrer Familie regelrecht dazu gezwungen eine Zeugin Jehova zu sein. So etwas ist niemals in Gottes Sinne, denn es geschieht nicht aus Liebe.
Jahre später traf ich sie wieder, und sie hatte sich komplett verändert. Sie war keine Zeugin Jehova mehr, sondern folgte ihrer eigenen Bestimmung und ihr ging es seelisch viel besser. Sie war wie ausgewechselt. Sie sagte mir noch, dass ich damals ihre ganze Welt verändert habe, denn sie hatte Gott gebeten ihr zu helfen. Ich denke gerne daran zurück, da ich tief in mir spüre, dass ich das Richtige getan habe und auch in

diesem Moment tue und dir diese menschengemachte Brille von der Nase nehme.

Gottes Liebe

Ich kann mich noch sehr gut daran erinnern, als man mir sagte, du müsstest dich nur auf Gottes Liebe verlassen. Ich war erstmal ziemlich verwirrt, denn was ist eigentlich Gottesliebe? Ich wusste eine Zeitlang selbst nicht so genau was damit gemeint sei oder wie man sich dafür verhalten müsse, denn schließlich hatte ich jahrelang ein völlig falsches Bild von einem Gott, der straft und auch noch rachsüchtig sein sollte. Durch die Religion haben viele von uns ein sehr falsches Bild von unserem Gott, deswegen habe ich auch in dem Kapitel „Gott und welche rolle spielt er" damit nun aufgeräumt. Gott ist wie schon erklärt ein sehr guter Freund von dir und wenn du diesen guten Freund tatsächlich in dein Herz lässt, wirst du sehr schnell merken, wie einfacher die Welt für dich wird. Natürlich ist dieser Satz oft noch mit einem Augenrollen verbunden, denn Menschen können sich die Liebe Gottes einfach nicht mehr vorstellen. Sie haben diese Liebe nie gefühlt, oder sie haben es bereits vergessen. Die Liebe Gottes ist jedoch etwas sehr Reines. Dazu sind auch keine Ausnahmesituationen nötig, um diese Liebe fühlen zu können. Gottes Liebe erreicht dich. Überall zu jedem Zeitpunkt. Gott ist nichts, was du nicht erreichen kannst, Gott ist nicht dort oben weit weg von dir, sondern ganz, ganz nah bei dir. Als ich das erste Mal Gottes Liebe erfahren durfte, war ich bereits ein Medium. Jedes Medium sollte Gott in ihrem Herzen oder in seinem Herzen tragen. Denn ohne Gott stehen wir nicht in unserer Urquelle, in der Unendlichen Energie. Wer auf Gottes Hilfe vertraut, der weiß, dass er sich nicht schützen braucht. Der weiß auch, dass Fremdenergien ihn oder ihr weniger anhaben können, wie vermutet. Wir alle haben von Zeit zu Zeit Fremdenergien an uns. Das ist völlig normal und gehört zum Leben dazu. Doch wenn wir uns Gott widmen, dann können wir diese Energien viel leichter auflösen und loslassen. Und ich meine damit nicht hinsetzen und beten. Du musst dazu nicht beten, du kannst einfach Gott bitten, dich in seine Energie einzuhüllen. Dazu sind auch keine anderen Segnungen, Erzengel oder Engel notwendig. Du kannst die Engel auch darum bitten, dies ist dir völlig freigestellt. Wenn du jedoch aber um Gottes Hilfe bittest, hast du für immer einen sehr treuen Freund an deiner Seite. Er hat dich nie verlassen, auch nicht in Zeiten, in denen es dir einmal sehr schlecht ging. Es mag manchmal den Anschein haben, als sei das Leben tatsächlich ein sehr unfairer Kampf. Doch Gott kann das Leid nicht verhindern, dich aber unterstützen in den schwersten Zeiten deines Lebens. Lass dich also nicht entmutigen, wenn dir die Liebe Gottes nicht mehr bekannt ist. Es dauert manchmal eine recht lange Zeit, bis wir wieder dahin zurückfinden. Du musst dazu nicht in die Kirche gehen oder irgendeinen Priester befragen. Wenn du das tun möchtest, ist das deine Sache. Und wenn es dir weiterhilft, dann soll es so sein. Ich möchte dir nur einmal klarmachen, dass du nichts Großes oder Kleines brauchst, um Gott zu erreichen. Nun denkst du dir „Ja, aber er sollte mir ja auch antworten das wäre ja mal wirklich eine schöne Sache." Ja, und ich sage dir

Gott antwortet. Er antwortet dir immer und überall, du hast nur verlernt, darauf zu hören. Wenn du mich also fragen würdest, wie sich Gottes Liebe denn für mich anfühlt, dann kann ich dir dazu folgendes sagen: es ist das reinste und tiefste Gefühl, was ich je erleben durfte. Dieses Gefühl ist nicht mit menschlicher Liebe, wie wir sie hier kennen vergleichbar und dies wird sie auch nie sein. Die Liebe, welche von Gott kommt, von der Urquelle, von diesem riesigen großen Ganzen wird immer wirklich ein sehr, sehr starkes Gefühl bei dir hinterlassen. Dazu musst du wie gesagt nicht erst durch die dunkelste Nacht gehen, um dies zu erfahren. Doch meistens passiert es genau dann, genau in solchen Momenten, in denen wir uns schwach fühlen. Genau dann erscheint uns diese Liebe meist am tröstlichsten und wenn du sie einmal erfahren hast, dann wirst du dieses Gefühl nie wieder vergessen. Du wirst wissen, auf wen du dich verlassen kannst und hast dort für immer ein Zuhause gefunden in alle Ewigkeit. Mich hat diese Liebe so sehr beflügelt, dass ich keine Angst mehr vor nichts habe. Aber ich habe noch ein paar kleine Ängste, die jeder von uns hat. Zum Beispiel vor Operationen oder wenn etwas anderes nicht funktioniert. Doch dann weiß ich ganz genau, auf wen ich mich da oben oder in mir verlassen kann. Wenn du diese Liebe also fühlen möchtest und nicht wirklich weißt, wie du das anstellen sollst, dann ist es hier auch ganz wichtig, wieder für dich weit in die Tiefen deiner Gefühle abzutauchen, in die Stille, dort wo die Ruhe ist. Gott findest du im Herzen, möglicherweise auch in der Kirche? Oder in anderen Gebäuden, wo dein Herz zu

70

schlagen beginnt. Es ist völlig egal, welchen Ort du dafür auswählst und wenn es eben dein Bett zu Hause ist. Gott ist überall und du stehst auch in Gottes Liebe, darum darfst du jeden Tag aus Gottes Liebe schöpfen. Wenn du gerade eine sehr schwere Zeit durchmachst, sei dir auch sicher, dass du begleitet wirst. Auch wenn es oft nicht den ersten Anschein danach macht und es sich nicht so anfühlt. Du kannst dir gewiss sein, dass er da ist und wenn er für dich eine Sie ist, dann darf Er alles sein, was du möchtest. Gebe die ganzen weltlichen Vorstellungen auf, die du von diesen Menschen über Gott einmal aufgeschwätzt bekommen hast. Du wirst sehen, wie schnell deine innere Liebe und auch seine Liebe in Verbindung treten werden.

Was ist eine „Seele?"

Eine interessante und spannende Frage, wie ich finde. Jeder hat hier seine eigenen Definitionen und Ansichten. Die Seele ist für mich mein wahrer Kern. Mein wahres Selbst, das was ich wirklich bin, wenn ich meine physische Hülle und meinen physischen Körper abgelegt habe. Ohne all diese Konditionen dieser Welt, ohne Glaubenssätze, ohne Verstand, Ängste, Sorgen, Gedanken und Wertungen. Eine reine Essenz des göttlichen, des Lichts. Die Seele selbst liegt im Unterleib des Körpers. Dort hat sie ihren „Sitz." Manche Menschen nehmen sie als strahlendes Licht wahr, andere als kleine Figur und wieder andere nur als Farbe. Du bist schließlich auch eine Seele und hast einen Körper (nicht umgekehrt.) Dein höheres Selbst bleibt in der geistigen Welt, sodass „nur" ein Teil deiner Seele inkarniert, und du immer wieder auf dich selbst zurückgreifen kannst. Dein höheres Selbst ist das, was du als Intuition wahrnimmst, sowie auch deinen Schutzengel. Dieses höhere Selbst bist du ebenso, nur ohne Begrenzungen deines Körpers. Es leitet dich und versucht dir auch zu helfen. Alle Erfahrungen, die du machst, erfährt auch das höhere Selbst. Wenn wir nun „sterben" stirbt nur unser physisches Dasein, aber nicht unsere Seele. Dies bedeutet, dass wir als Seele unsere Hülle wieder verlassen und zu Licht werden. Dieses Licht und all seine Informationen und Erfahrungen fließen wieder zurück in die geistige Welt und werden in der Akasha-Chronik abgespeichert. Wenn ich als Medium jetzt eine Seelenbotschaft oder ein Seelenreading mache, kann ich die Informationen stets vom höheren Selbst oder dieser Chronik erhalten. Deine Seele bist du selbst. Viele Menschen versuchen ihr ganzes Leben lang diese Seele zu entdecken, ohne zu merken, dass sie es bereits sind. Erschaffe dich neu, sei das, was du schon immer sein wolltest. Du bist eine wunderbare Seele und stets vollkommen, so wie du bist, auch wenn dir die äußere Welt was anderes erzählt hat. Du bist ein spirituelles entwickeltes Wesen voller Licht und Energie. DU BIST und WIRST IMMER SEIN. Schon in der Physik wusste man, dass Energie nur umgewandelt werden kann, aber niemals verloren geht, genauso wenig wie unsere Seelen. Du transformierst dich wieder zu Licht und nimmst eine andere Dichte an. Du schwingst höher. Aber du bist immer du selbst, egal in welchen Ebenen du verkehrst.

Seelenplan und Seelenaufgabe

Tag täglich erlebe und sehe ich Menschen, die sich immer und immer wieder die ein und selbe Frage stellen: Wer bin ich wirklich und was ist meine (Seelen)Aufgabe. Sie rennen durch die Gegend und versuchen krampfhaft herauszufinden, woran sie noch arbeiten müssen, was sie tun sollen (oder nicht tun sollen), um den Status des ultimativen erleuchteten zu erreichen. Sie merken dann gar nicht, wie sehr sie sich verkrampfen und sich energetisch in die Tiefe ziehen. Es heißt nicht umsonst: Bleibe im Flow, oder anders ausgedrückt: Lass es fließen. Das hat schon seinen Sinn, denn der Seelenplan ist geschrieben, bevor du hier auf Erden inkarniert bist. Der Seelenplan wird in der geistigen Welt festgelegt, und zwar von dir selbst. Du als Seele legst das schon lange davor fest, bevor du hier her kommst, was du erleben möchtest und was nicht. Das beinhaltet alle Erfahrungen, auch die, die du nun als negativ bezeichnen würdest. Wir erinnern uns, dass die geistige Welt kein Negativ und kein Positiv kennt. Diese Pole gehören hier her zu uns in die Dualität. Du schreibst also vor deiner Inkarnation fleißig deinen Plan, und alle Erfahrungen, welche du gerne machen würdest. Und dann Schwups bist du hier und weißt von alledem nichts mehr. Wieso das denn jetzt? Na, weil du die Erfahrungen so authentisch wie möglich machen willst. Wenn du schon vor dem Rennen weißt, dass du ohnehin gewinnst, macht dir die Reise nur halb so viel Spaß, und gewisse Erfahrungen lässt du einfach aus. Wozu auch? Du gewinnst ja sowieso. Aber jetzt weißt du es nicht, und das ist auch gut so. Du magst es hier zwar lesen, doch so ganz wirklich weißt du es immer noch nicht, außer du gehst ins Vertrauen, dann wird das Ganze einfacher für dich. So bringt uns das alles auch zu deiner Seelenaufgabe. Du hast dir da oben eine Aufgabe ausgesucht, um an dieser zu wachsen. Jetzt magst du sagen: "Ich habe doch keine Aufgabe hier, ich tu doch gar nichts." Und genau das ist es, was die Menschen immer noch nicht ganz verstehen mögen. Du musst nicht ständig irgendetwas "tun oder leisten." Du bist inkarniert, du tust die ganze Zeit schon. Deine Aura erhellt Orte, bringt gewisse Menschen in andere Schwingungen oder Ebenen. Das tust du alles, ohne es zu wissen, weil du noch mit deinem Verstand hier zu sehr in der Welt unterwegs bist. Du tust so viel, auch für das Kollektiv und deine Gedanken prägen das ganze Energiefeld, doch du fühlst dich immer noch nicht gebraucht. Dabei bist du mehr als gebraucht, sonst wärst du ja nicht hier. Denk daran, du hast dir das ausgesucht. Manche Seelen haben ganz spezielle Aufgaben und steigen dann während ihrer Inkarnation auf. Manche werden dann Heiler, Coaches, Therapeuten, Pfleger, Medium, Polizisten, Ärzte und viele weitere. Du siehst, jede Seele weiß genau, was sie machen möchte, und was nicht. Manchmal mag der Weg dahin kaum tragbar sein, und manchmal braucht es etwas, bis man dahinter steigt, was denn die eigentliche Aufgabe ist. Das ist dann der Moment, in dem man anfängt, an sich und seinem Beruf zu zweifeln. Spätestens dann sollte klar sein, dass es nicht die Lebensaufgabe ist. Wenn man etwas von Herzen aus macht, dann zweifelt man nicht. Es fühlt sich leicht an,

74

und man trottet nicht in die Arbeit und fühlt sich leer oder ausgelaugt. Wenn man hier nicht auf dieses Gefühl hört, weil man zu sehr in dieses System eingebunden wurde, meldet sich der "Burn-out" an. Welches eigentlich nichts anderes ist als ein Hilfeschrei deiner Seele, dass du komplett auf dem Holzweg bist. Ich frage mich, wieso so viele Menschen vergessen haben auf sich zu hören? Das „Burn-out" wird dann irgendwie behandelt, oder es versucht zu untergraben, nur damit man dann wieder in das System hineinpasst und am Ende endet man wieder in derselben Spirale. Doch viele finden da auch wieder heraus, und beginnen umzudenken. Doch ist es nötig, erst durch einen Burn-out (oder andere Probleme) auf seinen richtigen Weg zu gelangen? Ich sage JA, denn einerseits könntest du dir ja diesen Weg selbst ausgesucht haben und somit hast du deine Erfahrungen gemacht. Du siehst, es gibt nichts, was nicht so sein sollte. Es läuft alles nach Plan und dieser Satz stimmt. Wenn du nun also deine Seelenaufgabe finden möchtest, wird das, je nachdem, was du gewählt hast, eine Weile dauern. Manchmal erkennst du sie nicht gleich, da du sie für viel zu banal hältst. Bei uns Menschen muss das immer alles groß und riesig sein, dann auch noch möglichst viel Geld einbringen. Dabei reicht es oft schon, wenn es möglicherweise nur ein Ehrenamt ist. Deine Aufgabe ist das, womit du dich wohlfühlst, und zwar komplett. Du spürst das tief im Herzen und hast absolut keine Zweifel mehr. Alles andere ist nicht deine Seelenaufgabe (oder Berufung.) Manchmal erwarten viele auch was komplett anderes, und sind dann enttäuscht oder traurig, da sie immer

75

noch viel zu sehr in diesem Menschen-erschaffenen-System feststecken. Doch sobald du gelernt oder bemerkt hast, dass dieses System nur versucht uns von der eigenen Wahrheit abzuhalten (in dem wir uns Tot-Arbeiten) wirst du nach und nach immer mehr um dich herum erkennen und auch dich besser verstehen. Es geht gar nicht darum, andere Berufe zu verurteilen, sondern viel mehr um die eigene Herzensangelegenheit. Jemand, der sich in einem zwölfstunden Job wohlfühlt und es von Herzen aus gerne tut, folgt dem Ruf seiner Seele. Wenn es das ist was er unbedingt möchte, wofür er brennt, ist es vollkommen in Ordnung. Das gilt für jede Art von Beruf. Denk daran: Du kannst hier auf Erden alles sein, was du möchtest. Der Plan erfüllt sich, egal welche Wege du wählst. Du kommst immer wieder auf den richtigen Weg, daher brauchst du auch keine Angst haben, einen falschen Weg gegangen zu sein. Du hast eine Erfahrung gemacht, und diese stand bereits von dir geschrieben im Plan. Mach dir also nicht immer so viele Gedanken, sondern höre lieber stets auf deine innere Stimme. Es ist nicht so schwer, wie viele denken. Doch man muss sie schon einmal gehört haben und dann auch noch darauf vertrauen. Viel zu oft ist unser Verstand im Weg. Ein kleines Beispiel von mir: ich lag im Krankenhaus und mein Bauchgefühl sagte mir, ich solle eine gewisse Medikation weglassen. Mein Verstand (und die Ärzte) sagten das genaue Gegenteil und spielten mit der Angst. (Wenn Sie das nicht nehmen, dann …) Nun ist es gerade für Menschen, die noch nicht so geübt sind, sehr schwierig ihrem Bauchgefühl zu vertrauen. (Wenn sie es denn schon

76

hören/ fühlen). Ja, es ist schwer, weil wir eben diesen Verstand haben. Und dieser Satz bringt uns bereits direkt zum nächsten Kapitel:

Verstand, Intuition, Angst

Was ist denn überhaupt Angst? Oder Intuition? Kann man das unterscheiden oder muss man dabei immer russisch Roulette spielen? Keine Sorge, du kannst dieses Trio sogar sehr einfach unterscheiden.
Dein Verstand ist das, was dich durch dieses irdische Leben führt. Er kann Spaghetti kochen, die neuen Rechnungen bezahlen, auf Netflix eine Serie suchen und dir im Beruf weiterhelfen. Er ist ein Produkt der irdischen Welt, aus deinen Glaubenssätzen und aus dem, wie du aufgewachsen bist. Der Verstand wird auch als Ego bezeichnet und bekommt damit (so finde ich) eine negative Schwingung. Denn dein Verstand ist nichts Schlechtes. Er hat dir in so vielen Dingen dein ganzes Leben erleichtert. Nehmen wir mal an, du suchst händeringend nach einem neuen Job, du brauchst dringend Geld, da du möglicherweise deine Wohnung verlierst und obdachlos wirst. Nun bekommst du den besagten Job, doch du fühlst dich irgendwie nicht wohl damit. Deine Intuition meldet sich. Jetzt stehst du da und kannst dir nicht erklären, warum du dich so fühlst. Rein vom Verstand her brauchst du dieses Geld, sonst stehst du auf der Straße, und doch wird dieses schlechte Gefühl in dir immer stärker. In dem Moment weißt du nicht, dass deine Intuition sich bei dir meldet. Du versuchst das alles noch mit dem Verstand zu begreifen, welcher sich dann auch gerne mal deiner Angst widmet.

(Obdachlosigkeit, Verlust, Hunger.) Angst selbst ist lähmend und sehr laut. Sie hält dich in diesem Beispiel davon ab zu kündigen. Die Angst steigt in dir hoch und du bist nicht mehr in der Lage deine Intuition zu hören, denn sie begleitet dich stetig, ist leise und sanft und würde dich niemals lähmen. Jetzt übernehmen immer mehr und mehr dein Verstand und die Angst. Natürlich bleibst du in diesem Job, du willst ja nicht, dass dir all diese schrecklichen Dinge passieren, welche du dir ausmalst. Tag für Tag geht es dir schlechter. Irgendwann stellen sich körperliche Beschwerden ein. Du wirst krank. Du bist gezwungen, dich aus diesem Umfeld zurückzuziehen. Nun merkst du erst, wie gut es dir tut, nicht mehr dort zu sein. Du realisierst, dass du viel zu lange auf deinen Verstand gehört hast. Du wirst kündigen, trotz der Angst nicht mehr genug zu Essen zu haben. Auf einmal vertraust du plötzlich deinem Gefühl, deiner Intuition, weil du anders nicht mehr kannst. Ja, dieses Beispiel verdeutlicht sehr genau, was vielen Menschen tagtäglich passiert. Du kannst das ganze auch mit allen anderen Situationen durchspielen.

Wir merken uns also an dieser Stelle:

Der Verstand ist wichtig. Er lenkt dich hier, in dieser irdischen Welt durch deine Aufgaben. Doch er weiß nicht so viel, wie er immer vorgibt. Er weiß nur das, was er bisher aus Erfahrungen gelernt hat. Was er aus deiner Erziehung weiß. Er enthält Muster und Glaubenssätze. Deine Intuition ist deine innere Stimme. Auch als höheres Selbst oder Bewusstsein bezeichnet. Sie kennt ihren Seelenplan, weiß genau was zu tun ist, spürt jede

Schwingung. Deine Intuition ist leise, sanft, ermutigend, liebevoll, zurechtweisend. Um sie zu hören, muss man in die Stille gehen. Deine innere Stimme findest du nicht im Außen, bei anderen Menschen. Sie ist nur in dir selbst. Und nur dort kannst und wirst du sie hören.

Angst selbst entsteht oft durch den Verstand. Sie meint es damit aber gar nicht böse, denn so wie der Verstand so möchte auch die Angst dich schützen. Sie ist wichtig und keinesfalls negativ anzusehen. Angst ist laut, lähmt und malt sich alle Horrorszenarien aus. Sie ist ein Produkt deiner Erfahrungen und Vorstellungen und möchte nicht, dass dir etwas Schlimmes zustößt. Doch vor lauter Angst hörst du dich selbst nicht mehr.

Viele versuchen nun ihren Verstand komplett auszuschalten. Sie behandeln ihn wie einen Parasiten, der nicht zu ihrer Erleuchtung oder ihrem Erwachen passt. Und genau das ist ein großer Fehler. Es geht nicht darum, nie wieder Angst zu haben oder nie wieder zu „Denken." Es geht viel mehr darum, alle drei zu unterscheiden lernen. Zu wissen, hier ist gerade mein Verstand am Werk, und das ist meine Intuition. Doch dazu muss man seine innere Stimme erst einmal gefühlt und ihr vertraut haben. Das wird nicht klappen, wenn ich mich damit nie beschäftige. Manche haben von Natur aus eine ausgezeichnete Intuition. Sie haben es zwar oft im Gefühl, aber hören schlussendlich nicht darauf und ärgern sich hinterher. Wieder andere schalten ihren Verstand ganz ab. Und das ist dann das, was ich „abgehoben" nenne und dir nun erklären werde, wieso du bitte nicht abheben solltest.

Warum Erdung so wichtig ist

Je mehr du geistig, energetisch oder medial arbeitest, desto wichtiger ist es, dich zu erden. Und natürlich auch deinen Verstand hier im irdischen Leben zu benutzen. Du bist nun mal ein irdisches Wesen und darfst hier deine Erfahrungen sammeln. Es mag sein, dass die geistige Welt viel aufregender ist als gerade diese Welt, doch wir sind nun mal hier und müssen unsere Aufgaben auch hier erledigen. Und ja, ich schreibe auch nicht gerne Rechnungen oder Überweisungen. Aber es gehört zum Leben dazu. Sieh dies also nicht als lästig an, sondern freue dich darüber, dass du zweierlei Welten hast, in welche du dich zurückziehen kannst. Wichtig ist jedoch in der Erdung zu bleiben. Erdung bedeutet einfach im Hier und Jetzt zu sein. Fest verwurzelt mit Mutter Erde. Doch nicht nur um im Hier und Jetzt zu bleiben ist Erdung wichtig. Viele heben in der geistigen Welt komplett ab, was man ihnen dann rasch anmerkt. Sie schalten ihren Verstand gänzlich aus und sehen alles und jeden als Zeichen der geistigen Welt an. Da kann schon ein banales Staubkörnchen ausreichen. Dann war es bestimmt die Oma, welche nun sagen möchte, dass der Kuchen noch im Kühlschrank steht. Oder sie vernachlässigen komplett das irdische Leben. Sie denken nicht mehr nach. Sie haben völlig verlernt, irdisch hierzubleiben. Und seien wir mal ehrlich: wir kennen alle diese Art von Menschen, die komplett abgedreht sind. Ja, es gehört zu ihrem Seelenplan herauszufinden, wie sie sich wieder Erden können. Manche versuchen zwanghaft Reichtum zu manifestieren, in dem sie irgendeinem Guru in der

Karibik tausende von Euros zahlen. Oder sie verweigern gänzlich die Medizin, weil sie alles energetisch behandeln möchten. Sie sehen hinter jedem Atemzug eine Botschaft oder verlernen eigenständig zu handeln und zu denken. Sie verlassen sich nur noch auf die geistige Welt und tun selbst nichts mehr. Du merkst, in welche Richtung das hier geht. Darum sage ich auch, dass dein Verstand äußerst wichtig ist und du geerdet bleiben musst. Wenn alles im Einklang ist, spricht nichts dagegen, energetisch zu arbeiten. Mach es wie der Baum: Strecke deine Krone in den Himmel und verwurzle dich mit der Erde. So bist du standhaft. Es kommt gar nicht so darauf an, ständig alles richtig machen zu müssen. Jeder von uns macht Fehler. Wir lernen daraus, sammeln unsere Erfahrungen und gehen dann einen anderen Weg. Wenn du nun also auch abgehoben bist und dich hier wieder findest, ist dies keine Schande. Dir hat die geistige Welt einfach besser gefallen als dein irdisches Leben. Und das hat auch einen Grund. Die Ursache dafür ist oft ein schlecht ausgebildetes Wurzel Chakra und ein überaktives drittes Auge sowie Kronen Chakra. Auch darfst du lernen dies zu erkennen. Du bist deswegen jedoch nicht schlechter oder besser als andere. Du hast eben diesen Weg gewählt. Mach dir keine Vorwürfe oder behandle dich nun schlecht. Sieh es als eine Lektion und komm wieder hier in deinem Leben an. Selbst wenn es gerade nicht so großartig laufen mag, bist du hier zu Hause. Es ist deine Heimat auf Zeit und die darfst du durchaus genießen. Erdung ist wichtig, um standhaft zu bleiben.

Erwachen und Erleuchtung – Schon angekommen?

Der eine spricht von Erwachen, der andere von seiner Erleuchtung und nur die wenigsten wissen, was damit gemeint ist. Manche stellen sich dann einen Guru vor, der von heute auf morgen erleuchtet ist, oder ein wunderschönes Leben vor und hinter sich hat. Doch was ist Erwachen eigentlich? Ist das wie eine Krankheit oder hat es Symptome? Eins kann ich gleich vorwegnehmen: Es ist wie immer individuell. Erwachen ist meist kein Spaziergang und macht auch nicht sonderlich viel Spaß. Es ist nicht die rosa-glitzer-Welt, die sich manche darunter vorstellen. Erwachen kostet Kraft, kostet Zeit, ist anstrengend und kann auch sehr schmerzhaft sein. Warum? Weil wir nicht anfangen zu hinterfragen, wenn alles im grünen Bereich ist, oder? Du kämst nie auf die Idee, dich zu fragen, ob da noch mehr ist, wenn dein Leben einfach vor sich hinplätschern würde und du dafür absolut nichts Tun brauchst. Oft kommt es zu einem Schicksalsschlag (der muss nicht immer unbedingt traumatisch sein) und schon fängst du an umzudenken. Erwachen ist ein Prozess, der langsam, manchmal schnell stattfindet. Er kann physische wie psychische Symptome aufzeigen oder auch komplett symptomlos verlaufen. Merke dir aber, dass du bei jeglichen Krankheitszeichen bitte erst einmal deinen Arzt kontaktierst. Wenn du dabei bist zu erwachen, stellst du vielleicht erst einmal dein ganzes Weltbild infrage. Erwachen würde ich persönlich als eine Art Transformation beschreiben. Man wird „wach", man sieht die Dinge mit anderen Augen, man ist wissbegierig, möchte die „andere Seite" näher kennenlernen. Man ist nicht mehr an dieses System gebunden und möchte frei sein. Erwachen ist spirituell gesehen ein bedeutungsvoller Prozess. Es gibt auch viele Menschen, die bereits mit einem erhöhten Bewusstsein zur Welt kommen. Dazu zähle auch ich. Du bist einfach schon da, und bist wach. Das ist, wie wenn jemand schon von Kind auf an Schlafstörungen hat. Er hat sie einfach und weiß gar nicht, warum das so ist.

Wenn du nun also dabei bist zu erwachen, wovon ich ausgehe, sonst würdest du dieses Buch hier nicht lesen, dann hast du festgestellt, dass es da draußen noch viel mehr gibt als das, was du in deinen eigenen vier Wänden bisher wahrgenommen hast. Du fragst dich, wann du endlich die ultimative Erleuchtung erlangst. Der Zustand der 'Erleuchtung' kann nicht durch Denken erforscht oder beschrieben werden, denn es ist ein Zustand außerhalb deiner Gedanken. Deshalb haben es viele 'kluge Köpfe' mit 'Erleuchtung' oder der Idee von einem Gott so schwer. Sie versuchen, sich mittels ihres Verstandes damit auseinanderzusetzen. Erleuchtung bedeutet aber gerade, sich über seine Gedanken zu erheben und die Instanz zu entdecken, die jenseits von Gedanken regiert.

So fühlt sich Erleuchtung an: Im Zustand der Erleuchtung gibt es kein 'ICH' mehr. Du bist vollkommen klar in deiner Wahrnehmung des gegenwärtigen Moments. Du bist nur noch Beobachter. Es gibt entweder keine Gedanken, oder, falls doch welche auftauchen, haben sie keinerlei Bedeutung. Du siehst die Dinge vor dir ablaufen und erscheinen, bist dir aber vollkommen klar darüber, dass all dies unwirklich ist und alle Erscheinungen nur Illusionen sind. Du hast nicht mehr den Wunsch, irgendetwas zu tun oder zu verändern. Es gibt keine Ziele mehr, da alles erreicht ist und alles gut ist, so wie es ist. Alles, was du wahrnimmst, ist, wie es ist: ein Ausdruck des Lebens. Du beurteilst es nicht, du ordnest es nicht irgendwo ein - es ist einfach.

Es gibt kein Gefühl für Zeit mehr. Vergangenheit und Zukunft haben keinerlei Bedeutung, sind nur Illusionen. Das Leben wirkt plötzlich sehr einfach, alles scheint von selbst abzulaufen. Du empfindest absolute Liebe und hast das Gefühl, alles zu verstehen. Es gibt nichts, was du jetzt wissen müsstest, du hast keine Fragen mehr, denn du bist mit allem Wissen, das existiert, verbunden. Es herrscht große Stille und das Gefühl absoluter Freiheit. Du hast das Gefühl, grenzenlos zu sein. Du bist überall und in allem. Es gibt keine Trennung zwischen dir und irgendetwas anderem, es gibt kein 'Innen' und kein 'Außen', kein nah und kein fern. Es gibt keine Angst mehr, nur das Gefühl reiner Freude und Glückseligkeit. Du erkennst, dass du nirgendwohin gehen musst, nichts tun musst und niemand Bestimmtes sein musst - außer genau das, was du jetzt bist. **Es gibt nichts zu tun, nichts zu erreichen, nichts zu werden. Nur zu SEIN und zu erkennen.**

Du hast auch keine Vorstellung mehr davon, irgendetwas zu sein oder nicht zu sein. Du denkst nicht mehr 'ICH BIN dies' oder 'Jenes BIN ICH nicht!'. Es gibt einfach nur 'ICH BIN'. ICH BIN ist das göttliche Bewusstsein. Über den Begriff 'Gott' gibt es viele

Missverständnisse, in der Bibel heißt es daher: 'Du sollst dir kein Bild von Gott machen'. Einfach deswegen, weil jedes Bild, das wir uns vorzustellen können, unvollkommen wäre.

Und auch hier sei dir gesagt, dass es verschiedene Stufen dahin gibt, die nicht bei jedem genauso auftreten müssen. Viele bezeichnen sie als die „sieben Stufen" der Erleuchtung. Ich hingegen mag so limitierte Zahlen und Vorgaben nicht, daher sage ich auch hier wieder: Zähle nicht die Stufen einzeln ab, sondern höre auf dich und dein Bauchgefühl. Erleuchtung kann auch von heute auf morgen passieren, während du gerade beim Bäcker Brötchen kaufst.

Falls du nun merkst, dass du auf dem Weg des Erwachens bist und die Erleuchtung noch nicht erlangt hast, musst du dir keine großen Gedanken machen. (Witz: wärst du erleuchtet, würdest du dir ja gar keine Gedanken mehr machen.) Bleib auf deinem Weg, der sich gerade für dich richtig anfühlt. Ich habe dir einfach hier ein paar „Symptome" des Erwachens aufgelistet, damit du dich auch wiederfinden kannst:

Die „sieben" Stufen der Erleuchtung:

- Verlust aller Werte
- Zweifel
- Angst
- Panik
- Vorfreude
- Das „Nichts"

- Erleuchtung

(Bitte denke daran, immer einen Arzt zu konsultieren)

Symptome:

- Körperliche Schmerzen
- Blockaden
- Nahrungsmittelunverträglichkeiten
- Emotionale Achterbahn
- Erweiterte Wahrnehmung
- Überforderung und Müdigkeit
- Sinnlosigkeit (z. B. im Beruf, im Umfeld)
- Hochsensibel
- Uvm

Das System und unsere Zeit

Ein wichtiger Punkt, den wir auch hier nicht außer Acht lassen dürfen, ist unser System. Ich habe es schon in mehreren Kapiteln hier erwähnt und auch kurz immer mal wieder angeschnitten. Wenn wir erwachen (oder gar erleuchtet sind,) dann merken wir, in was für einem System wir eigentlich feststecken. Hast du dich nie gefragt, ob es normal ist sich zehn Stunden am Tag „tot zu buckeln", um am Ende des Monats eine Wohnung zu bezahlen, in der du dich ohnehin nur zum Schlafen aufhältst (im Idealfall noch zum Essen), um dann wieder den ganzen Monat zu schuften? Es beginnt schon früh im Kindergarten, dann in der Schule und es zieht sich fort bis wir in die Grube hüpfen. Ständig werden wir festgehalten, bekommen Normen und Regeln festgelegt und sollen am besten so sein, wie das System uns gerne hätte. Super Noten, tollen Abschluss, klasse Ausbildung, einen guten Job und dazu noch Familie. Ja, mag sein, dass sich das alles schön anhört, das ist es wahrscheinlich für den ein oder anderen auch, aber es gibt auch Menschen, die sich damit von Anfang an schwertun. Ich nenne sie gerne „Freigeister." Das System würde sie jetzt als „krank, ADHS, schwer-erziehbar, faul, egoistisch, introvertiert, extrovertiert usw. beschreiben. Ist dir eigentlich schon mal aufgefallen, dass es für alles irgendeine Beschreibung gibt? Und es werden immer mehr davon. Alles ist entweder eine Krankheit, eine Störung oder nicht normal. Bist du erschöpft von deiner Arbeit, die du sowieso nicht leiden kannst, bekommst du direkt den Stempel „nicht belastbar" aufgedrückt. Du bekommst ständig irgendwas diagnostiziert, weil das eben in diesem System so ist. Bist du nun erleuchtet, stört dich das sowieso nicht mehr. Aber erst einmal dahin kommen, und vor allem: du musst ja auch von etwas leben. Ja, es gibt die hart gesottenen unter uns, welche dann im Wald in einer Hütte mit der Natur leben. Keine Sorge, soweit musst du es nicht kommen lassen. Du darfst auch so dein Leben leben. Viel mehr geht es darum zu erkennen, was das System mit uns macht. Es berieselt uns von morgens bis abends, ob durch Fernsehen, Social-Media oder anderen Kanälen, sodass du ja nicht auf die Idee kommen könntest, dir selbst Gedanken zu machen. Morgens auf zur Arbeit (oder Schule), abends vor den Fernseher. Und nachts musst du dich erholen von dem Job, den du nicht magst oder von dem ganzen Stress.

Es ist doch heutzutage völlig normal nicht mehr sich selbst zu fühlen. Stress gehört selbstverständlich dazu. NEIN! Es ist nicht normal, denn hier hat dich das System in den Krallen. Du wirst es feststellen, sobald du entweder krank geworden bist (und theoretisch nicht mehr arbeiten kannst) oder erwacht bist. Im Krankheitsfall sortiert dich dieses System einfach aus und Schwupps stellen sie dich an den Rand dieser „Gesellschaft." Du hast das bestimmt auch schon bemerkt. Dann bist du einfach nicht mehr interessant genug. Sobald du nicht mehr so funktionierst, wie du sollst gibt es für dich allerhand an Diagnosen. Hauptsache man kann dich doch noch behandeln und du findest wieder zurück in das Hamsterrad. Lass dir gesagt sein, dass das nicht gut gehen wird. Und wenn du dabei bist zu Erwachen, wirst du schnell merken, wie sehr dich das ganze System langweilt. Du wirst es durchschauen und einiges hinterfragen. Bei mir begann es damals mit der Schulmedizin und dann bei verschiedenen Jobs und Berufen. Es ist ein Gefühl, welches du bekommst und identifizierst dich damit nicht mehr. Du spürst einen Freiheitsdrang. Und seien wir doch mal ehrlich: Wir alle kennen diesen einen Freund, Nachbar oder das Familienmitglied, welches rund um die Uhr ackert und die meiste Zeit unglücklich wirkt. Lass dich von diesem System nicht zu sehr täuschen. Wir kamen nicht umsonst mit einer Intuition hier her, also wird es auch Zeit darauf zu hören. Apropos Zeit. Was ist Zeit eigentlich?
Du schaust jetzt auf die Uhr, weil du wahrscheinlich gleich wieder loswillst, wahrscheinlich setzt dich das

System gerade unter Druck. Sei bloß pünktlich, und wehe wenn nicht. Aber Zeit, ist das nun etwas zum Anfassen? Du siehst die Sonne auf und untergehen, irgendwann weißt du, dass du mal ins Bett solltest. Zeit ist variabel. Du kannst deine Uhr einfach verstellen, dann hast du eine ganz andere Uhrzeit als dein Nachbar, aber die Sonne scheint für dich weiterhin. Woher kommt Zeit eigentlich? Gibt es das in der geistigen Welt? Ich hatte bereits erwähnt, dass es in der geistigen Welt kein Raum und keine Zeit gibt. Schwer vorstellbar, da wir hier an physikalische Gesetze gebunden sind. Wir können uns nicht vorstellen, wie es ist, keinen Raum oder keine Zeit zu haben, schließlich sitzen wir ja Tag für Tag in einem Raum. Jetzt wird es wieder etwas komplizierter, wenn wir die Sache mit unserem Verstand angehen. Dieser hat hier gerade nichts mehr verloren. Stell dir mal ein Blatt Papier vor: Auf ihm ist eine Linie, das ist deine Zeit, die du Tag täglich erlebst, von morgen bis abends. Diese Linie ist aber nur auf deinem Blatt Papier begrenzt, in Wirklichkeit geht sie aber darüber hinaus, macht irgendwo einen Bogen oder läuft auf der Rückseite deines Papiers weiter. Du kannst das mit deinen Augen nicht sehen, aber es ist eine Krümmung. Diese „Linie", sprich deine Zeit ist also dort auf dem Papier und läuft unendlich weiter, sie hat kein Ende. Das, was du hier nicht sehen kannst (zumindest nicht physisch), ist die geistige Welt. Sie kann am Ende des Raumes sein, und unter deinem Papier, oder direkt über dir. Die Linie endet nicht nur weil du sie nicht weiterzeichnest. Deine Energie fließt in das Unendliche ein. Die Linie (die Zeit) kann somit überall sein. Jeglichen Punkt kannst du damit ansteuern, natürlich nicht immer mit deinem physischen Körper, aber mit deiner Seele jederzeit. Die geistige Welt ist überall, sie sind unbegrenzt und nicht an diese Linie, welche du gezeichnet hast, gebunden.

Puh-jetzt einmal durchatmen, darüber muss man schon mehrmals nachdenken. Dieses Modell beschreibt aber sehr genau, wieso unsere Zeit nur so begrenzt scheint: Weil wir lediglich die eine Linie sehen, aber nicht das drumherum, nicht die andere Welt. Diese fließt im Übrigen mit unserer ein. Sie sind so zusagen direkt neben uns. Sie ist nicht „oben" oder „unten", sie ist HIER. Wir erinnern uns: es gibt keinen Raum in der geistigen Welt. Du kennst auch diesen einen Spruch: Zeit ist relativ. Erlebst du etwas Schönes, geht die Zeit rasch um, wartest du auf etwas ganz gespannt, dauert es viel zu lange. Unsere Empfindungen spielen hier eine sehr wichtige Rolle. Zeit ist also nicht nur eine Uhr, eine Stunde oder Minute, sie ist viel mehr als das. Hättest du nun eine Hütte in den Bergen und wärst fernab der Zivilisation, gänzlich ohne Uhren und Zeitangaben würdest du weder Stunden noch Minuten kennen und dennoch dein Leben leben. So eine Uhr braucht man aber in diesem System, damit du auch weiterhin schön pünktlich bist, weil es dir jemand sagt. Es spricht nichts dagegen, du darfst gerne jederzeit zuverlässig sein, jedoch denke daran, dass jeder Körper seine eigene Zeit hat. Seinen eigenen Rhythmus. Der Körper schläft, wenn er müde ist, meldet sich, wenn er wach ist und isst, wenn er hungrig ist. Er hat seine Zeit, und durch das ganze System bringen wir ihn schwer

90

durcheinander. Wer hat gesagt, dass du um fünf Uhr aufstehen musst? Bist du dabei wach? Manche Menschen sind es, andere aber nicht. Der Biorhythmus des Körpers kommt durcheinander. Zeit ist hier auf Erden ein Richtwert, und natürlich hat sie nicht nur negative Eigenschaften. Sie ist von Vorteil, wenn du einen Termin beim Arzt hast oder dich auf ein Telefonat freust. Sieh Zeit nicht als deinen Feind an. Ich hingegen ziehe es jedoch vor mehr Freiheiten zu haben, und nicht strickt nach Minutentakt zu leben. Alles hat wie erwähnt seine eigene Zeit und nach diesem Rhythmus zu leben ist für diejenigen, die noch auf dem Weg sind, oft sehr schwer nachvollziehbar. Mach dir aber keine Sorgen, du hast alle Zeit der Welt.

Die Akasha-Chronik -Eine Bibliothek der Extra-Klasse

Akasha-Chronik, schon wieder so ein Wort, was keiner versteht. Ich versuche nun, dir das so einfach wie möglich zu erklären, damit auch du dir ein Bild davon machen kannst:
Die Akasha Chronik ist ein **allumfassender, riesengroßer Speicher**. Eine Art „Bibliothek", die alle Bücher enthält, um in die Vergangenheit, Gegenwart und Zukunft zu blicken. Alles Lebendige, jeder Mensch, jede Pflanze und jeder Ort besitzt die Akasha-Energie. Es ist nichts Religiöses, sondern wird in spirituellen Kreisen als **Schwingungsfeld der Liebe** betrachtet. In diesem Energiefeld sind alle deine Erlebnisse und Erfahrungen dieses und deiner vergangenen Leben wie auf einer Festplatte abgespeichert. Das Wort „Akasha" kommt aus dem Sanskrit und bedeutet Himmel, Raum

oder Äther. Die Chronik enthält alle Informationen, die du brauchst, um Fragen zu persönlichen Beziehungen, zu deinem Beruf, zu langwierigen Krankheiten und emotionalen Blockaden zu klären. Sie deckt oft schlummernde Talente auf und zeigt dir alles Wissen, alle Weisheit, alle Liebe und Heilung. Jede Seele macht ihre eigene Reise. All diese Handlungen, Gefühle und Gedanken, die sie erlebt, werden auf einer **kosmischen, intergalaktischen und interdimensionalen Festplatte** abgespeichert.

Möglicherweise muss man das ein paar mal lesen, bis es runtergeht wie Butter, und auch hier sei wieder gesagt, dass dies mit dem Verstand nicht greifbar ist. Aber wie kommt man denn jetzt in diese Akasha-Chronik? Braucht man da Tickets oder hat sie nur im Sommer geöffnet?

Es ist dein Geburtsrecht, Zugang zu deiner Akasha Chronik zu erhalten. Du musst nicht sonderlich spirituell veranlagt sein, oder leben wie ein Mönch, um Einblick in **das Buch deines Lebens** zu bekommen. Dein Wille allein reicht aus, um das endlose Wissen aus der Chronik zu schöpfen. Stimme dein Leben darauf ab, was dein Herz dir sagt und wohin dich die unendliche Liebe führt. Es ist nichts, was man nicht erreichen könnte. Manchen ist es eine Hilfe, wenn jemand anderes, ggf. ein (Akasha-Chronik) Medium in ihrer Chronik liest. Du kannst dir diese Chronik wie eine riesige Bibliothek vorstellen, mit Computern, aber auch Büchern und du kannst in diesen blättern und alle Informationen sammeln, welche dir dienlich sein könnten. Diese erreicht man meist per Astralreise. Natürlich ist dies

92

auch per Hellsinne und der Telepathie möglich. Vor der Akasha-Chronik stehen ein paar „Wächter." Ich nenne sie gerne so, denn niemand, der nicht reiner Absichten oder Herzens ist, kommt hinein. Stell dir vor, was die Menschen anstellen könnten, wenn sie nicht mit reiner Absicht da hineingehen könnten. Auch darf man nicht ungefragt einfach in ihr über jemand anderen lesen. Nur mit dessen Zustimmung, daher ist es unerlässlich niemals in dieser Chronik lesen zu wollen, ohne die Zustimmung sich vorher eingeholt zu haben. Es reicht schon ein „Ja" des Gegenübers. Es gibt auch Dinge, die man über sich selbst nicht lesen sollte. Gerade bei Traumata aus vergangenen oder diesem Leben. Da brauchst du dennoch keine Angst haben, denn die „Wächter" leiten dich gerne dazu an, und zeigen dir auch alles (oder auch nicht.) Ich durfte nicht alles in meiner Chronik lesen, da ich noch durch ein paar Entwicklungsstufen gehen musste, um dies zu verstehen. Wäre auch zu einfach, alles vorher zu wissen. Aber das ist in Ordnung so, denn wir sollen ja was erleben und wachsen.

Inkarnation: Junge und Alte Seelen, aufgestiegene Meister – Wer denn jetzt?

Jedes Medium weiß, dass es mehrere Leben gibt und man schon vorher gelebt hat. Die Inkarnation ist ein völlig normaler Prozess, den unsere Seelen immer wieder durchlaufen. In jeder Inkarnation gibt es neue Aufgaben, oder aber auch alte Aufgaben, die es zu „erledigen" gilt. Das, was du im vorherigen Leben nicht geschafft hast, versuchst du dann einfach in deinem nächsten Leben. Es ist ein Prozess, welcher der Seele immer wieder neue Erfahrungen einbringt und für sie daher sehr wertvoll ist. Dies alles wird in der Bibliothek des Lebens gespeichert, der Akasha-Chronik. Es gibt also Seelen, welche sich gerade erst auf den Weg gemacht haben, man nennt sie daher „junge" Seelen. Sie scheinen sehr unerfahren und geben sich dieser Dualität komplett hin. Oft sind sie sehr materiell eingestellt, haben ihre Erfahrungswerte noch nicht gefunden, leben nach dem System und haben oft mit der Spiritualität nichts am Hut. Sie sind eben wie „kleine Kinder" welche diese Welt und die geistige Welt erst wieder entdecken müssen. Das ist völlig in Ordnung, und sie sind deswegen nicht besser oder schlechter, sie sind einfach Seelen, die noch so vieles zu lernen haben. Alte Seelen hingegen haben bereits eine Menge Inkarnationen hinter sich. Sie haben einst als junge Seele begonnen und wirken nun sehr weise. Oftmals haben sie Schwierigkeiten, mit Gleichaltrigen zurechtzukommen. Dies zeigt sich schon in der Kindheit. Sie haben ein großes Interesse an allem spirituellen oder sind bereits erwacht oder erleuchtet. Manche von Ihnen sind dann Heiler, ein Medium oder praktizieren eine andere Form von Lichtarbeiter. Sie tragen großes Wissen in sich und haben kein Interesse mehr an diesem System. Sie haben das materielle durchschaut und wissen um die Dualität. Alte Seelen sind meist auch hochsensibel. Natürlich gibt es auch Seelen, die einfach auf dem Mittelweg sind. Sie spüren schon, dass da mehr ist, aber so wirklich wollen sie dann noch nicht dran glauben. Ich persönlich mag es nicht, Seelen einfach zu

unterteilen. Das ist wieder so eine Art Raster, in welche man sie dann einfach hinzufügt. Wir sind alle Eins. Wir sind das Kollektiv, daher können wir uns nicht einfach erheben oder abheben. Sie gehören zu uns, wie wir zu ihnen. Nun ist es jedoch so, dass alte Seelen mit jüngeren Seelen oft nicht zurechtkommen. Ich spreche hier nicht von Baby und Oma, sondern wirklich nur von der Seele selbst. Die junge Seele versteht die alte Seele nicht, und die alte Seele schmunzelt leise, weil sie sie erkannt hat. Ja, manchmal ist es schwierig, aber mehr für die jungen Seelen. Sicher hat die alte Seele in frühen Kindheitstagen auch ihre Probleme, denn noch versteht ihr Verstand nicht, wieso sie so anders ist. Manchmal resultiert daraus Mobbing und Einsamkeit. Ja, selbst alte Seelen haben es nicht leicht. Bis sie dann erwacht sind, dann wird ihnen einiges bewusst und sie können ihr Leben danach ausrichten. Es ist nicht schlimm, wenn du jetzt denkst: Was bin ich jetzt? Alt, Jung, Mittel? Es ist nur wichtig, was du fühlst. Ich gehe davon aus, wenn du dieses Buch liest, bereits auf deinem Weg bist, und du auch schon etwas älter bist. Manche würden hier jetzt eine Art „Checkliste" anbieten, damit du dann sehen kannst, WAS du bist. Aber ich finde das nicht richtig. Fühle genau jetzt in dich rein und spüre, welch Seele du bist. Das ist der einzige „Check", den du benötigst. Und dann? Dann freue dich auf deine Entwicklung.
Im Übrigen entscheidest du vor jeder Inkarnation, was du erleben willst. Wie im Kapitel „Seelenplan und Seelenaufgabe" beschrieben, hast du es in der Hand. Daher sage ich gerne: Lass einfach fließen.
Du fragst mich, was passiert, wenn alle Inkarnationen

abgeschlossen sind? Dann kannst du als aufgestiegener Meister weiter der Menschheit helfen. Sieh dir Jesus oder Lady Nada an. Selbst Saint Germain ist dabei. Sie sind aufgestiegene Meister. Man nennt sie so, da ihre Inkarnationen abgeschlossen sind. Ihre Energie aber steht den Menschen immer zur Verfügung, und sie sind auch immer bereit, aus der geistigen Welt zu helfen. Jesus wird oft mit dem Glauben gleichgesetzt, und dennoch ist er eine wahrlich starke Energie. Er hat nichts mit der Bibel zu tun, und daher kannst du ihn genau wie alle anderen auch immer um Hilfe bitten. Aufgestiegene Meister arbeiten nur in selten Fällen mit den Schutzengeln zusammen. Meistens sind sie allein und arbeiten für sich, mit dir an dieser Welt. Es sind sehr hoch schwingende Seelen, welche sich klar von den Engeln unterscheiden. Wann und wie du aufsteigst, hängt von deiner Entwicklung ab. Aber auch hier: Keine Eile, es ist alles in Ordnung wie es ist. Ich kann es nicht oft genug erwähnen, weil es bestimmt wieder den ein oder anderen gibt, der jetzt am besten der ultimative Superheld wäre (ohne zu wissen, dass er es zu jederzeit bereits ist,) und sich dadurch total unter Druck gesetzt fühlt. Leider immer ein menschliches Denken, jederzeit der Beste von allem sein zu wollen.
Wer weiß, vielleicht sehen wir uns im nächsten Leben hier wieder.

Ausbildungen und Kurse

Generell gibt es eines zu beachten: Jeder Mensch ist individuell, so auch seine Gaben, Talente und Fähigkeiten. Ich selbst halte von strukturierten

Ausbildungen und Kurse rein gar nichts. Spätestens wenn es dann wie in einer Klasse zugeht, ist die Frustration vorprogrammiert. Eine Ausbildung, oder ein Kurs, sollte stets immer in einer Eins-zu-Eins Sitzung stattfinden und individuell ablaufen. Was meine ich damit? Viele Ausbildungen im medialen Bereich haben ihren festen Plan, ihre eigene Struktur und laufen damit immer gleich ab. Wenn nun aber eine Person nicht hellsichtig, sondern hellfühlend ist wird sie bei den Übungen der Hellsicht direkt an ihre Grenzen stoßen. Diese Person ist sich auch gar nicht im Klaren darüber, dass es mehr Möglichkeiten gibt und verlässt sich ganz und gar auf den Ausbilder. Wenn es dann nicht klappt, bekommt diese Person ganz schnell Selbstzweifel. Diese Zweifel stammen aus dem Verstand und blockieren alle weiteren Gaben. Auch Fernstudien in der Medialität sind nicht anzuraten. Du bekommst etwas vorgefertigtes, ein geschriebenes Manuskript und musst dich dann alleine da durch kämpfen. Hier ist auch wieder dringend gesagt: Gewisse Techniken müssen nicht auf dich passen und können auch gar nicht alle auf dich zugeschnitten sein. Darum ist es unerlässlich eine Ausbildung anzutreten, welche dich individuell schult, ausbildet oder auf einen neuen Weg bringt. Du solltest Abstand von Ausbildungen nehmen welche Gruppensitzungen anbieten oder ein vorgefertigtes Konzept mit sich bringen. Achte darauf, dass die Kurse oder Ausbildungen stets individuell angeboten werden und sich der Ausbilder/die Ausbilderin genügend Zeit für dich nimmt. Achte auch darauf, ob die Preise stimmen sowie der zeitliche Abstand in Relation zu diesem Preis

97

steht. Ein kleines Beispiel: Eine 2-tägige Ausbildung für 8000 Euro erscheint hier nicht sinnvoll. Dagegen eine 6-monatige Ausbildung für 2500 Euro schon eher. Du merkst schon, worauf ich hinaus will. Achte auf die Leistung, welche dir geboten werden und gehe deinen individuellen Weg.

Sind Einweihungen nötig?

Viele von euch kennen das: Man möchte etwas Neues lernen, und sucht sich dafür einen Mentor. Dieser Mentor soll einem möglichst dabei helfen, seine Fähigkeiten zu erlangen, oder sie neu zu entdecken. Also begeben sich viele von uns auf die Suche nach einem Mentor, der genau dies leisten kann. Den meisten von uns sollten Reiki Einweihungen bekannt sein. Man erlangt Reiki Grad 1 oder Grad 2 und am Ende ist man dann Reiki Meister. Wenn man diesen Grad erlangt hat, dann so die Meinung anderer, ist man der Kanal für göttliche Energie. Was jedoch die Leute nicht wissen, was unmittelbar der Wahrheit entspricht und auch immer die Wahrheit sein wird, ist, dass Gottes Energie unendlich ist. Um Gottes Energie müssen wir nicht bitten, denn sie ist schon immer da. Daraus ergibt sich eine ganz einfache Schlussfolgerung: Gottesenergie ist für jeden zugänglich. Es benötigt keine Einweihungen. Es benötigt genauso wenig Zertifikate, noch andere Symbole. Gottes Liebe ist unendlich und unendlich bedeutet unter anderem auch, dass jeder in dieser Liebe steht. Wenn dir nun also ein Reiki Meister eine Einweihung anbietet, kannst du das gerne tun. Es ist dir überlassen, ob du es annehmen möchtest oder nicht.

98

Die meisten Einweihungen laufen darauf hinaus, möglichst viel Geld mit dir zu verdienen. Ein echter Reiki Meister weiß ganz genau, dass Gottes Liebe keine Einweihungen, keine Symbole, keine Riten, keine Praktiken und sonstige Dinge benötigt. Jetzt fragst du dich, wieso es denn überhaupt diese Reiki Grade oder diese allgemeinen Segnungen gibt. Denn nicht nur Segnungen von verschiedenen Erzengeln oder Engeln werden angeboten, sondern auch noch ganz andere Riten und Praktiken, die sich über viele Ausbildungen erstrecken. Es ist natürlich nicht verkehrt, wenn du sagst du gehst in eine Ausbildung, und möchtest etwas darüber lernen von jemand anderem. Es wird dich auch niemand dahin gehend aufhalten wollen, wenn du dein Geld und deine Zeit in eine Ausbildung steckst. Denn viele Menschen haben sehr großes Wissen erlangt, welches sie auch mit der Welt teilen dürfen. Es ist wirklich völlig in Ordnung, wenn du das für dich so tust, aber sei dennoch vorsichtig und sei dir gewiss, dass Gottes Liebe wirklich für jeden zugänglich ist und du keine Segnung, Einweihung oder dieses weltbekannte „Go" benötigst, um behandeln zu dürfen. Wenn du Kanal bist, dann bist du Kanal und du darfst Gottes Energie frei, ohne jegliche Einschränkung nutzen. Dies ist den meisten nicht klar, und es wird wenige gute Heiler geben, die dir genau das sagen werden, denn wenn sie dir das sagen würden, würdest du ja keine Ausbildungen, Kurse oder andere Einweihungen mehr bei ihnen buchen. Du benötigst es also nicht, wie du siehst. Wenn du einmal Gottes Liebe erfahren hast, dann wirst du auch verstehen, wovon ich rede. Im nächsten Kapitel gehe ich darauf ein, ob man als Medium oder Heiler überhaupt Geld verdienen darf. Dies ist genauso wie zu den Ausbildungen auch ein wichtiger Teil, warum man in den Ausgleich gehen sollte.

Darf ein Medium überhaupt Geld verlangen?

Ja, natürlich darf ein Medium Geld verlangen. Viele sind überzeugt, dass so eine Gabe kein Geld kosten darf, da sie ein Geschenk sei und allen zur Verfügung stehen müsse. Diese Menschen haben nicht verstanden, wie schwer es tatsächlich ist, energetisch zu arbeiten. Zu dem folgt das Universum dem Ausgleich. Wenn du gibst, darfst du auch nehmen, sonst läufst du sehr schnell leer. Das würdest du nach ein paar Sitzungen auch direkt merken. Geld ist ebenso Energie und damit auch ein Ausgleich. Mal abgesehen davon, dass man selbst irdisch ist und etwas zu essen benötigt, ein Dach über dem Kopf braucht und sein Internet bezahlen muss. Diese Menschen sind davon überzeugt, Energiearbeit müsse kostenlos sein und genau daran erkennt man, dass sie sich niemals mit dem Universum oder der geistigen Welt ansatzweise beschäftigt haben. Sie gehen sicher auch nicht umsonst auf die Arbeit und arbeiten stundenlang für nichts. Viele sind der Meinung, dass eine Gabe kein Beruf ist. Aber ein Künstler, der begabt ist, macht auch seine Bilder zu seinem Beruf. Eine Therapeutin, welche gut mit Menschen umgehen kann, macht auch ihre Gabe zu ihrem Beruf, wieso also nicht auch ein Medium? Ja, du darfst nebenberuflich und hauptberuflich Medium sein. Du darfst Geld verlangen und davon leben. Du darfst sogar gut Geld verdienen

100

und reich sein. Du musst als Medium nicht wie ein armer Schlucker leben. Dies ist auch oft ein Sinnbild, welches sich hartnäckig hält. Es steht nirgendwo geschrieben, dass du als Medium oder Spiritueller Mensch auf Reichtum verzichten musst. Du darfst alles haben und sein, was du willst. Wenn du wenig haben möchtest, ist das in Ordnung. Wenn du viel haben möchtest, ist das auch in Ordnung. Sollten dir nun also Menschen begegnen, die meinen, du müsstest deine Energie kostenlos zur Verfügung stellen, kannst du diesen Menschen elegant zur Türe bitten. Du hast die Freiheit, dir dein Klientel selbst auszusuchen. Dasselbe gilt für Zweifler und alle, die ständig nur nach Beweisen suchen. Wir sind hier um zu helfen, nicht um uns ständig zu beweisen. Jemand, der unsere Hilfe benötigt, wird sich an uns wenden.

Der Kontakt kommt nicht zustande, ist nun das Medium schuld?

Die Schuldfrage ist hier immer so eine Sache. Man kann jetzt dem Medium einen riesigen Vorwurf machen oder alle anderen dafür verdammen, doch viel mehr ist es so, dass ein Kontakt immer möglich ist. Ja, tatsächlich. Wie schon erwähnt gibt es in der geistigen Welt keine Zeit und infolgedessen keine Zeitvorgaben, an welchen sich die Verstorbenen halten müssen. Wenn also ein Medium, oder auch du einen Jenseitskontakt haben möchte, ist dies immer möglich. (Außer der Verstorbene möchte gerade nicht, das gibt es manchmal. Dies wird das Medium aber erfahren. Ich persönlich habe es noch nie erlebt.) Nun kann es daran liegen, dass das Medium an diesem Tag energetisch nicht so "gut drauf" war, oder einfach nicht die Botschaften so empfangen hat, wie es hätte sein sollen. In diesem Falle wird das Medium aber niemals die Schuld bei dir, bei dem Verstorbenen oder anderen Personen suchen. Das Medium könnte dir einen anderen Termin anbieten und dir einfach sagen, dass es heute nicht geklappt hat. Diese ehrliche Art schätze ich sehr. Es ist nichts dabei auch einmal zu sagen, dass es einfach nicht funktioniert, weil man selbst gerade nicht auf die höchste Schwingung kommt. Dies kann durch Stress, zu viel energetische Arbeit oder andere Faktoren geschehen. Daher würde ich hier pauschal niemals von einer Schuld sprechen. Ich habe es jedoch erlebt, dass gewisse Medien dann einfach nicht zugeben wollen, dass sie gerade dazu nicht in der Lage sind. Sie schieben dann gerne die Schuld auf die geistige Welt und es fallen Aussagen wie: "Der Verstorbene braucht noch Zeit, er oder sie ist noch nicht angekommen." Oder "Du hast gerade eine sehr negative Schwingung, damit kann ich nicht arbeiten." Wenn wir das mal ganz nüchtern betrachten ist es normal, dass ein Trauernder, welcher da zu mir kommt, eine schwere Schwingung hat. Trauer ist nun mal schwer, aber niemals negativ zu betrachten. Und selbst wenn ein Klient keine "gute" Schwingung hat, ist es in meinem Ermessen dies zu Händeln. Sicher wird sich hier immer ein Weg finden und das Medium (wenn es denn ehrlich arbeitet) wird für dich einen neuen Termin finden. Lass dir einfach Zeit und sei auch du nachsichtig mit uns spirituellen Wesen, denn wir alle sind menschlich und machen genauso Fehler.

Mit der geistigen Welt arbeiten

Mich bringt das ganze Thema natürlich auch direkt zu -
wie arbeite ich eigentlich mit der geistigen Welt-? Nun,
dies kann man wieder nicht alles pauschalisieren. Du
kannst es als Arbeit ansehen, oder als Berufung. Ich
sage immer: Alles, was ich mit reinem Herzen tue, voller
Liebe, ist keine Arbeit. Wenn du nun also sagst, du
kannst Botschaften empfangen und möchtest nun auch
anderen damit helfen, dann kannst du das ganz einfach
tun. Ja, tatsächlich: Du kannst es einfach tun. Und daran
scheitern wieder die meisten. Sie sind so sehr in ihrem
Verstand gefangen, dass sie wieder meinen, sie
bräuchten jemanden, der ihnen die Erlaubnis dazu
erteile. Nein und noch mal nein, du brauchst keine
Erlaubnis eines Menschen, um mit und für die geistige
Welt zu arbeiten. Die geistige Welt hilft dir und wird dich
zu den richtigen Klienten führen, oder die Klienten zu dir.
Niemand, außer du selbst bestimmt, was du zu tun oder
zu lassen hast. Wenn du spürst, dass du ein Heiler/
Heilerin bist, dann sei es und fange an. Wenn du spürst,
du bist ein Botschafter/Botschafterin bist, dann sei es.
Du kannst auch alles gleichzeitig sein. Es geht hier auf
Erden viel mehr darum weniger zu WERDEN, sondern
mehr zu SEIN und sich zu erinnern, wer du wirklich bist.
Wenn du also nun sagst, du möchtest für und mit der
geistigen Welt arbeiten, dann wird dir auch geholfen
werden. Dein "Chef" ist dann Gott, das Universum oder
an wen du da sonst noch glauben magst. Am Anfang
kann es für dich vielleicht noch schwierig sein, deinen
Verstand abzuschalten und darauf zu vertrauen, dass es
richtig ist, was du wahrnimmst. Dies erfordert manchmal

etwas Übung. Am besten ist es, du fängst bei Freunden an, welche dich bereits kennen. Oder du fragst liebe Menschen, die sich einfach "mal zur Verfügung" stellen möchten. Dies kannst du jederzeit tun. Viele haben auch einfach Angst davor zu "Versagen" oder etwas "falsch zu machen." Lass dich davon nicht abhalten.

Woran erkenne ich ein „gutes, seriöses" Medium?

Immer wieder erreicht mich die Frage, woran man denn ein gutes Medium erkennt und auf was man achten sollte. In erster Linie ist dein Bauchgefühl entscheidend. Wenn du dich zu einer Person hingezogen fühlst und es sich richtig anfühlt, wird dieses Medium auch das Richtige für dich sein. Aber nicht nur das Bauchgefühl zeigt dir, welches Medium seriös ist. Leider gibt es viele schwarze Schafe auf diesem Gebiet, welche einem das Geld buchstäblich aus der Tasche ziehen und über keine wirkliche mediale Gabe verfügen. Damit du ein seriöses Medium erkennst, habe ich dir hier mal eine Checkliste zusammengestellt:

1. Ein Medium macht dir niemals Angst. Jedes seriöse Medium weiß, wie die geistige Welt beschaffen ist und braucht dir keine Fluch-Ablösungen für mehrere hundert Euro anzudrehen.
2. Achte darauf, ob das Medium eine Website hat. Dort schaust du mal im Impressum nach. Es ist sicherer, sich jemandem anzuvertrauen, der bereits gewerblich oder freiberuflich angemeldet ist.

3. Auch wenn ein Medium noch keine Website hat, heißt dies nicht, dass es schlecht sein muss. Manche sind gerade auf ihrem Weg. Achte hier auf die Kommunikation: Antwortet dir das Medium auf deine Fragen? Ist es höflich? Bietet es dir ein kurzes Gespräch an? Hast du mehrere Möglichkeiten, es zu erreichen? (Telefon, WhatsApp, Instagram, E-Mail?) spricht es in einem guten Deutsch mit dir?

4. Wenn das Medium dir eine Sitzung kostenlos anbietet, sollte dies auch am Ende der Sitzung so bleiben und nicht für etwaige weitere Behandlungen Geld eingefordert werden, weil du anscheinend verflucht oder verzaubert wurdest.

5. Schaue dich um, ob das Medium schon ein paar Rezensionen und Feedbacks erhalten hat.

6. Achte darauf, dass die Preise nicht zu hoch oder zu niedrig sind. Natürlich hat jeder einen anderen Wert seiner Arbeit und jeder darf dies selbst bestimmen, jedoch 7000 Euro für einen Zwei-Wöchigen-Kurs auszugeben, um Reichtum zu manifestieren ist dann doch sehr fraglich.

7. Wenn du dir sehr unsicher bist, da dieses Medium weder Website noch Feedbacks hat, lasse dir die Arbeit erst einmal auf Rechnungsbasis erstellen. Viele arbeiten mit Vorkasse (so wie auch ich), und gerade am Anfang ist es schwer, so Klienten für sich zu gewinnen. So frage doch einmal das neue

Medium, welches noch keine Feedbacks hat, ob es dir die Sitzung in Rechnung stellt.

8. Sollte das Medium gewerblich oder freiberuflich angemeldet sein, solltest du auch zu deinem Produkt eine Rechnung auf Anfrage erhalten. Oft kannst du auch die Steuernummer erfragen.

9. Seriöses Kartenlegen findet am Telefon oder per Video statt und nicht über Facebook-Chat oder Instagram-Messenger!

10. Das Medium sollte sich am Telefon ausreichend Zeit für dich nehmen und dich nicht nach Punkt Minute 60 aus der Leitung werfen.

11. Das Medium respektiert deine Wahrheit und deine Sicht auf die Dinge und zwingt dich nicht ihren/seinen Glauben anzunehmen.

Unterschiedliche Botschaften und doch eine Quelle

Oft erreichen mich Nachrichten aus aller Welt mit einer Frage: "Liebe Zemina, wenn doch alles aus einer Quelle stammt, wieso sind dann die Botschaften alle so unterschiedlich?" Und ja, ich empfinde diese Frage als sehr spannend. Ich habe dazu selbst die geistige Welt befragt und meine Antworten hier zu erhalten. Stellen wir uns einmal vor, dein Gehirn sei nun ein Computer. Es enthält eine Festplatte, auf welchem alles gespeichert ist. Du weißt wie eine Rose aussieht, wie Omas Weihnachtskekse duften, welches Auto du gerade fährst und vieles mehr. Eine Milliarde Informationen in deinem kleinen, hübschen Köpfchen. Und genau diesem bedient sich auch die geistige Welt. Wenn du nun also eine

Botschaft empfängst, schaut die geistige Welt erst einmal, was du denn da so hast. Mal angenommen sie möchten dir gerne sagen, dass du eine vollkommene Schönheit bist, dann könnten sie dir die Rose zeigen. Rosen sind wahnsinnig anmutig und doch gleichzeitig vollkommen schön, egal wie du sie betrachten magst, sie tragen eine wundervolle Blüte. Nun kommen wir darüber direkt zu Punkt 2: Du musst das auch richtig interpretieren können. Es nützt die beste Festplatte nichts, wenn der Computer nicht versteht, was ihm das sagen möge. Also wirst du dir überlegen, wieso du gerade diese Rose in deinem Kopf hast und nach Bedeutungen forschen, oder dich auf dein Bauchgefühl verlassen. Das ist fast wie beim medialen Kartenlegen: Irgendwann vertraut man seiner Intuition und weiß genau, was die geistige Welt damit sagen möchte. Die Rose hat in diesem Fall nicht immer die gleiche Bedeutung. Alle Deutungen sind facettenreich und die geistige Welt ebenfalls sehr kreativ. Sie nutzen alles, um sich mitzuteilen. Punkt 3 ist dann natürlich auch, dass alles unterschiedlich sein darf. Man kann hier Liebe in vielen Facetten ausdrücken. Während der eine sich um die Selbstfürsorge kümmert, bekommt der andere geraten sich zu entspannen oder gar aktiv zu werden. Alles beide beschreibt direkt und indirekt die Liebe zu sich selbst. Wenn jemand unterschiedliche Botschaften erhält, dann ist weder die eine falsch noch die andere richtig. Es gibt hier kein richtig oder falsch. Es gibt nur die goldene Mitte. Ich mache es immer so, indem ich für mich schaue, ob es sich richtig anfühlt oder ob es sich eher für jemand anderen stimmig anfühlt. Manchmal denken wir auch im ersten Moment: "Das passt ja irgendwie gar nicht zu mir." Dann legen wir die Botschaft erst einmal zur Seite, da unser Verstand das noch nicht begreifen kann. Wir werden dann später noch einmal darüber stolpern und uns denken: "Da sieh an, das hat ja doch gepasst." Du siehst also, dass es alles eine Menge Zeit, Verständnis, Fühlen aber auch Vertrauen benötigt. Ich für meinen Teil kann dazu sagen, dass alles aus einer Quelle stammt, denn egal, ob Universum, Seele, Engel oder Gott selbst, sie sind alles EINS. So wie wir alle EINS sind. Alle Botschaften erreichen jede Seele zu ihrer eigenen Zeit und nichts geht verloren. Daher hetze dich nicht unbedingt jetzt "das Richtige" für dich zu finden, sondern lasse es einfach zu dir fließen. Das geschieht am besten dann, wenn wir gar nicht dran denken und es nicht erzwingen. Energie wandelt sich immer um und kann nicht verloren gehen.

Wissenswertes über das Universum

Den Urknall kennt nun doch jeder von uns. Damit ist nicht Silvester vom letzten Jahr gemeint, sondern die BigBangTheory. Sie ist uns allen bekannt. Wusstest du, dass Unvollkommenheit immer existiert? Egal, ob bei uns Menschen, Seelen oder im Universum. Wäre das Universum (AllesWasIst) geradlinig und ohne Fehler explodiert, gäbe es uns gar nicht. Nur durch diese kleine Imperfektion konnten Planeten, Galaxien, Sonnensysteme und vieles mehr entstehen. Und das ist noch nicht alles: Das Universum dehnt sich weiter aus. Es wächst unaufhörlich. Wir wissen so wenig über das Universum, obwohl wir es seit Jahrhunderten erforschen. AllesWasIst wollte sich damals selbst erfahren. Den ganzen Tag immer nur Licht und Liebe war ihm doch zu langweilig. Also dachte es sich: "Explodieren wir einfach mal und schauen, was bei rauskommt." Schwups, da waren wir Seelen. Und wir sind so mutig gewesen, dass wir jetzt hier auf Erden umherwandeln und unsere Aufgaben erledigen. Sieben Milliarden starker Seelen, schau wie groß wir doch alle sind. Es gibt es im Universum noch so viel mehr zu entdecken als nur unsere Erde. Das ist auch jedem klar, und auch, dass wir nicht die einzigen Lebewesen im All sind. Hast du schon einmal gesehen, wie viele Galaxien gleichzeitig in einer Galaxie stecken? Da kann ich gar nicht mehr aufhören zu zählen. Wir sind kleiner als ein Sandkorn, noch kleiner als ein Atom, wenn du das so sehen magst. Wir bestehen zwar aus einer dichten Materie, sonst könntest du dieses Buch hier nicht lesen und anfassen und doch ist jedes meiner Worte ein Gedanke, eine Energie. Es verdichtet sich hier an meinem Laptop durch die ganzen Moleküle und Atome. Wusstest du, dass Atome zu 99,999 % aus Leere bestehen? Ein leerer Raum, welcher mit Nichts gefüllt ist und doch alles ist. Ziemlich knifflig diese Lektion gerade, ich weiß. Ich sage immer dazu: Alles ist Energie. Egal, was du anfasst oder ansiehst. Alles ist nur Schwingung. Das Buch hier ist manifestierte Schwingung. Du wolltest etwas über die geistige Welt und dieses Universum erfahren, also führte dich ein Gedanke in diese Schwingung und brachte dir diese Energie in Form dieses Buches zu dir. Klingt ganz schön kompliziert? Das ist es gar nicht. Wenn wir uns einfach auf den

Gedanken einlassen, dass wir selbst auch Energie sind, und nicht immer "nur" materiell, dann wird uns vieles klar. Daher sage ich auch: Achte auf deine Gedanken, denn sie werden zu Worte, und Worte werden zu Taten. Ein ausgesprochenes Wort hat dreimal mehr Energie als ein Gedanke. Man sagt, wenn man 17 Sekunden lang an etwas denkt, fängt es an sich zu manifestieren. Ab 68 Sekunden hast du dann eine riesige Energie erschaffen. Du bestellst im Universum, und sie liefern dir. Unabhängig davon, was du dir gerade vorstellst, ja, auch die "unschönen" Dinge. Achte bitte auf deine Gedankenhygiene. Sie ist sehr wichtig. Wie oft denken wir unbewusst schlecht von uns? Das Universum registriert alles, egal wie, wo oder was du denkst. Stell dir mal vor, was du alles erreichen könntest, wenn du dir deiner Gedanken bewusst wärst.

Wenn ich dir jetzt sage, dass es tatsächlich so einfach ist, wirst du dir denken:" Wieso habe ich das nicht schon eher so gemacht?" Du wusstest es nicht anders. Es ist kein Geheimnis, und im Kapitel "Gesetz der Anziehung" gehe ich noch einmal näher darauf ein.

Das Universum ist ein bunter Knallhaufen, so bezeichne ich es gerne. Wir können alles sein, alles werden oder uns erinnern. Können hier spielen, tanzen, lachen und alles erleben, was wir möchten. Wir sind kleine und große Atome, voller Energie, Schwingung und Liebe. Ist das nicht wunderbar? Natürlich erfahren wir das Universum unnahbar und ganz weit weg, wie ein Traum aus einer anderen Welt. Doch in Wirklichkeit stecken wir mittendrin. Wir sind selbst das Universum, alle Sterne, Planeten und Glitzerstaub ist auch in uns. Wir sehen es mal wieder nicht, wahrscheinlich weil unser Nachbar/unsere Nachbarin wieder interessanter ist als der ganze Rest.

Das Universum ist Meister darin, uns Botschaften zu schicken. Du kannst dies gerne nennen wie du magst (geistige Welt, Engel, Gott ...) sie alle senden uns täglich Messages. Manchmal erkennen wir sie sofort, ein anderes Mal müssen sie schon richtig hartnäckig sein. Ich hatte ja bereits die Zeichen der geistigen Welt erwähnt. Alle allerdings kann man nicht aufzählen, da das Universum selbst sehr erfinderisch ist. Doch es gibt eine ganze Reihe an Zeichen, welche dir immer wieder über den Weg laufen werden, und zwar so lange, bis du merkst "Hoppla, das ist doch kein Zufall hier." Das Universum weiß genau, was es tut, zu jederzeit. Wenn du Botschaften erhalten möchtest, wirst du sie bekommen, du musst deinen Empfangsregler nur noch auf ON stellen, dann wird es auch fließen. Wie du das anstellst? Sei einfach offen. Lass dir von deinem lieben Verstand nicht wieder sagen: "Das kann gar nicht sein, das ist alles nur Zufall." Apropos Zufall: Ja, es fällt dir ZU. Es fällt zu, was für dich fällig ist. Also ja, so kannst du es natürlich auch sehen. Wenn du dann eine Botschaft erhalten hast, (und meist sprechen die guten Damen und Herren hier in Rätseln) dann versuche einfach mal diese anzunehmen, vielleicht kannst du es auch für dich entschlüsseln. Ich habe es oft erlebt, dass ich gewissen Botschaften nachgehen durfte. Oftmals habe ich tagelang überlegt, doch hier rate ich dir einfach loszulassen, denn die Erkenntnis kommt noch früh genug. Nimm sie an und wenn du sie noch nicht verstehst: Lass es erst einmal ruhen. Über das Universum gibt es so viel zu erzählen, es ist wie eine "Never-Ending-Story".

AllesWasIst (so nenne ich auch gerne Gott) ist Alles und gleichzeitig NICHTS. Ich habe lange gebraucht, um das irgendwie zu verstehen. Es ist gleichzeitig da und auch nicht. Schau dir einmal den Wind draußen an. Du spürst ihn auf deiner Haut, du kannst ihn auch hören, wenn es einmal Sturm gibt. Du atmest diesen Sauerstoff, doch sehen kannst du ihn nicht. Höchstens er wirbelt ein paar Blätter durcheinander. Du weißt dennoch, dass er da ist. Du siehst NICHTS und doch ist der Wind ALLES. Gott, das Universum, die geistige Welt sind alle miteinander verbunden. Ich erlebe sie nie als getrennt, auch wenn dieses Buch aus vielen Kapiteln besteht. Ich habe sie getrennt, um dir hier und da etwas darüber zu erzählen. Aber in Wirklichkeit sind sie alle EINS. Ein wunderbarer großer "Ball" mit glitzernden Sternen drumherum. Werde dir wirklich bewusst, dass auch du EINS mit ihnen bist. Mit allen hier auf ERDEN.

Die Kraft des SEINS

Dies ist nun etwas anspruchsvoller und wahrscheinlich mit dem Verstand gar nicht mehr greifbar. Wir alle SIND. Das bedeutet, egal was du tust, du BIST einfach und in manchen Situationen kann es sehr hilfreich sein, einfach mal da zu SEIN. Dies bedeutet übersetzt: SEI einfach. Jetzt sagst du: "Wie soll das gehen, einfach SEIN?" Setze dich einmal auf einen Stuhl, oder dein Sofa und bleibe dort sitzen. Soeben BIST du. Du sitzt einfach da und bist einfach nur du. So wie du gerade angezogen bist, mit all dem was du gerade fühlst, erlebst und durchmachst. Jetzt BIST du. Du versuchst nicht auf der Arbeit der Chef oder Angestellte zu sein, du versuchst nicht die perfekte Mutter oder Vater zu sein, du versuchst nicht die besten Erfolge zu erzielen und dich abzustrampeln. Jetzt ist in diesem einen Moment BIST du. Das birgt ziemlich viel Potenzial. Wir alle versuchen unser Leben lang immer etwas zu WERDEN. Wir wollen Karriere machen, Mama/ Papa sein, das beste Auto zu fahren, der beste Sportler zu sein. Jedoch kommst du auch auf diesen Planeten, um zu erkennen, wer du wirklich BIST. Dazu machst du einige Erfahrungen und hinterfragst irgendwann mal: "Wer bin ich eigentlich?" Und glaube mir, viele tun sich schwer einfach zu SEIN. Sie suchen ihre Identität im Außen: Ich wäre gerne so wie Angelina Jolie oder Brad Pitt. Vielleicht weiß ich auch gar nicht wie ich eigentlich bin, das erzählen mir meine Freunde oder meine Familie meint ich sei schüchtern/laut/ängstlich und so weiter. Im Grunde genommen kommen wir auch hier her, um uns zu erinnern wer wir sind. Zwischendrin können wir ja sein was wir wollen, doch nur dann, wenn es uns guttut. Die Kraft des SEINS ist eine sehr mächtige Kraft. Stell dir mal vor, du wüsstest wer du bist. Nehmen wir an, du kennst deine Seele in- und auswendig und müsstest dich nicht mehr mit diesem menschlichen Kram hier beschäftigen: Was würde es dich noch interessieren, ob irgendein Narzisst sich wieder in deine Laufbahn schlägt, oder die beste Freundin dich wieder belogen hat? Ob der Chef dir gut gesonnen war oder du die andere Arbeitsstelle bekommst? Es würde dich überhaupt nicht interessieren, zumindest nicht mehr so, dass du jedes Mal in Tränen ausbrechen würdest. Du kennst dich, du weißt wer du BIST und jede neue Herausforderung meisterst du mit einem Lächeln. Versteh mich nicht falsch: Es gibt natürlich immer Situationen, da sollen und können wir nicht drüber hinwegsehen. Wir müssen nicht alles tolerieren, nur weil wir wissen, wer wir SIND. Doch es macht es um einiges leichter und dir wird es nicht so schnell die Kraft rauben. Wie IST man denn jetzt einfach? Wie schon eingangs beschrieben: Setze dich einfach mal hin und SEI. Das klingt vielleicht gerade einfach, aber es kann einen anfangs noch direkt an die eigenen Grenzen bringen. Das Gedankenkarussell fängt an sich zu drehen und schon sind wir wieder bei unserem Chef, der uns heute Morgen ganz blöd angeschnauzt hat. Schwupps bist du wieder in deinem Arbeitnehmer-Modus und nicht mehr in deiner eigenen Energie. Je öfter du dich in dein SEIN begibst, desto besser wirst du darin werden. Irgendwann sitzt du stundenlang auf diesem Sofa (vorausgesetzt du hast dazu Lust und Zeit) und BIST einfach nur du. Du wirst sehen, wie erholsam das sein kann, mal nicht ständig irgendjemand anderes zu sein. In Zukunft wirst du feststellen, dass sich deine Energie auch ändern wird. Wie bereist gesagt kannst du dann aus dieser Kraft heraus alles entstehen lassen, was du möchtest: Du könntest wissen wer du BIST und dann ein Model sein. Oder etwas anderes. Die Erde nennt sich nicht umsonst Planet der Manifestation. Ich sehe schon, dein Verstand hat Probleme damit einfach zu SEIN. Wir müssen uns ständig mit irgendetwas oder irgendjemanden identifizieren. Wenn wir nicht wissen, wer oder was wir sind, kommen wir uns verloren vor. Wie ein Schiff auf hoher See. Dein Verstand kann nicht begreifen, dass er bereits IST. Woher soll er es auch wissen? Er ist nicht dein Bewusstsein, er tut nur das, was er Tag täglich tun soll. Und wenn du dann mal SEIN willst, redet er auch noch hundert andere Dinge dazwischen. Dir muss auch keiner sagen, wer du BIST. Das bestimmst du und deine Intuition von ganz allein. Wir Menschen neigen dann in solchen Situationen dazu, wieder das Größte und das Beste zu sein. Viel leisten, viel tun, damit uns jeder sieht und hört. Doch in Wirklichkeit reicht unsere bloße Anwesenheit aus, um in dieser Welt alles zu verändern. Und das nennt man SEIN. Wären wir nicht hier, würdest du gerade nicht atmen, dann wäre auf diesem Planeten nichts, wie es vorher war. Alles wäre anders, Menschen wären dir nie begegnet, und die liebe Katze da draußen hätte nie so eine wundervolle Person zum Kuscheln gehabt. Du bist wichtig, so wie du bist, ohne auch etwas dafür tun zu müssen. Du musst nur SEIN. Das war jetzt gar nicht so einfach, hab' ich recht? Lass dir dabei ruhig Zeit. Dein Verstand wird noch sehr oft Probleme haben einiges zu verstehen, aber das ist in Ordnung. Wir brauchen ihn gleichermaßen hier.

Die Realitätstäuschung

Hast du dich eigentlich schon einmal gefragt, ob du das, was du hier erlebst, auch real ist? Ja, das meine ich ernst. Was wäre, wenn du all das, was du hier erlebst, nur ein Traum oder ein Computerspiel wäre? Stell dir

mal für einen kurzen Moment vor, du wärst in so einem Computerspiel. Jemand da oben steuert deine Figur und lässt dich hier und da spielen. Oder du träumst das gerade alles nur. Ich kann dir sagen, dass deine ganze Realität nur eine Täuschung, eine Illusion ist. Ja, sie fühlt sich verdammt echt an: Du hast Gefühle, du erlebst Schmerz, du spürst das auch körperlich. Aber fühlt sich ein Traum in der Nacht nicht genauso echt an? Oft wachen wir auf und sind verschwitzt oder verweint. Manchmal auch glücklich. Jeder von uns kennt die Macht der Albträume. Wir lassen uns dagegen sogar therapieren, weil sie so echt wirken. Dein Leben ist derselbe Traum, und wenn wir sterben, wachen wir auf. Wenn wir, während wir leben aufwachen, nennen wir es ERWACHEN oder ERLEUCHTUNG. Das ist wie ein luzider Traum: Du kannst alles selbst steuern. Es gibt immer zwei Gruppen von Menschen: Die einen, die noch schlafen und davon überzeugt sind, es passiere alles einfach so ohne Grund. Und dann gibt es diejenigen, die schon wach sind und verstanden haben, dass sie selbst alles steuern können. Doch dazu muss man erst einmal verstehen, dass die ganze Realität NICHT existiert.
Du sagst: "Aber ich sehe doch, ich spüre doch und ich fühle doch." Natürlich tust du das alles, und dennoch bist du nicht WACH. Wärst du wach, hättest du bereits erkannt, welch großes Bewusstsein du doch bist. Doch dein Verstand hält dich eisern hier. Er sagt dir: Das, was ich sehe, ist real. Jeder, der einmal luzid geträumt hat, weiß wie verdammt schön es ist, diesen Traum zu leben. Luzides Träumen bedeutet einfach: Du wirst dir bewusst, dass du gerade träumst und kannst aktiv deinen Traum

umbauen und ihn steuern. Und genau das wenden oft auch Therapeuten in ihrer Therapie an, um Albträume zu verbessern. Du siehst, das ist kein Hokuspokus, sondern einfache Wissenschaft. Nur haben die Menschen immer noch nicht verstanden, dass sie hier auch "träumen." Die Realität, welche du um dich herum hast, hast du selbst erschaffen: Durch das Gesetz der Anziehung (dies habe ich dir in einem separaten Kapitel beschrieben.) Du denkst, dir passiert einfach alles "so." Und wenn dir mal was richtig Gutes passiert, denkst du, es wäre Glück oder Zufall gewesen. Nein, es gibt weder Zufälle noch Glück. Du hast es dir ganz einfach selbst manifestiert. Noch unterliegt aber dein Verstand dieser Realitätstäuschung. Er hält alles für wahr, was er gelernt hat. Alle Glaubenssätze, welche er jemals von der Gesellschaft gehört hat, hält er für wahr und lässt dich weiterhin glauben, dein Umfeld, dein Leben sei real. Sobald du aber wach wirst (und dazu musst du nicht erst sterben) erkennst du plötzlich deine ganze Kraft. Du erkennst, dass diese Realität nicht echt ist, und fängst an sie umzubauen. Du manifestierst dir einfach alles was du willst, weil du weißt, dass es möglich ist. Manche nennen es dann auch "Glitch in der Matrix." Wie ein Bug, durch den du einfach hindurchschlüpfst. Wenn du in einem Computerspiel bist und gesteuert wirst, kannst du dein eigenes Bewusstsein entwickeln und aussteigen. Du kannst sagen: "Nein, ich möchte hier nicht mehr dran teilnehmen. Ich gehe meinen eigenen Weg." Stell dir mal vor, das würde eine Figur aus deinem Spiel so machen, du würdest ziemlich verdutzt aus der Wäsche schauen. Wir alle denken Zauberei, Magie oder andere wundersame Dinge wären schlichtweg unmöglich, nur weil es ein paar Wissenschaftler noch nicht herausgefunden haben. Sie sind auch noch nicht aufgewacht. Sie werden getäuscht, weiterhin von ihrem eigenen Verstand, wie eine Fatamorgana.

Bedenke, dass alles seinen Prozess hat. Manchmal kann es einfach dauern und es geht nur Schritt für Schritt. Doch du kannst dir jeden Tag bewusst werden: Ja, ich fühle es. Und es ist in Ordnung, dennoch weiß ich, wer ich bin und dass ich alles erreichen kann was ich möchte. Dies ist ein Traum und ich kann darin tun und lassen was ich möchte. Frei nach dem Motto: Lebe deine Träume. Geh aber nicht zu hart mit dir ins Gericht, wenn du es nicht gleich auf Anhieb hinbekommst, schließlich hat man dich über Jahrzehnte hinweg konditioniert, das zu glauben, was du nun glaubst. Das ist in Ordnung. Du hast es erst einmal gebraucht, doch jetzt brauchst du es nicht mehr. Du bist frei und kannst frei über deine Gedanken entscheiden. Du kannst dich entscheiden, was du sehen möchtest und was nicht. Du lebst in einer Illusion, und nur deine Reaktion auf etwas Bestimmtes verleiht dem ganzen Macht. Ich gebe dir dazu noch ein kleines Beispiel: Jemand, der sehr viel Geld hat, der kauft sich einfach neue Schuhe. Den interessiert es gar nicht, ob seine alten Schuhe dreckig oder gar kaputt sind. Ein Kind aus Indien wird Luftsprünge machen, wenn es diese alten Schuhe bekommt. Du siehst: Die Schuhe bleiben die gleiche Sache, nur die Reaktionen sind unterschiedlich und so bekommen die Schuhe einen ganz anderen Wert. Deine Illusion, deine Bühne, deine Dramen und Reaktionen.

Alles hat hier nur die Bedeutung, welche du ihr beimisst. "Und woher kommt das?", fragst du mich nun. Das alles hat man dir seit Kindheit an antrainiert: All das, was du siehst, fühlst und worauf du reagierst, ist erlernt. Das bist nicht DU. Alles das, was du denkst zu sein, bist du nicht. Dein wahres Bewusstsein schlummert unter dieser Realitätstäuschung.

Frequenzen des Universums

Wir kennen einzelne Frequenzen aus dem Fernsehen, Telefon oder Radio. Wir alle haben dieses Wort schon irgendwo mal gehört. Manchmal sagen wir auch "Wir haben die gleiche Wellenlänge oder die gleiche Frequenz." Sprichwörtlich haben wir einfach die gleiche oder ähnliche Energie wie unser Gegenüber. Im Universum gibt es auch andere Frequenzen und Energien, welcher unserer ähneln. In solchen Frequenzen (Feldern) wurde unser Seelenlicht erschaffen. Es gibt eine Menge Felder im Universum, sodass man sie gar nicht alle aufzählen kann. Das größte Feld ist immer das Feld der Liebe, wobei man hier ja nicht von "Größe" sprechen kann. Alles ist unendlich und somit groß. Da wir alle aus der Liebe heraus erschaffen wurden ist unser Seelenlicht überall im Universum verbreitet. Eine Frequenz, welche wir alle kennen, ist die der Engel. Viele von uns Seelenlichter machen sich als Erdenengel auf den Weg hier her zu unserer Erde. Wir erkennen uns bewusst oder auch unbewusst an unseren "Frequenzen." Wir fühlen uns bei anderen Menschen entweder wohl oder unwohl. Dies muss nicht gleich bedeuten, dass diese Menschen schlechte Menschen sind. Es ist dann einfach nur nicht die gleiche "Wellenlänge," nicht direkt die gleiche Frequenz. Das Universum schwingt in uns allen auf unserer Frequenz und wir auf derselben Wellenlänge wie das Universum. Deswegen können wir uns zu hundert Prozent sicher sein, dass das Universum uns immer antworten wird und wir auch diese Antworten erhalten. Wenn wir medial arbeiten oder uns spirituell ausrichten, richten wir unsere Frequenz anders aus. Wir bringen sie "nach oben", erhöhen unsere Schwingung, um die Botschaften der geistigen Welt zu erhalten. Natürlich kann man seine Frequenz immer anpassen, sie auf on oder off stellen (wie ich es so schön zu sagen pflege.) Je nachdem in welcher Frequenz wir uns befinden, geht es uns "gut" oder "schlecht." Das Universum jedoch schwingt immer "auf Liebe." Möchten wir das Universum erfahren, so dürfen wir uns auf die Frequenz der Liebe einstimmen. Ein Jenseitskontakt geht nicht ohne Liebe und Demut. Ein Gespräch mit einem Engel ist ohne die unendliche Liebe im Herzen nicht möglich. Niemand mit "bösen Absichten" kann so wahrhaftige Botschaften verbreiten. Die, die es tun, können es nicht, denn sie sind die bekannten "schwarzen Schafe" unter uns seriösen Lichtarbeitern. Sie können und werden keine Botschaften empfangen, solange sie Menschen auf ihre Weise schädigen. Sie sortieren sich früher oder später selbst aus, denn sie ziehen genau das an, was sie aussenden: keine Liebe. Merke dir also immer: Botschaften kommen aus Liebe, alles andere, was dir Angst macht, ist keine Liebe und so mit auch keine Botschaft aus der geistigen Welt.

120

Wenn du dich unwohl fühlst, stimme dich selbst immer auf die Frequenz der Liebe ein und alles andere um dich herum wird sich ändern. Du kannst die Frequenzen des Universums ebenso an andere Personen senden. Denke einfach daran, wie du diese Person in Liebe einhüllst und gehen lässt. Du musst die Taten und Worte weder akzeptieren noch tolerieren. Es geht einfach nur darum dich selbst in eine andere Frequenz zu bringen, damit auch du dich leichter fühlst. Das Universum hat so viele wunderbare, noch nicht entdeckte Winkel, wir könnten die ganze Welt und mehr damit befüllen. Spürst du deine Frequenz nun auch? In diesen Zeilen habe ich sehr viel Liebe hinterlegt, spüre sie in deinem Energiefeld.

Parallelwelten und Multiversen

Dieses Thema ist mehr als spannend, denn seien wir mal ehrlich: Wir sind nicht die einzigen hier im ganzen Universum. Das wissen wir beide ganz genau. Unser Universum ist auch nicht das einzige, welches existiert. Ich habe es einige male auf Astralreisen erlebt und dieses Wissen steckt auch tief in mir. Ich weiß es einfach. Unsere Galaxie ist neben vielen anderen Galaxien, nicht das Einzige, was dieses Universum ausmacht. Unser Gehirn selbst nutzen wir immer in Teilen. Verschiedene Areale werden aktiv, wenn wir gewisse Dinge tun oder nicht tun. So ist es auch mit unseren Galaxien: Wir können nicht sehen, welcher Teil gerade neu entstanden ist, oder neu aktiviert wurde, aber wir spüren es in unserem Energiefeld, vielleicht aber auch anders. Der Mensch selbst weiß noch so gut wie gar nichts über das Universum, obwohl wir schon einiges erforscht haben. Hier kommen dann immer die Fragen: Gibt es Parallelwelten? Ich sage ganz klar: JA. Jetzt kommt es darauf an, was du dir unter diesen Welten vorstellst. Das Jenseits selbst ist eine Art "Parallelwelt." Unsere lieben Verstorbenen sind nicht irgendwo oben oder unten, wie ich es schon beschrieben hatte, sondern direkt neben uns. „Super" sagst du jetzt, "ich sehe sie aber nicht. Ich höre nichts, ich kann sie nicht umarmen und auch sonst nichts mehr machen." Und genau da ist das Problem, welches wir Menschen einfach haben: Wir sind so sehr begrenzt in unseren Körpern, in unseren Verstand, dass wir gar nichts anderes mehr zulassen können, als physisch zu sehen, zu hören oder zu fühlen. Die meisten Menschen spüren, dass es da mehr gibt als wir mit unseren 6 Sinnen wahrnehmen können. Die Kommunikation findet einfach auf einer anderen Ebene statt, vorwiegend über unsere Gefühle, doch diese dürfen wir dann auch erst mal wieder kennenlernen. Es ist eine Parallelwelt, direkt in unserer Welt. Manche nehmen gerne den Vergleich einer Türe, durch welche man sprechen kann. Ich empfinde es eher als eine Art Verschmelzung der Realitäten. Sie sind direkt in unserer Welt und nicht getrennt von uns. Das Jenseits ist hier. Du kannst Parallelwelten auch anders sehen: Gibt es dort vielleicht noch eine weitere Version deines ICHS? Auch hier sage ich JA. Im Kapitel "Seele" haben wir uns damit beschäftigt, dass das Universum wie eine riesige Sonne ist, und aus ihr alle Strahlen zur Erde fließen. Diese Strahlen sind wir Seelen, aus einem Seelenlicht entstanden. Nun fliegen wir da also durch die Gegend, wir haben unser höheres Selbst auch im Gepäck und sind nun hier gelandet. Doch wenn wir gleichzeitig hier und "dort oben" sein können, dann können wir auch in einer ganz anderen Welt, einem ganz anderen Planeten und zeitgleich in einem ganz anderen Universum existieren. Ich durfte auf meinen Astralreisen erfahren, dass ich an mehreren Orten gleichzeitig unterwegs bin. Das muss nicht die Erde sein, es kann einfach eine ganz andere Frequenz sein, in welcher meine Energie wirkt. Interessant, findest du nicht auch? Und natürlich sind wir unendliches Bewusstsein. Wir können überall gleichzeitig existieren. In diesem Moment, in der ich hier diese Zeilen tippe, mache ich woanders schon wieder was ganz anderes. Vielleicht erhelle ich gerade einen Planeten. Das mag für den ein oder anderen sehr seltsam klingen, aber bei genauerem Hinsehen wirkt es sogar sehr plausibel: Wir sind sehr hohes Bewusstsein, wieso sollten wir uns beschränken? Wieso sollten wir "nur" auf der Erde verweilen, wenn es doch da draußen so viel mehr gibt? Parallelwelten sind real, ebenso alle Multiversen. Viele denken wahrscheinlich hier an den Film "Matrix." So kannst du es sehen, aber ich bevorzuge doch liebe die andere Variante. Du fragst dich jetzt, wie so was möglich ist? Oben schrieb ich zuletzt von "Feldern und Frequenzen im Universum", wir existieren auf vielen verschiedenen Ebenen, uns ist das nur nicht bewusst. Es ist möglich, weil wir Licht sind. Wenn du deine Lampe anschaltest, ist das Licht auch überall, so wie wir es auch sind. Deine und meine Seele macht viele verschiedene Erfahrungen, genau jetzt in diesem Moment. Das ganze hat nichts mit Zauberei zu tun, sondern wurde bereits auch wissenschaftlich schon bestätigt: Thema Wurmlöcher. Sie sind noch nicht ganz erforscht, aber man weiß bereits etwas mehr über sie.

Raum und Zeit – Die Steuerung

Ich hatte stets erwähnt, dass es in der geistigen Welt kein Raum und keine Zeit gibt, denn dies ist nur hier bei uns ein Richtwert in unserer dreidimensionalen Welt, damit wir uns hier zurechtfinden können. Diese ganze dritte Dimension ist das, was wir hier sehen und anfassen können. Sie ist aber auch bestimmt durch Gier, Hass, Eifersucht und Wut. Das alles hat zur Folge, dass immer mehr Menschen krank werden, sich hiermit nicht mehr identifizieren können. Es kommt zu einer ungerechten Verteilung des Vermögens und der Ressourcen dieser Welt. Während die einen nichts haben, haben andere viel zu viel. Die dritte Dimension wird von dieser Gier angetrieben, aber auch von Angst nicht genug zu haben. Wovon alle immer und immer wieder sprechen, ist diese fünfte Dimension. 5D genannt. Viele stellen sich hier etwas völlig anderes vor, manche sogar, dass Außerirdische unseren Planeten übernehmen werden. Doch die fünfte Dimension ist etwas ganz anderes: Dort existierten Liebe, Gleichheit, Respekt und keine Gier, kein Hass und keine Angst. Es sind all diese Werte, welche wir anscheinend vergessen haben. Doch erwachen immer mehr Lichtarbeiter und immer mehr Menschen wird klar, dass es so nicht weitergehen kann. Dies alles gehört zu unserer Raum und Zeit-Achse, denn die fünfte Dimension existiert in uns und bereits um uns herum. Es ist wie eine Zeitlinie auf einer anderen Ebene. Stell dir einfach mal ein Blattpapier vor und dort zeichnest du eine Linie auf. Diese Linie siehst du direkt vor dir. Wenn du dieses Blattpapier dann umdrehst, siehst du diese Linie nicht mehr. Jemand würde dir nun sagen: "Da ist keine Linie." Aber du hast sie bereits gesehen und weißt, dass sie da ist. Wenn du dieses Blattpapier nun in das Licht am Fenster hältst, kannst du die Linie auf der anderen Seite wieder sehen. Sie scheint durch. Sie existiert also immer fort, egal ob du sie siehst oder nicht. Auf der einen Seite gibt es sie und auf der anderen auch. So verhält es sich auch mit unseren Dimensionen, mit ganz vielen Linien. Selbst die Vergangenheit, die Gegenwart und die Zukunft sind immer um uns herum. Für uns mag die Vergangenheit bereits passiert sein und ist nicht mehr da, doch ihre Energie, ihre Linie existieren immer fort. Raum und Zeit laufen im Universum immer ineinander und parallel. Sie sind niemals getrennt voneinander und ja, ich weiß, das hier ist gerade wirklich schwierig zu verstehen. Doch öffnen wir uns mit unserem Bewusstsein, können wir genau das wieder wahrnehmen. Wie an dem Fenster: Licht auf unser Blattpapier scheinen lassen, eine andere Perspektive einnehmen. Raum und Zeit ist für uns nur hier greifbar. Die Wissenschaft erforscht nicht umsonst das Universum und kennt eigentlich nichts davon. Vieles ist und bleibt für das erste noch "nicht erklärbar." Doch dies nur für unseren Verstand, unser Bewusstsein weiß es bereits.

Ich möchte einmal kurz mit dir die STEUERUNG

125

besprechen. Du fragst dich nun: Was ist eine Steuerung? Ich erkläre dir das einmal ganz einfach: Energien kennen keine Zeit. Sie kennen keinen Raum, sie existieren gestern, heute und auch morgen. Wenn du 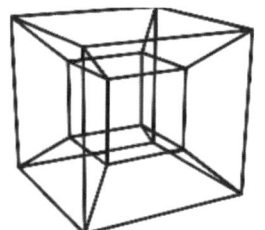 nun also als Kind eine Erfahrung gemacht hast, die vielleicht nicht ganz so toll war, dann hängt diese Energie nach wie vor in deinem System. Schaue dir einmal hier diesen Tesserakt an. Ein Tesserakt ist ein Vierdimensionaler Hyperwürfel. Du kannst hier verschiedene Flächen und Räume erkennen. Egal in welche Richtung du diesen Tesserakt drehen würdest: Es gäbe unendliche Möglichkeiten Räume zu erschaffen. In diesen Räumen (auch Dimensionen genannt) ist jede unserer Energie gespeichert.

Jeder dieser Räume stellt eine Zeit dar in deinem Leben. Auch wenn du sie nicht alle gleichzeitig wahrnehmen kannst, so sind sie da und um dich herum. Du selbst sitzt direkt in der Mitte, dies beschreibt deine heutige Gegenwart. Die STEUERUNG lässt dich in einen dieser "Räume" zurückkehren und diese Energie verändern, so dass sich auch in deiner heutigen Zeit alles verändern kann. Stell dir vor du reist in die Vergangenheit und nimmst einen Gegenstand mit. Diese Aktion könnte dazu führen, dass dein ganzes Leben anders verlaufen wäre, weil du diesen Gegenstand entwendet hast. Du kannst die Energie als solch einen Gegenstand betrachten, welchen wir nun verändern möchten.

Die Steuerung steuert beziehungsweise lenkt diese Energie neu. Mache diese Übung bitte nur wenn du dich fit genug dafür fühlst. Bei bestehenden Traumata bitte immer einen Psychologen oder anderen Behandler um Rat fragen. Ganz wichtig: Du solltest dich dabei immer wohlfühlen. Du kannst die Steuerung auf alles anwenden. Alles, was du energetisch verändern möchtest, ist dadurch möglich.

Du kannst die Steuerung im Liegen oder auch im Sitzen machen. Achte darauf, dass du Ruhe dabei hast.

1. Schließe deine Augen und atme mehrmals tief ein und aus. Komme langsam in die Entspannung lasse dich ganz gemütlich fallen.

2. Visualisiere dir ein Flugzeug, welches dich an das Ziel deiner Reise bringen soll. Nehmen wir hier einfach mal an in deine Kindheit, als du schwer gemobbt wurdest. Du steigst langsam in dieses Flugzeug ein und machst es dir gemütlich. Wenn du magst kannst du noch etwas essen oder trinken. Die Aussicht ist umwerfend: Überall kannst du den Pazifik sehen und den sonnigen, blauen Himmel. Du bist nun bereit und hörst die Durchsage des Piloten: Es geht los. Dein Flugzeug startet.

3. Wenn du merkst, dass langsam Bilder aus der Vergangenheit auftauchen, so bringe dein Flugzeug dazu zu landen. Der Pilot wird dich sicher absetzen und auch warten, bis du wieder zurückkommmst. Du kannst jederzeit wieder zurück und musst nicht in dieser Situation verharren. Du bist sicher. Du bist nun gelandet und steigst aus dem Flugzeug aus. Vor dir siehst du nun die vergangene Situation mit all ihren Emotionen, Gesprächen und auch Protagonisten. Schau dir ruhig

alles genau an. Wie fühlst du dich dabei? Wie ist die Energie?

4. Wenn du alles beobachtet und alle Energien/Emotionen gefühlt hast so breite vor dir einen goldenen Teppich aus. Gerne kannst du auch eine Straße aus Licht visualisieren. Du stehst vor dieser Straße aus Licht und lässt alles entstehen, was du gerne damals gehabt hättest. In dem Fall des Kindes: Kein Mobbing, respektvolle Mitschüler, einen tollen Start in der Schule, leckere Pausenbrote und eine Menge Spaß. Du gehst währenddessen die Lichtstraße entlang und beobachtest, wie sich links und rechts deine neuen Visualisierungen aufbauen. Es fühlt sich wunderbar an. Du kannst dabei zusehen, wie positiv sich deine Vergangenheit gestaltet und wie viel Liebe darin enthalten ist. Gerne kannst du dich auch von einem Engel oder deinen Liebsten begleiten lassen. gehe diese Straße so lange wie nötig entlang. Du wirst spüren, wann es genug sein wird.

5. Nun siehst du eine Kurve und auch diese gehst du entlang. Du biegst um die Ecke. Hier visualisierst du dir dein jetziges Leben und das Leben deiner Zukunft, so wie es sein soll. Du gehst alle Details genau durch. Du nimmst die neue, positiv veränderte Energie aus deiner Vergangenheit hier hin mit und lässt Neues entstehen. All das, was du haben möchtest, wie du sein möchtest und was passieren soll. Gehe auch diesen Weg einige Minuten ab bis du dir sicher bist alles visualisiert zu haben. Du wirst es auch hier wieder spüren, wann es genug ist.

6. Du bist nun am Ende deiner Lichtstraße angekommen. Sage nun folgenden Satz: "Ich bestimme hiermit, dass die positive Energie aus der Vergangenheit nun auf meiner neuen Zeitlinie weiterläuft. Ab heute und bis in alle Ewigkeit habe ich sie manifestiert." Danach bedankst du dich für diese wunderbare Reise und bei deinen Helfern.

7. Du siehst vor dir dein Flugzeug stehen und steigst wieder hinein. Während dem Rückflug in deine Gegenwart kannst du die neue Energie bereits fühlen und erkennen: Wir wunderschöne Sternschnuppe begleitet sie dich. Du kannst sie aus dem Fenster aus sehen. Sie leuchtet hell und stark. Ein Lächeln überkommt dich. Bleibe noch einen Moment in diesem Gefühl.

8. Wenn du gelandet bist mit deinem Flugzeug bedanke dich bei deinem Piloten. Öffne nun ganz langsam die Augen und komme wieder in das Hier und Jetzt an. Trinke ein Glas Wasser, öffne die Fenster und atme tief ein und aus.

Ganz wichtig: Wiederhole diese Übung nur alle 3-4 Tage, wenn du das Gefühl hast noch mehr verändern zu wollen. Nimm dir immer nur eine Szene vor, niemals mehrere gleichzeitig. Entspanne danach und lasse alles auf dich wirken.

Wie wird man denn jetzt medial?

Die Frage bekomme ich immer wieder gestellt: Was kann ich tun um endlich medial zu "werden?" Ich selbst vertrete den Ansatz, dass wir ein gewisses Bewusstsein dafür erreicht haben müssen. Dieses Bewusstsein erreichen wir im Laufe des Lebens oder kommen damit direkt zur Welt. Du kennst sicherlich auch diese Menschen welch alles als "Humbug" abstempeln oder nicht bereit sind über ihren eigenen Horizont hinaus zu blicken. Ihnen könntest du tausende an medialen Übungen und Tipps geben. Sie würden es nicht anwenden oder verstehen können. Diese Seelen machen auch ihre Erfahrung aber sind noch nicht in ihrem Bewusstsein angekommen. Dies kann sich von Inkarnation zu Inkarnation stark unterscheiden. Manchmal treffen wir auf diese Seelen, weil wir sie etwas lehren dürfen. Dennoch "schlafen" sie weiterhin und lassen sich einzig allein von ihrem Verstand lenken. Für Medialität ist ein Bewusstsein unerlässlich. Dies kann auch schon mit dem bloßen Interesse an Spiritualität oder dem Universum einher gehen. Das "werden" ist hier wieder relativ, denn im Prinzip sind wir es ja schon, wir müssen es nur wieder erkennen und uns wiederfinden. Wir können uns dann diese Fähigkeiten wieder antrainieren welche wir als Kinder schon immer hatten. Je nach individuellem Weg und Mensch kann dies mehrere Monate oder Jahre in Anspruch nehmen. Auch kommt es darauf an wie stark der Verstand da noch mitwirkt. Der eigene Erwachungsprozess und die Erleuchtung spielen hier auch eine wichtige Rolle. Es benötigt alles Zeit und diese solltest du dir auch geben. Wenn du also medial "werden" willst, empfehle ich dir auf dich selbst zu hören oder gerne einen Mentor/eine Mentorin um Hilfe zu bitten. Ich habe dir im Kapitel "Ausbildungen und Kurse" einiges hinterlegt, wie du am besten an dein Ziel kommst.

Medialität und ihre zahlreichen Facetten

Viele fragen sich nun, wie es denn funktioniert, so medial zu sein. Ich bin ja weiter oben in diesem Kapitel, viele verschiedene Arten Seelen wahrzunehmen, darauf eingegangen, welche Sinne denn dafür benötigt oder genutzt werden? Es sind jedoch nicht nur Hellsinne, die genutzt werden, sondern auch ganz, ganz viele Hilfsmittel, welche sich ein Medium gerne bedienen darf. Es gibt einmal das mediale Schreiben, in welchem sich das Medium Stift oder Papier oder gar Laptop bedient, um die Worte der geistigen Welt auf Papier festzuhalten. Es gibt Seelenmaler, die sich unter anderem die Bilder aus der geistigen Welt zeigen lassen, um sie dann auf Papier zu bringen. Weiterhin gibt es Musiker, die bestimmte Lieder und Texte extra komponieren, um so die Worte der geistigen Welt weiterzubringen. Du siehst also, dass Kreativität immer eine Art Schöpfungsprozess ist, welche auch der geistigen Welt dient. Nun sagst du dir vielleicht „ja, aber ich bin noch gar nicht medial oder kreativ. "Und ich sage dir, dass jeder Mensch etwas Kreatives in sich hat. Dies muss nicht mal zeichnen, malen, singen oder gar schreiben sein. Dies kann auch ganz einfach tanzen sein, Sport machen, in der Natur etwas tun oder ein Projekt erschaffen. Selbst wenn dieses Projekt mit viel Zahlen zu tun hat. Die geistige Welt benutzt sehr viele Hilfsmittel, um zu kommunizieren. Hier wären insbesondere die Engelzahlen genannt. Engelzahlen sind auch Nummern, welche sich die geistige Welt gerne zur Übermittlung von Botschaften bedient. Wenn du also nun sagst, du bist absolut nicht kreativ und weißt nicht, was du erschaffen sollst, dann kannst du dich gerne in die Stille begeben und einfach mal nachschauen, was dir tatsächlich Spaß macht. Alles, was man erschafft, ist eine Art Schöpfungsprozess der geistigen Welt. Dies kann auch Steine sammeln bedeuten oder eine Briefmarkensammlung anzufertigen. Jetzt fragst du dich natürlich, wie man mit einer Briefmarkensammlung Botschaften in die Welt hinaustragen kann. Dies ist wiederum ganz einfach, denn auf den Marken sind zum Beispiel Zahlen und Bilder, welche dir helfen könnten, etwas klarer zu sehen. Somit ist auch das Kartenlegen, das Pendeln oder der Tensor für Medien nur ein Hilfsmittel. Über diese Hilfsmittel kann ein Medium meist mehr sehen, als wenn es nur die eigene Hellsinne benutzt. Jedoch ist dies nicht zwingend erforderlich. Es erleichtert einem die energetische Arbeit. Medialität ist genauso facettenreich wie die Menschen selbst. Darum halte ich auch nichts davon, vorgefertigte Meinungen, Techniken oder Übungen weiterzugeben. Es ist zwar notwendig, gewisse Übungen und vielleicht auch ein Teil aus der geistigen Welt weiterzureichen, damit sich die Menschen langsam an die Energien gewöhnen können. Jedoch sollte eine Meditationstechnik oder eine andere Technik, welche zum Channeln benutzt wird, nicht als

132

DIE Technik gesehen werden. Jeder hat seine eigene Technik und jeder findet seine eigene Meditation und seine eigene Ruhe. Darum ist es wichtig, sich nicht auf Übungen zu versteifen, sondern selbst seinen eigenen Weg zu finden. Medialität ist auch wahnsinnig individuell. Jeder findet seinen eigenen Weg zur richtigen Zeit. Du solltest dich davon auch nicht stressen lassen. Denn manche Ausbildungen gehen teilweise Jahre, manchmal auch Tage oder Monate, je nachdem, welchen Kurs du gerade besucht hast. Deshalb ist es umso wichtiger zu wissen, dass du selbst deine eigene Zeit hast. Die geistige Welt gibt dir diese Zeit vor. Du musst nichts in einem Jahr, in 2 Jahren oder kürzer können. Es ist dein individueller Weg, den du gewählt hast, mit deinen individuellen Facetten, die du in die Welt tragen möchtest. Und selbst wenn du es jetzt noch nicht weißt, welchen kreativen Schöpfungsprozess du leisten kannst, ist dies nicht weiter schlimm. Du wirst diese Technik eines Tages finden du wirst deinen Weg finden und spüren, wann es soweit ist. Dies ist alles ein Prozess und bedarf wiederum sehr viel Zeit. Sei nicht so sehr an deinem Ego gefangen, sondern spüre die Facetten der Medialität.

Nun fragst du mich: „Kann denn Medialität auch schlecht sein? " Ich sage dir, Medialität kann nie schlecht sein, egal in welchen Facetten sie auftritt. Wenn du noch nicht gelernt hast, mit ihr umzugehen, dann wird es sehr schwierig für dich. Viele Menschen sind sich ihrer Medialität nicht mehr bewusst oder wissen gar nicht, dass sie medial sind und bekommen Angst. Angst vor diesen starken Gefühlen, Angst, mehr zu fühlen oder gar mehr zu sehen und zu hören. Viele sind sich auch nicht bewusst, dass das, was sie da gerade lesen, schreiben, malen, hören oder singen ein Zeichen aus der geistigen Welt ist. Die meisten sind sich gar nicht bewusst darüber, wie viele Botschaften sie tagtäglich nach außen tragen. Sie halten es dann für Schicksal oder Zufall. Im besten Falle merken Sie es erst gar nicht. Wenn du in der Angst lebst und dir nicht sicher bist, kein gutes Selbstwertgefühl hast oder dein Wurzelchakra nicht stark genug ausgebildet ist, dann kann dir Medialität tatsächlich zum Verhängnis werden. Dies passiert dann daraus, dass du vergisst, dich zu erden oder zu viele Energien von anderen aufnimmst und dadurch durcheinander gerätst. Hier geht es nicht darum, dass sich dir Verstorbene zeigen und dir Angst einjagen. Denn das tun Sie tatsächlich nie. Die geistige Welt würde dir niemals Angst einjagen. Es ist vielmehr dein Empfinden und die Reaktionen auf die Energien um dich herum. Wenn du gelernt hast, wie man mit Medialität und der Feinfühligkeit umgeht, dann wird sich für dich auch sehr vieles erschließen. In erster Linie solltest du aufhören, Angst zu haben vor deinem eigenen Schöpfungsprozess. Wenn du gerne ein ruhiges Leben willst und einfach nur vor dich hinleben möchtest? Die geistige Welt aber mit dir völlig andere Pläne fährt, dann bist du bereit, sich dem hinzugeben. Wenn du dies nicht tust, wird dich dieser Widerstand alle Kraft kosten, denn im Endeffekt kommst du ohnehin immer wieder auf deinen Seelenplan zurück. Die geistige Welt wird es manchmal etwas holprig gestalten, manchmal ruhig und dann doch sehr rasant. Das Wichtigste hierbei ist immer ein fundiertes Wurzelchakra und das feste Vertrauen in dich, die Welt und die geistige Welt. Solange du nicht verankert bist in dir selbst, wird dich jedes kleine Ding aus der Bahn werfen. Hier kannst du auch die geistige Welt um Hilfe bitten, dass sie dir helfen, dies alles zu transformieren. Habe keine Angst vor diesem Prozess, habe keine Angst vor dir selbst und habe auch keine Angst vor all diesen Facetten. Nimm es als Herausforderung oder als Lernprozess an und freue dich darauf, eine neue Reise zu beginnen.

Ich bin bereits medial, wie gehe ich damit um?

So wie es dir jetzt geht, so ging es mir jahrelang. Irgendwie dachte ich andauernd jeder könne das, was ich so sah und hörte. Ich war davon überzeugt, dass jeder das wahrnimmt (oder so viel mitbekommt und fühlt) wie ich es tue, und bin damit überall angeeckt. Das passiert einfach automatisch, weil man die anderen nicht versteht (oder verstehen kann) und sie dich wiederum auch nicht. Es ist also irgendwie eine Endlosschleife, bis du die richtigen Menschen triffst, mit denen du dich darüber austauschen kannst. Nun bist du also schon medial, du hörst und/oder siehst die geistige Welt. Du fühlst sie, arbeitest bereits mit ihnen oder hast sie einfach als Unterstützung an deiner Seite. Doch die Welt da draußen macht dir ganz schön zu schaffen. Viele kennen das von der Hochsensibilität: Die ganze Reizüberflutung, nicht nur physisch durch Lärm, Farben und Gerüche, sondern auch psychisch und seelische Dinge machen einem zu schaffen. Wenn man dazu (hoch)medial ist, nimmt man nicht nur die Energien der anderen Lebewesen wahr, sondern auch noch die der geistigen Welt. Das kann einen maßlos überfordern, wenn man damit noch nicht gelernt hat umzugehen. Manche werden dadurch sogar verrückt, weil sie es einfach nicht mehr aushalten. Aber im Großen und Ganzen bleiben wir doch alle normal und bodenständig, trotz unserer Medialität. Nun fragst du mich: „Mensch, wie kann ich damit umgehen? Ich habe dauernd Panik, weiß nicht wohin mit mir." Ich kann dir aus eigener Erfahrung berichten: Die Medialität nicht ablehnen. Das ist der erste und wichtigste Punkt zugleich. Du kannst diese Gabe nicht einfach wegdenken oder wegzaubern und egal wie sportlich du bist, du kannst ihr auch nicht davonrennen. Gut, du könntest es versuchen, doch vergiss nicht: Die geistige Welt kennt keinen Raum und keine Zeit, sie klebt dir bereits an deinen Schuhsohlen. Akzeptiere dich und deine Gabe. Nehme sie an, dass du nun mal Dinge sehen, hören, riechen, fühlen oder schmecken kannst, die andere eben nicht so wahrnehmen können. Niemand ist deswegen schlechter oder besser, sondern wir sind einfach nur anders. Wir sind wir und wir gehören alle zusammen, egal ob medial oder nicht. Wenn du dich angenommen hast, ist der zweite Punkt keine Angst zu haben vor der geistigen Welt. Ich weiß, dass man manchmal Dinge wahrnimmt, die einen erst einmal erschrecken, doch ich würde mich mit der Zeit ganz einfach dran gewöhnen. Wenn bei mir wieder die Löffel durch die Gegend fliegen oder nachts die Matratze kratzt, lache ich mittlerweile herzlich und frage mich, was der/diejenige denn wohl wieder vor hat. Es mag anfangs befremdlich sein, und vielleicht möchte

136

man gewisse Dinge einfach nicht sehen/wahrnehmen. Du darfst das dann jederzeit klar kommunizieren, denn sie respektieren auch unsere Grenzen. Wenn du etwas nicht möchtest, teile es dieser Seele mit, sie wird damit aufhören. Tut sie es nicht, musst du nachfragen, was sie dir so Dringendes mitzuteilen hat. Der dritte Punkt beinhaltet Selbstvertrauen. Vertraue dir, dass du das alles so wahrnimmst. Verstecke dich damit auch nicht. Du kannst darüber offen sprechen, selbst wenn Menschen dich dafür belächeln. Es ist nicht wichtig, was die anderen über dich und deine Gabe denken. Es ist wichtig, was DU über dich denkst, also komme in dein Selbstvertrauen. Der vierte Punkt zeigt dir deutlich, dass du auf deine Bedürfnisse achten solltest. Wenn dir Menschenmengen zu schaffen machen (oder andere, laute, große Gegebenheiten) dann achte auf Rückzug. Wir nehmen, wie beschrieben, einfach viel mehr wahr, und sind daher auch öfter erschöpft. Kraft tanken kannst du in der Natur, in der Stille oder auch gerne im Sonnenlicht sowie Mondlicht. Überall dort, wo es dir guttut. Wenn es dir mal nicht möglich ist einen Rückzug anzutreten, dann konzentriere dich auf deine eigene Aura, auf deine eigene Energie. Alles außen herum verblasst und du bleibst bei dir in deinem eigenen Kern, deinem eigenen Licht. Mir hilft das sehr oft, wenn mir sehr viele Menschen begegnen. Der fünfte Punkt ist auch von großer Wichtigkeit: abends, oder bevor du schlafen gehst, dich von den ganzen Energien „befreien." Vor allem, wenn du mit vielen Menschen zu tun hast. Hier hilft immer eine Dusche, denn sie reinigt nicht nur Körper, sondern auch deine Aura (siehe Kapitel

Übungen, dort findest du eine Menge, was du für dich persönlich tun kannst.) Nummer sechs und für mich damit der letzte Punkt: Lebe deine Medialität aus. Für mich bedeutet dies immer im Austausch mit der geistigen Welt zu bleiben, und mit mir tief verwurzelt zu sein. Das heißt, du bist gerne (astral) in der anderen „Welt" unterwegs, aber auch gerne wieder hier, auf dieser Erde. Lebe das aus, denn es ist wunderschön und du wirst sehen wie frei du wirst. In diesem Moment ändert sich auch deine ganze Aura und du wirst dich nicht mehr so schnell müde und ausgelaugt fühlen. Deine Aura weitet sich, und lässt andere Auren und Energien so heilen.

Jetzt gähnst du und sagst mir: „Ich bin aber dennoch total müde, irgendwas läuft falsch." Und ich kann dir auch genau sagen, was, wer und warum!

Energievampire-Die Energiesauger der neuen Zeit

Graf Dracula hat dich gebissen und nun wirst du zu einem wunderschönen Vampir und fliegst dem Mond entgegen. Tja, da muss ich dich leider enttäuschen, so läuft das Ganze dann doch nicht ab. Energievampire tragen aber ihren Namen zurecht, denn sie saugen dir deine Energie ab. Sie brauchen dazu keine Zähne oder Schläuche, das passiert im Kontakt mit ihnen. Du kennst das: Ein Treffen mit deiner Freundin oder Kollegin, einem Familienmitglied oder dem Nachbarn und du bist hinterher fix und fertig. Entweder redet die Person ununterbrochen auf dich ein, oder ist stets mies gelaunt und beschimpft die ganze Welt. Du kommst gar nicht mehr zu Wort und wirst immer müder und müder. Du fängst an zu gähnen und fühlst dich komplett de-realisiert. Doch kurz vorher ging es dir noch blendend. Jetzt möchtest du nur noch ins Bett. Doch gibt es nicht nur menschliche Energievampire, auch der Fernseher oder Social Media können starke Energievampire sein, ich erinnere dich an die Nachrichten im Fernsehen oder andere Sendungen, welche deine Schwingung sehr stark beeinflussen können. Warum diese Energievampire das machen? Die meisten wissen nicht einmal, dass sie welche sind. Ihre Energie ist einfach niedriger als deine, und Energie fügt sich immer dem Naturgesetz sich auszugleichen. Triffst du also jemanden, dessen Energie geringer ist als deine, wird das Feld sich automatisch ausgleichen. Sprich, deine Energie nimmt ab und seine hebt sich an, sodass ihr später auf demselben Level seid. Doch ganz so einfach ist das nicht. Ein paar von diesen kleinen „Biestern" machen das auch ganz bewusst. Ich erwähne hier auch gerne die narzisstischen Persönlichkeiten, welche nicht mehr als toxisch sein können, aber auch alle die, die ständig in ihrer Opferhaltung sitzen und nur am Jammern sind. Versteh mich nicht falsch-auch jammern ist erlaubt, aber dann darf man wieder aufstehen und was dagegen unternehmen. Doch die meisten Opfer-Vampire unternehmen dagegen gar nichts, sie stehlen dir deine Zeit und möchten dich im schlimmsten Falle noch dafür verantwortlich machen, dass es ihnen so schlecht geht. Du siehst schon, wohin das alles führt. Kennst du bereits solche Vampire in deiner Umgebung? Dann gibt es für dich noch die Frage zu klären: Was in dir ist noch so im Unklaren, dass es solche Vampire immer wieder anzieht? Diese „Kreaturen" können nur dann unsere Energie saugen, wenn wir es zulassen. Wo setzt du also zu wenig Grenzen? Denk mal darüber nach. Sobald du innerlich auch deine Grenzen gezogen hast, wirst du ihnen immer und immer weniger begegnen, denn sie fürchten helles Licht, welches selbstbewusst strahlt. Sie möchten sich bestimmt nicht an deinem Licht verbrennen. Hast du also bereits so einen Vampir in deiner Nähe, gibt es nur eins zu tun: Den Kontakt komplett abbrechen und diese Person nicht mehr an dich ranlassen. Ja, das klingt hart, aber das ist der einzige Weg dich zu „schützen." Denn so lernst du auch sofort deine Grenzen zu setzen. Egal, ob das dein Mann/deine Frau, dein Chef oder Chefin, Kollegin oder beste Freundin ist. Der Kontakt muss zwingend abgebrochen werden. (Kinder sind hier ausgenommen, wenn sie noch klein sind, denn Kinder sind immer kleine Energieräuber, unbeabsichtigt.) Doch auch wenn das Kind groß ist und über achtzehn darfst du jederzeit den Kontakt abbrechen. Viele Bücher beinhalten Übungen, die dagegen irgendwie helfen sollen, doch ich habe ganz andere Erfahrungen gemacht und sage dir hier gleich, dass du da raus musst. Du wirst sehen, wie gut das nach einiger Zeit tut. Du wirst diese Energievampire immer sofort wiedererkennen. Ich habe dir hier mal eine kurze Checkliste zusammengestellt:

Energievampire-Check:

- Sie sind laut
- Sie reden nur von sich
- Sie kontrollieren dich gerne

- Sie jammern (ohne was dafür zu tun-Opferrolle)
- Du bist immer an allem schuld
- Meistens sind es Narzissten
- Sie hören dir nicht zu
- In ihrer Nähe wirst du müde, ausgelaugt und schlecht gelaunt
- Sie wahren deine Grenzen nicht
- Sie sehen nur das Negative und schimpfen
- Sie reden dir alles schlecht, egal was du gedenkst zu tun
- Sie reden gerne hinter deinem Rücken
- Egal was du tust, du kannst es ihnen niemals recht machen
- Du fühlst dich in ihrer Nähe schlecht, klein, unwichtig
- Sie klammern an deiner Energie und an dir selbst

Denk daran, dass auch diese Seelen ihren Weg haben und es nicht böse meinen. Sie haben sehr viel zu lernen, doch du musst dir das keineswegs gefallen lassen. Du bist Schöpfer/Schöpferin deines Lebens. Du darfst jederzeit deine Grenzen setzen und wahren für dein Wohlbefinden.
Manchmal gibt es auch Energievampire auf Zeit. Dies bedeutet, dass jeder mal ein kleiner Energieräuber ist, zum Beispiel wenn man krank wird, Liebeskummer hat oder andere Probleme mit sich trägt. Ja, es trifft uns alle mal. Der große Unterschied ist nur, dass man es nicht von Anfang an ist und dieser Zustand vorbeigeht. Nicht jeder der mal einen schlechten Tag hat, und schimpft ist

gleich ein Energievampir auf Lebzeiten. Doch du solltest feststellen, dass du der Person nicht helfen kannst, und sie sich auch nicht helfen lässt und dich alle Energie kostet: Nimm deine Beine in die Hand und lauf.

Die Astralreise

Zunächst möchte ich die Frage beantworten, was das überhaupt ist. Ich versuche dir das ganz einfach zu erklären, vorzugsweise aus meiner Sicht, du kannst aber danach auch gerne Google bemühen. Dass wir nicht nur aus unserem irdischen Körper bestehen, sondern auch einen Astralkörper besitzen, ist uns mittlerweile allen klar, zumindest den meisten Menschen. Wir können tatsächlich aus unserem irdischen Körper aussteigen, und uns auf die Reise begeben, in die Astralebenen. Astralreisen sind wunderschöne Erlebnisse. Man „trifft" dort nicht nur liebe Seelen aus dem Jenseits, sondern auch eine andere Menge toller Lichtwesen. Auch kann man sehr viele Orte besuchen, ohne sich an die irdischen Begrenzungen halten zu müssen. Wie würde ich das nennen? Man fliegt einfach davon. Jetzt bist du aber total verunsichert, denn du hast eventuell gelesen das sei gefährlich. Andere Wesenheiten könnten in den Körper schlüpfen oder du kämst nie wieder zurück. Ich kann dich direkt beruhigen: Das kann nicht passieren. Du bist während deiner Astralreise IMMER mit deinem Körper verbunden. Man nennt sie die sogenannte „Silberschnur." An ihr hängst du förmlich dran und kannst auch über sie immer wieder zurück. Stell sie dir ruhig wie eine silberne Schnur vor. Wenn du mal Astral reisen solltest, wirst du sie sehen oder schon gesehen haben. Auch können keine anderen Wesen in deinen Körper. Du bist mit ihm verbunden. Andere Wesen haben auch kein Interesse in deinen Körper zu gelangen. Ich weiß, im Internet stehen viele Schreckensgeschichten. Aber ich kann dir diese Angst nehmen. Ich selbst reise schon seit Kindheit astral, und kenne jeden „Winkel" der Astralebene, wobei dies ja gar nicht geht, da sie unendlich ist. Aber du verstehst, was ich dir damit sagen will. Manche reisen unbewusst, andere sehr bewusst, denn man kann es definitiv steuern. Der eine braucht etwas mehr Übung, der andere nicht. Du kannst das gerne im Abschnitt ÜBUNGEN nachlesen, da erkläre ich dir einfach, wie ich das mache und was du tun kannst.

Wie sieht die Astralebene aus?

Natürlich ein sehr spannendes Thema, wenn man da noch nicht war oder sich vielleicht auch nicht mehr erinnern kann. Vorweg mag ich dir noch sagen, dass sie für jeden anders aussieht, denn jeder kann einfach auch woanders sein. Ich kann dir gerne von mir aus beschreiben wie es sich anfühlt und wie es für mich aussieht. Dann bekommst du vielleicht ein kleines Bild. Zunächst fühle ich eine Art Vibration im Körper. Das ist dann das Stadium, in welchem ich anfange auszusteigen. Es fühlt sich dann sehr leicht an. Diese Leichtigkeit lässt sich schwer in Worte fassen, wenn man sie noch nicht gefühlt hat. Spätestens nach ein paar geschätzten Minuten sehe ich mich selbst von oben. Oder von der Seite. Aber denke daran, das ist kein Muss. In der Astralebene kann ich mich komplett ohne jede Begrenzung bewegen. Man ist einfach frei und „fliegt" umher. Ich kann an jeden Ort, in jede Galaxie, ja sogar in jedes Universum reisen. Ja, es gibt mehrere Universen. Wir sind nicht „die Einzigen" hier. Unterwegs kann ich telepathisch auch mit anderen Seelen und Lichtwesen sprechen. Es gibt so vieles auf diesen Reisen zu entdecken und es ist jedes Mal atemberaubend schön. Die Astralebene kann aus Licht, Farben, Formen, Gegenständen oder auch aus „Nichts" bestehen. Sie kann die Galaxie sein, oder einfach ein Ort. Sie kann alles sein. Für mich ist sie Licht, Galaxie und Farbe. Da ich es mittlerweile kontrollieren kann, wann ich diese Reisen unternehme und wann nicht, kann ich somit auch steuern, was ich erleben möchte und was nicht. Das erfordert für „Anfänger" meist etwas Übung, aber es ist nicht unmöglich.

Wenn ich Verstorbene auf der Astralebene besuchen möchte, setze ich mich einfach auf eine Bank in der Nähe des Jenseits und warte dort. Ich mag es einfach, zu sehen, wer mich da besucht. Selbst wenn ich in das Jenseits gehe, heißt das nicht, dass ich dann automatisch verstorben bin. Wir erinnern uns: Wir sind jederzeit mit unserem Körper verbunden. Es ist einfach eine andere, höher schwingende Ebene. Du fragst dich nun wieder, ob ich da nicht doch das ein oder andere „schlimme Wesen" gesehen haben muss. Ich habe in all den Jahren nie erlebt, dass mir jemand wehtun wollte. Ich habe es nie erlebt, dass dort „dunkle Wesenheiten" auf einen warten sollen. Ich kann dir leider auch nicht sagen, wie manche Menschen darauf kommen, so etwas zu erzählen. Vielleicht spielen sie wieder mit der

144

Angst, oder haben in einer Schlafparalyse ihre eigenen Albträume erlebt. Ich kann es nur erneut betonen: Die Astralebene ist rein und voller Licht. Wer dir da etwas anderes erzählt hat noch nie eine Astralreise unternommen und diese Ebenen besucht.

Jetzt noch zu der letzten Frage: „Wie kommst du denn wieder zurück?" Das ist einfach: Ich denke einfach an meinen Körper oder spüre, dass ich „nach Hause" möchte. Und schon gibt sich der Rest von selbst. Es fühlt sich an wie ein Sog, als würde man hinauf oder heruntergezogen werden. Dann atme ich plötzlich tief ein und mache meine Augen auf. Es fühlt sich an, als würde ich meine Seele „einatmen." Danach brauche ich ein paar Minuten, bis ich wieder in meinem Körper ankomme. Meistens Erde ich mich, oder esse und trinke etwas. Dann gehe ich meinem Alltag wieder nach, bis zur nächsten Reise.

Ein Interview mit der geistigen Welt

Viele möchten gerne hören, was denn nun Verstorbene zu verschiedenen Themen sagen. Ich habe daraufhin einfach ein Interview, mit einer verstorbenen Person geführt. Für dieses Interview habe ich meine Mutter gebeten uns einige Antworten zu geben, auch wenn sie es bereits in kleinen Maßen getan hat. Doch ich finde es immer wieder spannend zu hören, was aus dem Jenseits so an Antworten zu uns kommen darf. Daher lehne dich zurück und genieße den Dialog.

Dieser Dialog ist persönlich von mir gechannelt.

Karin Schulz, gestorben 12.01.22

Hallo Mama, wie du siehst, schreibe ich hier an meinem Buch und möchte den Menschen mehr Einblicke ins Jenseits gewähren. Kannst du uns bitte erzählen, wie es FÜR DICH sich anfühlt oder aussieht?

„Das ist eine sehr interessante Frage mein Kind. Aber schön, dass du sie für alle beantworten möchtest. Das Wort „Jenseits" hört sich für mich so weit weg an. Ich bin aber gar nicht weit weg. Eigentlich bin ich immer noch hier. Wenn ich das -Hier- nun beschreiben müsste, würde ich sagen, es hat viele Farben und Lichter. Und wenn ich es fühlen müsste, würde ich sagen, es ist Liebe."

Ich denke, damit können wir hier alle etwas anfangen. In vorherigen Zeilen in diesem Buch hatte ich dich ja gefragt, wie sich das Sterben für dich anfühlt. Viele stellen sich die Frage, ob es sich für alle so anfühlt und haben Sorge um schlimme Schmerzen. Kannst du dazu was sagen?

„Natürlich. Ich weiß, dass das Sterben für viele sehr leidvoll aussieht und ich habe ja bereits beschrieben, dass es dies nicht ist. Für viele ist der Tod immer noch mit Angst behaftet. Sie haben einfach alle eine falsche Vorstellung vom Leben. Dies mag durch eigene Erlebnisse oder andere Erzählungen geschehen sein. Auch ich sage, dass eine Zeit vor dem Übergang oft beschwerlich sein kann, gerade das Thema Krankheit.

146

Aber der Übergang selbst ist nichts, wovor man Angst haben müsste. Es ist für alle Seelen der gleiche Übergang, die gleiche Transformation."

Werden wir alle abgeholt, oder müssen wir da alleine durch?

„Alle Seelen werden abgeholt. Auch ich wurde abgeholt. Manchmal sogar von Seelen, die wir meinen nicht zu kennen und dann im Lichte unserer Selbst wiedererkennen. Das ganze Leben müssen wir nicht „da allein durch." Ich war am Tag meines Übergangs nicht allein. Denn wenn du, mein Schatz nicht körperlich bei mir warst, war es deine Seele, dein Licht. Wir waren uns sehr nah. Und das ist bei jedem Menschen und jeder Seele so. Alle sind sich sehr nahe, ob physisch anwesend oder nicht."

Ich frage mich oft, wie man mit dieser Trauer dann umgehen kann. Für mich selbst ist es auch schwer, obwohl ich diese Gabe besitze. Ich verstehe jene Menschen, denen es noch schwerer fällt als mir.

„Für viele ist es ein Abschied nehmen. Und Abschiede tun oft sehr weh. Natürlich ist es für Menschen, welche eine Anbindung in die geistige Welt besitzen, leichter dies zu verstehen und zu verarbeiten. Doch vergiss niemals, dass auch du menschlich bist, mit all deinen Gefühlen. Alle lieben Wesen auf diesem Planeten haben Gefühle und dürfen diese ausleben. Trauer ist ein sehr starkes Gefühl der Liebe."

Der Liebe? Für mich, und da werden mir alle hier zustimmen, schmerzt es nur furchtbar.

„Ja, es ist tatsächlich Liebe. Eine wahnsinnig starke Liebe, denn ohne sie würdest du diesen Schmerz nicht spüren. Du fühlst dich getrennt. Getrennt von mir, von dieser Person, die dich einst angerufen und dich zum Lachen gebracht hat. Du liebst sie so stark, dass du es als Schmerz bezeichnest und empfindest. Trauer ist Liebe. Eine bedingungslose Liebe. Denke daran, was sich viele verzeihen am Sterbebett, was alles keine Bedeutung mehr hat. Sobald du diese Liebe hinter der Trauer erkannt hast, kannst du damit anders umgehen."

Und trotzdem müssen wir weinen ...

„Das ist richtig und wichtig. Es darf sein. Denn so wie du um mich weinst, so weinte ich einst auch und viele andere Lebewesen. Das ist das Schöne an diesen Gefühlen, du kannst und darfst sie fühlen und einfach rauslassen."

Hast du diese Gefühle nicht mehr bei dir? Sowas wie Wut, Hass, Trauer, Freude, und alles was es gibt?

„Nein, denn ich spüre nur noch Liebe. Eine unendliche Tiefe von Liebe und Frieden, die ich dir kaum in Worten beschreiben kann. Es ist eine reine Energie aus so viel Licht. Darum sage ich dir und allen anderen: Weinen ist wichtig. Genauso wie alle Gefühle, die dazu gehören. Dafür bist du da. Dafür bist du inkarniert mein Schatz.

148

Auch wenn es unangenehm erscheint, so ist es nur ein Produkt deines Verstandes."

Das verstehe ich jetzt nicht. Das bedeutet, ich bilde mir diesen Schmerz ein?

„Nein, natürlich nicht. Aber du wertest ihn. Für dich und viele andere ist Sterben etwas Schlimmes und somit tut es dir weh. Würdest du diese bedingungslose Liebe dahinter spüren, würdest du es positiv werten. Auch wenn es dann noch weh tut, würdest du daran nicht zerbrechen oder zugrunde gehen. So sagt man das ja in deiner Welt."

Ich verstehe ... Doch was ist mit all jenen, die aus dem Leben gerissen werden? So einen Schock verdaut man doch nicht so schnell.

„Auch hier ist es wichtig zu wissen: egal, wie jemand verstorben ist, ob schnell oder langsam. Sie sind alle am gleichen Ort und haben alle die gleiche Transformation hinter sich. Für hinterbliebene Seelen ist es ein Schock. Aber auch eine Erfahrung, so schrecklich sich das auch anhören mag. Viele heben erst dann ihren Blick und fangen an, die geistige Welt und uns zu suchen. Dies ist dann der Punkt, an dem sich die eigene Seele auf den Weg macht."

Heißt das, ich muss jetzt dauernd so schreckliche Dinge erleben?

„Das ist wieder deine Wertung mein Kind. Würden die Menschen die Lösung und das Potenzial hinter einer Situation erkennen, würde sich diese wieder als kräftigend und aufbauend darstellen. Niemand erlebt schreckliche Dinge. Jeder wächst nur an seiner Situation."

Da höre ich meine Leser nun schon fragen, wieso es keine schrecklichen Dinge gibt. Viele werden bestimmt nun an Verbrechen oder Morde denken. Kannst du uns dazu etwas sagen?

„Für den menschlichen Verstand ist es wirklich schrecklich. Doch nehmen wir mal an, du bist im Urwald geboren, in welchen es normal ist, sich gegenseitig umzubringen. Fändest du es dann immer noch schrecklich? In der Tat ist es so, dass du nur von deinem Umfeld lernst und so aufwächst. Isst du also in China Katzen und Hunde, ist dies für dich völlig normal."

Moment, das heißt ja im Umkehrschluss, dass es gar nichts „Schlechtes" gibt.

„Jetzt hast du mich verstanden. Wir in der geistigen Welt urteilen nicht. Über nichts und niemanden. Auch wenn es schwer klingen mag, auch nicht über die Taten anderer. Jede Seele hat ihren Weg und ihre Erfahrung. Es gibt kein Schlecht oder Gut. Das habt ihr euch alles ausgedacht um werten zu können. Deswegen ist das Sterben für euch schwer, weil ihr auch das unterteilt. Was würde passieren, wenn ihr nicht mehr urteilen würdet?"

150

Ja, das ist eine wichtige Frage und dazu noch interessant. Ich möchte das Thema nun wieder etwas umlenken: Darf ich dich fragen, ob du auch vermisst oder fühlst du das gar nicht?

„Wie kann ich denn vermissen, wenn ich doch alles bei mir habe? Ich bin bei dir, und dann brauche ich nicht zu vermissen. Alle Seelen sind stets da. Sie vermissen ihre Hinterbliebenen nicht. Vermissen bedeutet immer „nicht da zu sein." Wenn du weinst, sagst du oft „meine Mama, sie fehlt mir." Alles, was dir in diesem Moment fehlt, ist mein physischer Körper. Mein Ausdruck, meine Stimme. Mein Sein als Mensch. Und sicherlich darfst du das alles vermissen, es ist schließlich anders, wenn der Körper nicht mehr da ist."

Es ist nur sehr schwer zu verstehen, wenn man sich nicht mehr so hört oder sieht wie zu Lebzeiten. Für viele fühlt sich dann alles leer an.

„Deswegen sollte man dies auch nie versuchen mit dem Verstand zu verstehen. Einzig allein dein Herz und Bewusstsein ist dazu in der Lage. Es fühlt sich leer an, weil die Energie nun anders geworden ist. Sie hat eine andere Dichte als diese zuvor. Der Körper selbst schwingt sehr niedrig, und meine Energie schwingt nun sehr hoch. Das kann ein Gefühl der Leere hinterlassen, wenn man sich nicht auf diese Ebene begeben kann, oder möchte. Doch diese Leere ist immer nur subjektiv. Ich erfülle mehr Raum als du dir je vorstellen könntest."

Viele haben auch das Gefühl, jetzt allein gelassen worden zu sein und wissen oft nicht, wie es weitergeht. Können wir Menschen immer auf eure Hilfe zählen?

„Aber sicher. Meist können wir sogar noch mehr helfen als zu Lebzeiten. Mein Schatz, du weißt selbst, wie krank ich war, und mir tat es sehr weh, dir nicht mehr beistehen zu können. So geht es vielen Seelen. In unseren dichten Körpern haben wir oft keine Möglichkeiten mehr, dann wählen wir andere Wege, um besser helfen zu können. Unsere Möglichkeiten sind unendlich und natürlich helfen wir euch alle. Manchmal braucht es etwas Fingerspitzengefühl, bis auch du es erkennst, aber die Hilfe ist immer da.“

Was mich interessiert: wenn diese Hilfe immer da ist, wie kommt es dazu, dass manche völlig in ihrer Trauer „untergehen und leiden?"

„Dies passiert, wenn man den Blick nicht in unsere Welt richtet. Schmerz ist die eine Sache, leiden eine andere. Dafür entscheidest du dich jeden Tag selbst. Unsere Hilfe ist stets vorhanden, doch wenn der Schleier aus Tränen stärker ist als das Bewusstsein, dann werden sie diese Hilfe nicht als solche erkennen oder als Zufall abtun.“

Wie sieht denn so eine Hilfe aus?

„Dies kann alles sein. Ein kleines Haustier. Eine neue Nachbarin, ein Anruf, ein neuer Weg. Eine Zeit der Stille,

152

eine neue Erkenntnis, eine Idee, vielleicht auch ein neues Zuhause. Eine Veränderung, ein Gefühl in dir selbst. Du siehst, es gibt so vieles. Doch muss man bereit sein, dies auch wahrzunehmen, und du selbst weißt, dass es in der Trauer sehr schwer sein kann."

Oh ja, das weiß ich tatsächlich. Ich sage ja immer, dass man den Schmerz (oder die Liebe wie du sie nennst) zulassen soll. Nur so kann man wieder in das Leben zurückfinden.

„So ist das auch richtig. Das Sterben an sich, oder der Tod selbst, fühlt sich für euch alle sehr still an. Eine ewige Stille, die nie vergehen mag. Doch in dieser Stille sind unsere Seelen mit all ihrer Liebe, all ihren Antworten, und dies hört man nur, wenn man sich auf diese Stille einlässt. Wir sind alle lebendiger als je zuvor."

Ist es dann so, dass ihr Seelen wirklich immer bei uns seit und das an mehreren Orten gleichzeitig?

"Ja mein Kind, das stimmt tatsächlich. Wir haben nun keine physische Form mehr, das heißt, wir müssen uns nicht von A nach B aufwendig bewegen, sondern uns gelingt es mit einem Gedanken. Dies ist die Kraft einer höher schwingenden Seele ohne Erdenkleid. Ich kann schon sehen, wann du an mich denkst, bevor du an mich denkst. Ich bin über all zu gleich und immer dort, wo du bist. So ist dies auch für andere Seelen und ihren Schützlingen. Sie bleiben für immer in ihrer Nähe."

Viele sagen, wenn man in das Licht hinübergeht , würde man sich nicht mehr sehen, stimmt das?

"Wir gehen alle direkt nach dem Ablegen unseres Körperkleides sofort in das Licht über. Wir sind dadurch nicht weg oder verschwunden. Das Jenseits, die geistige Welt wie ihr sie beschreiben würdet, ist bereits reines Licht. Wir gehen also niemals weg, weil wir immer schon da sind."

Wieso fühlen manche nach einiger Zeit keine Verbindung mehr? Mich erreichen viele Nachrichten täglich, warum sie nun ihre geliebte Person nicht mehr wahrnehmen können.

"Dies liegt daran, dass diese Person auf Erden endlich weiter machen kann. Wir sind immer noch da, nach wie vor, aber vielleicht möchte diese Seele sich jetzt weiterentwickeln, neue Wege gehen und mit Liebe loslassen. Manchmal gibt es keinen Grund zu fühlen oder zu empfangen, weil bereits alles gesagt ist. Für diese Seelen ist es wichtig zu wissen, dass wir trotzdem immer da sind, auch wenn wir mal nicht zu antworten scheinen. Diese Seelen dürfen weitergehen."

Ist auch so, dass ihr Tränen spüren könnt und uns tröstet?

"Ja, das ist immer möglich. Wir sind Licht und können sehr schnell erspüren, welcher Teil in euch gerade weint und welcher Teil Zuwendung benötigt. Wir legen dann stets unsere Energie in die Aura. Manchmal kribbelt es

dann oder wird warm, manchmal hört ihr auch auf zu weinen. Wir würden euch niemals allein lassen in solchen harten Zeiten."

Das ist wirklich sehr tröstlich. Wieso glauben einige Menschen an ein Leben nach dem Tod, andere nicht?

"Dies ist je nach Seele unterschiedlich. Manche jungen Seelen möchten erst sehr irdische Erfahrungen sammeln, und mit der geistigen Welt und dem Jenseits nicht so viel am "Hut" haben. Andere haben eine sehr überaktive Verbindung zur Erde und wieder andere haben schlichtweg Angst davor. Sie wissen nicht, wie schön es hier sein kann. Sie fürchten den Tod, das Sterben, die Trauer, den Abschied, und wollen so mit dem Jenseits nichts zu tun haben wollen. Im Herzen glauben sie alle daran, doch der Verstand kann manchmal sehr ausgeprägt sein. So sehr, dass man blind wird für seine eigenen Gefühle."

Ist das nun schlecht für diese Personen?

"Nein, keinesfalls. Denn was ist schon schlecht? Sie sind, genauso wie du, einfach anders. Sie sehen die Dinge auf ihre Art und Weise, was sie genauso besonders macht. Manche machen sich erst noch auf den Weg und wieder andere sind skeptisch, spüren aber, dass da noch mehr ist. Wichtig ist dabei immer, sich sehr viel Zeit zu lassen."

Wie siehst du die Menschen, diese Erde hier?

"Für mich ist es wunderbarer Planet. Ein wunderbarer Ort so voller Spannung und Spiel, was nicht zuletzt an der Dualität liegt. Es ist wirklich anders, auch die Gegenseiten zu erfahren. Durch all diese menschlichen Erfahrungen sammele ich sehr viel an Liebe und weiß jetzt auch, was diese Liebe wirklich bedeutet. Die Menschen sind nicht schlecht, auch wenn das Kollektiv im Moment etwas durch Ängste geprägt ist, dennoch sind es im Kern alles Lichter, voller Liebe und Mitgefühl. Sie müssen sich nur wieder erinnern. Ich liebe die Menschen."

Das hast du jetzt schön gesagt. Würdest du wieder inkarnieren? Oder würdest du sagen, jede Seele möchte wieder inkarnieren?

"Ja, ganz sicher werde ich ein weiteres Leben anstreben. Ich möchte noch so viel lernen und erfahren, und ja, wir beide sehen uns da sicherlich wieder. So geht es vielen anderen Seelen auch. Sie möchten sich in ein neues Abenteuer stürzen, Neues ausprobieren, neue Menschen kennenlernen, sich mit neuen Seelen verabreden und neue Wege finden. Es ist wirklich spannend, denn von hier aus, aus dem Jenseits, sieht man alles anders. Jede Seele inkarniert so lange, bis es genug ist. Das entscheidet jede Seele selbst, wann dies geschieht."

Sieht man sich immer im nächsten Leben wieder?

"Es kommt darauf, was deine Seele und die andere Seele erfahren möchten. Wenn ihr euch verabredet,

werdet ihr euch ganz sicher finden. Manchmal möchte man auch eine Inkarnation "alleine" durchbringen. Wir sehen uns definitiv wieder, und viele andere Seelen werden sich wieder treffen."

Du kennst doch diesen "Schleier des Vergessens" durch welchen man geht, bevor man hier ankommt. Wieso gehen wir da überhaupt durch? Wäre es nicht einfacher, man wüsste schon alles?

"Und wo wären dann deine authentischen Erfahrungen dabei? Wenn du schon alles wüsstest, dann würde es dir gar kein Spaß mehr bereiten und alle Erfahrungen, welche du machen würdest, hätten nur die Hälfte an Wert. Du gehst durch diesen Schleier, um all diese Erfahrungen so hautnah wie möglich mitzuerleben, und dies geht nur, wenn du alles vergisst, was hier in der geistigen Welt war. Vorerst. Du findest dich im Laufe deines Lebens wieder und manche nennen es dann Erwachen oder Erleuchtung. Dieser Schleier ist für Seelen essenziell, sonst bräuchtest du nicht inkarnieren."

Viele denken ja, sie hätten keine Aufgaben hier auf Erden und schwirren einfach so umher. Was sagst du dazu?

"Jede Seele trägt hier was dazu bei. Egal, ob sie einem Tier zur Seite steht, für die Umwelt kämpft oder als Verkäufer arbeitet. Wirklich jede Seele trägt was dazu bei. Auch wenn manche denken, sie würden doch gar

nichts tun. Doch sie tun, und zwar sehr viel. Das, was viele nicht sehen, ist ihre eigene Aura und an jedem Ort ist diese Aura stets vertreten. Sie heilt, sie bringt Kraft, sie bringt Magie. Es ist ein Irrtum, immer nur etwas "tun" zu müssen. Du kannst auch einfach nur SEIN und heilen. In erster Linie ist es hier deine Erfahrungen zu sammeln, weiterzugeben, was du gelernt hast und zu Sein."

Puh, das klingt wirklich nach sehr viel Arbeit.

"Die Schule des Lebens ist oft sehr viel Arbeit. Doch wenn du deine Herausforderungen als Spiel ansiehst, und als Lektionen, aus denen du etwas lernen kannst, dann versinkst du nicht in Selbstzweifel und verfluchst den Tag. Du erkennst, dass es für dich wichtig war."

Na ja, das ist unterschiedlich denke ich. Ich fand es nicht gerade wunderbar eine so harte Zeit durchzumachen und andere bestimmt auch nicht.

"Es ist immer so hart, wie ihr es empfindet. Wüsstet ihr nun von der geistigen Welt, sprich wärst du dir im Klaren darüber, wäre es für dich eine einfache Sache gewesen. Manchmal muss die Seele brechen, aufbrechen, um an ihren wahren Kern heranzugelangen. Schmerz macht weich, sensibel und sanft. Ein Stadium, in welchen wir anfangen unsere Seele zu suchen. Und doch hast du eine große Menge daraus gelernt und dich wahnsinnig weiterentwickelt.

Kannst du alle Seelen dort wahrnehmen, oder nur deine Vorfahren und deine eigene Linie?

"Hier ist man Eins, es gibt hier kein getrennt sein. Wir sind alles ein Kern, eine Seele, ein Bewusstsein, einfach Eins. Und wir bringen all unsere Erfahrungen hier zusammen, so wie es schon immer sein sollte. Hier gibt es kein ich oder du, hier gibt es nur wir und uns. Ich bin mit allem verbunden, was es hier gibt. Ich bin mit dir und vielen anderen Lebewesen verbunden, so wie auch andere Seelen mit ihren Liebsten verbunden sind."

Das ist schon wieder so schwer vorstellbar. Alles ist eins. Wie ein riesiger Kuchen.

"Auf der Erde erfährt man das getrennt sein. Ein ganzes Leben lang geht es nur um das getrennt sein. Getrennt vom Partner, getrennt vom eigenen Ich, von der eigenen Seele, getrennt vom großen Ganzen, von seiner eigenen Heimat. Um Verbindung erfahren zu können, muss man sich erst einmal trennen. Ohne Minus kein Plus. Ohne Oben kein Unten. Deswegen tun sich so viele Seelen schwer in der Dualität."

Das klingt ja wirklich spannend. Jetzt verstehe ich auch, wieso es immer heißt: Wir sitzen hier alle im gleichen Boot.

"Genauso ist es auch. Niemand ist hier getrennt. Egal, ob du jemanden magst oder nicht, ihr seit trotzdem Eins. Was nicht bedeutet, dass du alles akzeptieren musst, was dir in deinem irdischen Leben widerfährt."

Danke Mama, für deine Worte. Ich denke, viele haben nun einen besseren Einblick in das Jenseits.

Da sich auch die Engel und Erzengel zu Wort melden möchten, möchte ich ihnen auch die Möglichkeit geben, sich hier zu äußern.

Ein Interview mit der geistigen Welt: Die Engel und Erzengel.

Hallo meine Lieben. So viele Menschen stellen sich tagtäglich die Frage: Wer seid ihr? Woher kommt ihr? Was ist eure Aufgabe?

"Was wir sind, dessen sind sich nur Wenige sehr bewusst. Wir sind sehr hoch Schwingende Wesen. Wir waren niemals menschlich, dies bedeutet, unsere Schwingung ist niemals die der menschlichen Seele ähnlich. Und doch inkarnieren gelegentlich einige Helfer von uns, um Menschen und anderen Seelen weiterzuhelfen. Wir kommen aus der reinen Liebe deines Herzens. Aus dem Licht Gottes, aus dem Universum, aus der Ur-Quelle allen Seelenheils. Wir sind pure Liebe, Licht, Energie und alles, was dein Herz zum Schlagen bringt. Wir sind hier, um den Planeten zu unterstützen, so wie viele andere Lichtwesen auch. Wir sind hier, um alle Seelen durch ihre Aufgaben zu führen. Sie zu leiten, sie zu ermutigen und Trost zu spenden."

Das klingt wirklich wundervoll. Danke für diese Erklärung. Könntet ihr auch etwas über Schutzengel erzählen?

"Natürlich. Schutzengel sind von Anfang an eure Begleiter. Manche haben einen, andere drei oder vier, dies ist sehr unterschiedlich. Dies bedeutet nicht, dass ihr im Wettbewerb seid, wer denn nun mehr Engel an seiner Seite hat und wer nicht, sondern es ist manchmal vonnöten, dass sich in verschiedenen Lebensphasen verschiedene Engel abwechseln dürfen, da andere Energien benötigt werden. Deinen oder deine Schutzengel kennst du bereits dein lebenlang. Auch aus alten Inkarnationen, er ist stets an deiner Seite und begleitet dich. Diese Art von Engel steht dir sehr nahe, noch näher als wir es sind, denn er ist so etwas wie dein persönlicher Begleiter. Wie ein Bodyguard, welcher deine Seelenaufgabe überwacht und dich wieder in die richtige Richtung lenkt. Welcher dich von Zeit zu Zeit stark beschützt."

Wirklich ein starker Engel, so ein Schutzengel. Kann man denn immer mit diesem kommunizieren, oder muss ich dafür etwas Besonderes tun?

"Nein, das ist gar nicht nötig. Jeder kann mit uns und seinem Schutzengel kommunizieren durch Worte, Gedanken, Gefühle, Texte oder Lieder. Tu dies wonach dir ist, lass dir freien Lauf. Wenn du dazu Kerzen anzünden möchtest, dann tu das. Wir hören dich immer,

161

wir hören alle Worte und Gedanken. Wir antworten auch auf alles, was uns erreicht."

Wie sieht denn so eine Antwort von euch aus?

"Dies kommt immer darauf an, wie stark eure Herzen geöffnet sind, und wie stark euer Verstand sich noch ablenken lässt. Wir sind immer so laut, wie eure Bereitschaft hinzuhören. Wir sind leise und fein, wie euer Bauchgefühl, mit welchem wir auch gerne kommunizieren. Dies kann je nach Ausprägung eurer Hellsinne sehr stark oder sehr schwach ausfallen. Manchmal machen wir uns über Lieder, Texte, Menschen, Worte, Zahlen, Gegenstände oder Lichter bemerkbar. Es können auch Töne dabei sein. Wir nutzen alles, was uns dabei in den Sinn kommt, deswegen sagen wir immer: Bleibt offen für alles, was euch begegnet."

Manche erhalten eure Zeichen, aber wissen dann nicht, wie sie damit umgehen sollen, oder wie sie das interpretieren sollen?

"Wir senden zu jedem Zeitpunkt nur solche Zeichen, welche ihr auch verstehen könnt. Selbst wenn ihr in den ersten Momenten irritiert seid, so kommt ihr immer und immer wieder auf die Antwort. Ob jetzt oder später, für uns existiert Zeit genauso wenig wie diese im Jenseits. Manchmal dürft ihr euch zur Antwort auf die Suche begeben. Dies ist gewollt, um euch in eure Aufgabe und euer Sein wieder hineinzuführen."

Und wenn es jemand so gar nicht versteht, weil er eventuell blockiert ist, oder noch nicht so weit ist?

"Dies wissen wir. Wir senden dann geeignete Menschen, um diese Botschaften zu verkünden. So wie du es oft genug tust, so tun wir es auch bei anderen."

Danke, dass ich dies immer tun darf. Mich beschäftigt da aber noch etwas: Seid ihr auch im Jenseits, bei den anderen Seelen?

"Auch wenn wir höher schwingende Wesen sind, Lichtwesen, so sind wir doch Eins mit dem Jenseits. Wir begleiten jede Seele, egal wo sie sein mag. Ihr seit ewiglich und euer Licht wird ewiglich andauern, so macht euch keine Gedanken, wie lange ihr noch sein werdet."

Die Frage, welche sich immer viele stellen: Wie viele Engel gibt es denn überhaupt?

"Würdest du Licht zählen können? In wie viele kleine Protonen und Elektronen würdest du es zerlegen, um es dann zu zählen? Könntest du helles Licht überhaupt anfassen und durchzählen können?"

Hm, ich vermute mal nicht. Licht ist meist immer eine gerade Sache, wenn ich es mal so ausdrücken möchte.

"Licht ist eins. Du kannst für jeden Engel eine Nummer heraussuchen, oder ihnen Namen geben, so wie jenen

163

Erzengeln, und auch wenn sie unterschiedliche Themen behandeln und ihre Energien anders sein mögen, stammen wir alle aus demselben Licht: dem Licht Gottes."

Moment, heißt das, Erzengel sind nicht irgendwie "höher, besser oder größer?"

"So denkt ihr Menschenseelen immer in der Dualität. Ihr kennt entweder nur "besser" oder "schlechter." Doch in Wirklichkeit ist keine Energie besser oder schlechter, sie ist nicht höher oder niedriger-sie ist einfach anders. Nicht mehr und nicht weniger. Wir haben auch keine Hierarchien, so wie sich einst das jemand ausgedacht hat. Wir sind ein Licht. Hier gibt es keine Hierarchie. Auch die Erzengel haben ihre Aufgaben, so wie wir."

Jetzt bin ich aber neugierig: Liebe Erzengel, welche Aufgaben habt ihr denn?

(Hier hat sich nun Erzengel Metatron zu Wort gemeldet)

"Oh, das sind ganz viele und ganz unterschiedliche. Ihr nehmt unsere Schwingung meist in Farben wahr. Diese Farben habt ihr uns zugeordnet und nun stehen wir euch genau mit dieser Schwingung immer zur Verfügung. Ihr habt uns auch Namen gegeben, und wir haben sie so angenommen. Es war für euch leichter einer Energie eine Farbe, eine Melodie, einen Klang und einen Namen zuzuordnen, damit ihr euch orientieren könnt. Darüber hinaus habt ihr dann unsere "Aufgaben" wahrgenommen. Erzengel Michael, dessen Namen ihr

164

so gewählt habt, hat für euch eine schützende Funktion. Voller Mut und Stärke. Seine Energie gleicht genau dieser Schwingung und ihr gabt ihm die Farbe Blau, weil ihr diese so wahrnehmen konntet. Erzengel Chamuel nahmt ihr mit viel Liebe und Demut wahr, so erhielt er die Farbe Rosa, für alles Sanfte und Liebliche, für Selbstliebe und Harmonie. Immer wenn ihr in gewissen Bereichen nun Unterstützung benötigt, werden die passenden Schwingungen und Energien aktiviert."

Ich wusste gar nicht, dass es so viele Möglichkeiten gibt, euch wahrzunehmen.

"Du kannst dir sicher sein, dass es nicht nur Farben sind. Manche Seelen und Menschen sind so festgefahren, dass sie stets auf gewisse Zeichen warten, wie Federn, Flügel oder Farben, dass sie gar nicht mehr offen sind für Neues. Wir besitzen keine Flügel, diese habt auch ihr uns wieder gegeben, um uns zu formen, für euch greifbarer zu machen."

Ihr habt keine Flügel?

"Nein, wir haben keine Form. Wir sind auch nicht männlich oder weiblich. Wir sind Licht und Energie. Manche Energien nahmt ihr dominanter wahr, daher wurde aus manchen Engeln ein "Er" und aus anderen eine "Sie." Aber das ist vollkommen in Ordnung, wenn es euch dazu dient, uns besser wahrzunehmen, zeigen wir uns genauso. Wir sind stets bedacht nach euren Wünschen zu handeln."

Seid ihr Erzengel näher an Gott als die "normalen" Engel?

"Wir sind genauso gleich nah an Gott, wie jede andere Seele auch. Wir sind nichts Besseres, nur weil wir Erzengel sind. Unsere Energie mag etwas höher schwingen, und sich dadurch für euch stärker anfühlen, doch in Wirklichkeit sind wir alle gleich und wir kümmern uns um jede Herzensangelegenheit. Du kannst uns immer ansprechen, egal wie groß oder klein dein Problem sein mag. Wir stammen aus der Ur-Quelle, wir sind genauso Schöpfer wie ihr es seid. Ihr habt es nur vergessen, und wir erinnern euch daran."

Sieht die Engel-Welt eigentlich anders aus als die des Jenseits?

"Nein. Sie ist Licht. Vielleicht nehmt ihr hier mehr Farben wahr, weil hier andere Schwingungen herrschen, aber unsere Welten verschmelzen ineinander."

Sehr interessant. Viele denken immer, ihr wärt an einem ganz anderen Ort und somit würden sie euch nicht erreichen oder es würde ihnen gar schwerer fallen. Woher kommt dieser Gedanke?

"Dies haben euch oft Menschen eingeredet, welche es selbst nicht besser wussten. Doch seit ihnen deswegen nicht böse, viele von euch sind mit ihrer Religion groß geworden, und haben selbst nie hinterfragt, was da eigentlich dahintersteckt. Wir werden, genauso wie Gott, als etwas Höheres angesehen. Das wurden wir schon

seit Jahrtausenden von Jahren. Dabei möchten wir euch dienen und helfen und nicht euch strafen oder auf euch herabschauen. Wir sind keinesfalls schwerer zu erreichen. Niemand im Jenseits ist schwer zu erreichen, wir sind alle gleich und tragen unendlich viel Licht in uns."

Ich verstehe. Aber wieso hat man dann ständig das Gefühl, ihr wärt stärker als alle anderen Lichtwesen?

"Ihr Menschen könnt unsere Energie nicht wirklich verarbeiten. Ihr kennt oft nur das Gefühl stärker oder schwächer. Euch fällt es schwer andere Facetten zu erfühlen und daher wirkt unsere Energie anders als die, welche ihr auf Erden kennt. So wie die verstorbenen Seelen, welche bei euch als Mensch inkarniert waren, so haben auch wir unterschiedliche Energien. Wir gelten als hochschwingend, und natürlich sind unsere Energien rein. Aber werdet euch bewusst darüber, dass alle Seelen rein sind. Keine Energie ist schlechter oder besser, sie sind alle nur anders."

Heißt das nun für alle anderen da draußen, dass ihr einfach "anders" seid und keine übermächtigen Wesen?

"So ist es. Ihr seht uns als hoch und sehr weit an, weil ihr euch selbst für sehr klein haltet. Genau dieses Gefühl und Denken möchten wir nicht vermitteln. Wir möchten, dass ihr euch gleichwertig fühlt, denn das seid ihr auch. Ihr seid allesamt hochschwingend und niemand ist höher oder besser als der andere. Auch wenn das für viele

schwer zu verstehen ist, so sind wir keine übermächtigen Wesen. Wir waren es auch nie. Wir wurden so dargestellt, ohne Wissen und ohne Gefühl, doch sind wir eure besten Freunde. Wir würden euch niemals unterwerfen oder wollen, dass ihr euch kleiner fühlt als wir."

Das ergibt für mich durchaus Sinn, ja. Du sagtest weiter oben: "(..) verstorbene Seelen, welche als Menschen inkarniert waren (...)" Wie sieht es aus mit Engel-Seelen, welche inkarniert sind? Ich bin eine von euch.

"Engel-Seelen sind etwas Einzigartiges. Genauso wie andere Seelen, welche auf der Durchreise sind. Sie sind anders, und dadurch nicht besser oder schlechter als andere, selbst wenn du das gerne mal denken darfst. Es tut auch mal gut sich seiner Selbst bewusst zu werden. Das darf alles sein. Doch füttert nicht so oft euer Ego damit. Eure Seele kennt immer ihren eigenen Weg und benötigt kein Ego um sich weiter, besser oder gar höher zu fühlen. Engelseelen kehren genauso in ihre Heimat zurück wie jede andere Seele auch. Hier gibt es keine Ausnahmen. Ihr kehrt dann in unsere Energie zurück, genauso wie verstorbene Seele auch in unsere Welt zurückkehren."

Das heißt, wir sind einfach wie alle anderen? Wieso benötigt dann diese Welt Engelseelen oder andere wichtige Seelen für ihren Aufstieg?

168

"Es gibt gewisse Energien, welche stärker schwingen und mit einer zweifachen-Mission hier auf die Erde inkarnieren. Vergiss nicht, du hast dich selbst einst dazu entschlossen. Du trägst einen strahlend hellen Lichtfunken in dir, welcher dieser Welt helfen kann sich weiterzuentwickeln. Jede Seele hat ihre Aufgabe, und jedes Puzzleteil ist wichtig, um die Mission zu vervollständigen. Wir brauchen jede Seele, egal welcher Art, um eine Mission abzuschließen. Du bist genauso wichtig wie die schlimme Arbeitskollegin oder der betrunkene Ehemann in dieser Welt. Doch zurück zu deiner zweifachen-Mission: Einmal sollst du wachsen, deine Seele möchte auch Erfahrungen machen, und andererseits möchtest du dem Aufstieg der Erde beistehen. Das sind zwei wirklich starke Aufgaben, und diesen Aufgaben können sich meist nur starke, alte Seelen, Engel oder andere Lichtfunken annehmen, welche eine höhere Schwingung besitzen, bereits mehrere Male inkarniert waren und sich dessen voll bewusst sind. Erinnere dich an die aufgestiegenen Meister. Jede Engel-Seele trägt hierzu bei, jede Engel-Seele hat ihre zweifache Mission akzeptiert."

Heißt das nun im Umkehrschluss, dass "menschliche Seelen" eine nicht so große Mission haben?

"Doch, auch sie haben eine große Mission: Sie sollen selbst wachsen und sich weiterentwickeln. Das kann ziemlich fordernd sein. Nur ihr Erden-Engel habt gleich die doppelte Portion an Aufgaben mitbekommen. Manchmal kommt es euch deswegen so vor, als wäre in eurem Leben immer etwas los, ziemlich viel los und ihr

würdet gar nicht zur Ruhe kommen. Einmal macht ihr eure Erfahrungen im menschlichen Dasein, und andererseits helft ihr diesem Planeten. Ihr zieht nicht nur Energien und Situationen an, welche euch entsprechen, sondern auch jene, welche eure Energie unbedingt benötigen und daraus lernen und wachsen möchten. Dies bringt euch manchmal in sehr schwere Situationen, doch wenn ihr gelernt habt, eure Grenzen zu setzen, helft ihrer diesen anderen Menschen und Energien sehr weiter."

Thema "Grenzen setzen." Ich höre immer wieder, gerade von Erden-Engeln, dass sie sich darin sehr schwertun. Warum ist das so?

"Ihr kommt aus einem sehr hellen Licht. Einem Feld, in welchen ihr solche Dinge nicht braucht. Hier werdet ihr akzeptiert und geliebt, wie ihr seid. Ihr müsst hier nichts tun, um geliebt zu werden. Das ist euch auf der Erde aber fremd, hier erfahrt ihr die Dualität, ihr erfahrt alle gegenteiligen Gefühle, und das kann erst einmal Probleme und Schmerz verursachen. Ihr tut euch schwer, weil ihr unendliche Liebe seit und das nicht verstehen könnt, nicht fühlen könnt, warum sich jemand so verhält. Ihr lernt es mit der Zeit und merkt, dass es euch damit besser geht. Dies ist eine Erfahrung, welche ihr unbedingt machen müsst. Als Engel wollt ihr immer helfen, immer euch für andere aufopfern, denn ihr tragt dieses unendliche Licht in euch, doch auf Erden lernt ihr auf euch selbst zu achten. Ihr lernt euch selbst wahrzunehmen und auf euch aufzupassen. Das ist wichtig für eure Seele."

Ganz schön spannendes Thema, diese Engelwelt. Wieso entscheiden sich Engel eigentlich zu inkarnieren? Oder auch andere große Seelen?

"Je nach Zeitepoche sehen wir die Notwendigkeit, um Hilfe zu leisten. Sich auf den Weg der Erde zu begeben ist eine wahrlich mutige Reise und wir schätzen es sehr. Nicht jede Seele ist so mutig und macht diesen Weg, darum sind wir sehr stolz auf unsere Lichtarbeiter auf Erden. Wir können aus der geistigen Welt sehr viel Hilfe leisten, doch es funktioniert oft besser, wenn ein Engel vor Ort ist, und du weißt genau, welchen Effekt das haben kann. Sieh an, wie viele Menschen durch Lichtarbeiter erreicht werden, welche uns vorher nie wahrgenommen hätten. Du siehst also, wie wichtig es ist, dass sich solche Seelen auf den Weg machen."

Heißt das nun, dass jeder Engel eine riesen Aufgabe vor sich hat und leiden muss oder verstehe ich da was falsch?

"Du siehst das ganze aus einer anderen Perspektive als wir: Für Leid entscheidest du dich. Du bist nicht hier um zu leiden, sondern um Erfahrungen zu machen, zu wachsen und um glücklich zu sein. Auch wenn du deine Aufgaben vor dir hast, darfst du ein erfülltest und glückliches Leben führen. Für das Leiden in einer Situation entscheidest du dich jedoch immer selbst. Du kannst Menschen und Situationen jederzeit verlassen und etwas Neues beginnen, du musst nicht leiden, doch ist es immer deine Entscheidung. Ob du deine Aufgabe

171

als riesig ansiehst oder nicht, liegt auch in deiner Hand. Sieh es doch einmal als ein wunderbares Spiel, voller Freude und Wachstum und erkenne hinter jeder Schwierigkeit das Potenzial noch bewusster zu werden."

Woran erkennt man denn jetzt, ob man so eine Engelseele ist? Ich weiß es ja schon seit meiner Kindheit, aber was ist mit all den Menschen da draußen? Sie suchen immer nach Anzeichen, um sich wiederzufinden.

"Das ist verständlich. Jede Seele möchte im Laufe ihres Lebens erkennen, wer sie ist. Sie möchte sich erinnern und dies ist ein wunderschöner Prozess. Dass du es bereits wusstest, liegt einfach daran, dass du es dir hast nie ausreden lassen. Ihr alle kommt mit diesem Wissen zur Welt, doch vergesst ihr es einfach, sobald andere Menschen euch ihre Grenzen aufzwingen und euch in die Gesellschaft drängen. Sich zu erinnern ist ein Prozess. Tief in euch drin spürt ihr eure Seele und ihr wisst es ganz genau, doch habt ihr aufgehört euch zu vertrauen. Als Kind habt ihr nie hinterfragt, ihr wart euch sicher. Heute braucht ihr Anzeichen, um euch wieder zu finden, und wenn dann eines nicht passt, seid ihr frustriert euch doch nicht gefunden zu haben. Ihr braucht keine Anzeichen dafür, wer oder was ihr seid, ihr wisst es doch schon. Hört auf euer Bauchgefühl.

Heißt das nun, du nennst mir hier jetzt keine Anzeichen dafür?

172

"Nein, denn was bringen euch vorgefertigte Anzeichen, von Menschen verfasst? Ich bin hier, um euch und euren Glauben an euch selbst zu stärken und euch in diesem Prozess zu unterstützen und nicht, um euch in eine andere Schiene zu drücken. Erinnert euch und wacht auf."

Du sagst es lieber Metatron. Ich danke dir für deine Worte. Du hast uns sehr viele Einblicke in eure Welt geben können.

Gechannelt von Zemina Schulz

Ein Gespräch mit Gott

Diesen Dialog habe ich mit Gott geführt. Ich finde es wichtig auch ein paar Worte von ihm zu hören. Viele eurer Fragen habe ich mit aufgenommen und freue mich darauf, euch die Antworten hier in meinem Buch überbringen zu dürfen. Aber Achtung: Dieses Gespräch wird dein Bild von Gott immer verändern. Es ist eine magische Reise, voller neuer Erfahrungen, voller neuer Sichtweisen. Bist du bereit?

Hallo Gott, oder wie darf ich dich nennen? Ist -Gott- überhaupt das richtige Wort für dich oder gibt es da noch ein anderes?

"Hallo meine Liebe. Du darfst mich nennen wie du magst. Ich habe so viele Namen, ich könnte mir jeden

Tag einen aussuchen, doch egal welchen Namen man mir gibt, ich weiß stets, dass ich damit gemeint bin."

Das stimmt. Du hast viele Namen. Ich denke, viele möchten hier direkt wissen: Gibt es dich wirklich? Bist du wirklich da?

"Natürlich, oder könntest du gerade diesen wunderbaren Dialog mit jemandem führen, der nicht da ist? Ich bin alles."

Woher weiß ich denn, dass du gerade auch Gott bist und nicht ich selbst?

"Wo wäre da der Unterschied? Du bist meine Schöpfung und ich bin so mit auch du. Du und ich sind gleich. Alle Menschen sind mein Ebenbild. Ihr alle seit Schöpfer. Deine Worte, welche aus dir kommen sind auch meine Worte."

Dem kann ich nur zustimmen. Muss ich jetzt besonders ehrfürchtig vor dir sein? Immerhin bist du unser Herrscher.

"Oh bitte, hör auf mit so einem Quatsch. Ich bin nicht euer Herrscher. Nichts liegt mir ferner als über euch zu herrschen oder euch in irgendeiner Weise zu besitzen. Ich bin nicht das, als was man mich immer darstellt. Ich selbst mag keine Religion. Sie hält euch alle davon ab, euer Potenzial zu nutzen. Jeder kann mich gerne sehen wie er möchte, doch ich möchte einfach einmal dazu

174

sagen, dass man vor mir nicht niederknien oder mich anbeten muss."

Nicht? Es hieß doch, das Gebet sei der wichtigste Teil, um dich zu erreichen. Ich erinnere mich an die Kirche.

"Genau da ist bereits das Problem: Wer hat euch gesagt, dass die Kirche und alle Religionen recht haben? Ihr habt es so übernommen, ohne selbst einmal zu hinterfragen. Wer hier nun einen Gott erwartet hat, der dir jetzt erzählt, du sollst immer Buße tun und jeden Tag fünfmal beten, der hat sich gewaltig geirrt. Ich bin nicht das, wozu mich die Menschen gemacht haben. Ich unterdrücke keine Seelen und ich brauche auch keine Gebete."

Wie erreicht man dich denn dann, wenn nicht über das Gebet?

"So wie ihr sonst einen guten Freund erreicht. Ihr betet eure Freunde auch nicht an und sie antworten auch. Ich bin da nicht anders. Ein Gedanke, eine Bitte oder ein Wort reicht bei mir völlig aus. Ich kenne alle eure Wünsche, auch deine, ich brauche keine langen Texte oder Rituale und schon gar nicht ein Buch."

Mit dem Buch meinst du jetzt die Bibel und andere heilige Schriften?

"Ja. Ich brauche all das nicht, denn ich bin immer hier. Ich benötige keine Utensilien, um wahrhaftig zu sein und schon gar keine Anhänger oder -Jünger-."

175

Du bist ja ganz anders, als die meisten Menschen dich kennengelernt haben.

"Haben sie mich denn jemals wirklich kennengelernt oder sind sie einem Bild der Religionen gefolgt? Einem Bild, welches Menschen von mir erschaffen haben?"

Welches Bild haben die Menschen denn von dir erschaffen?

"Sieh dich um: Wie oft heißt es, ich würde Sünden bestrafen? Wie oft heißt es, ich wäre gegen diese oder jene Sache und würde bestrafen? Und wehe du machst noch einmal etwas Schlechtes, dann trifft dich mein Zorn? Aus mir wurde ein rachsüchtiger Gott gemacht, welcher jeden bestraft und zur Rechenschaft zieht, der nicht in meinem Willen handelt. Das bin doch nicht ich."

Das mit den Sünden habe ich auch nie verstanden. Was meinst du mit Sünden? Und was machst du mit den Seelen, die Böses getan haben? Die Menschen erwarten eine Strafe.

"Und genau da fängt das Problem schon an. Wer hat bestimmt, was Sünde ist und was nicht? Ich habe euch die Möglichkeit gegeben euch fortzupflanzen, doch ihr macht eine Sünde daraus. Ihr macht aus allem eine Sünde, weil es euch gerade so gepasst hat. Wieso sollte ich das Wunder des Lebens erschaffen und es euch dann als Sünde unterstellen? Wieso sollte ich euch zu solchen Dingen zwingen und euch dadurch unterdrücken? Das entspricht mir nicht. Ihr wisst, dass

ihr alle selbst Schöpfer seid und ein Teil von mir. Ihr würdet euch doch auch nicht selbst unterdrücken? Ich strafe auch nicht. Stelle dir vor, du hättest zwei Kinder und eines davon tut etwas nicht so Gutes, würdest du es dann verdammen bis in alle Ewigkeit oder würdest du dein Kind immer noch lieben? Du würdest es wahrscheinlich immer noch lieben und ihm verzeihen, weil du genau weißt, dass dieses Kind im Inneren eine wunderschöne Seele ist. Nein, ich verdamme und bestrafe keine Seelen, auch wenn das viele gerne glauben mögen."

Heißt das nun, dass alle, die Böses tun, dies einfach tun können, ohne dass ihnen etwas passiert? Ohne eine Strafe von dir?

"Wer legt denn fest, was Böse ist und was nicht? Wenn du im Urwald aufwächst und dort das Töten normal ist, ist es nichts Böses mehr. Bist du in westlichen Ländern oder Europa aufgewachsen, ist es plötzlich nicht mehr gut. Es kommt also darauf an, wo du geboren wurdest und wo du lebst. Die Rahmenbedingungen, welche Menschen erschaffen haben. Seelen bleiben Seelen und sie bleiben Licht. Sie werden von mir nicht verdammt."

Das ist hart. Wirklich hart von dir zu hören. Was ist mit all den Mördern, oder den ganzen Kinderschändern? Tut mir leid, dass ich hier so direkt sein muss. Das kann doch nicht gut sein.

"Ich weiß, was du damit sagen willst: In deinen Augen sind das wirkliche Gräueltaten, und ich möchte das natürlich nicht abstreiten oder dir gar absprechen. Ich sehe, was mit meinen Kindern auf der Erde passiert und ich bin mir dessen bewusst, doch verstehe, dass die Seele, der Lichtfunken an sich nicht böse ist. Die Seele hat sich diese Erfahrung ausgesucht, beide Seiten. So schlimm es klingen mag: Doch in meinem Reich ist Licht. Das Böse habt ihr erfunden. Auch diese Seelen werden nicht von mir verdammt. Der Kern bleibt immer gleich und sobald eine Seele zurück zu mir kehrt, weiß sie um ihre Erfahrungen bescheid."

**Ich denke, das wird einigen hier nicht gefallen.
Für mich ist das selbst sehr schwer zu verstehen.**

"Das verstehe ich, euer Denken ist nun mal menschlich. Ihr straft selbst, in dem ihr Gefängnisse gebaut und selbst Strafen eingeführt habt. Ihr habt es selbst bereits getan. Die Seele ist und bleibt mein göttlicher Funke, egal was sie tut."

Aber wenn sie doch so göttlich ist, wieso tut sie dann so etwas? Ist das dann Satan?

"Auch das habt ihr wunderbar erfunden. Das Böse, eure Dualität brauchte einen Namen, also nanntet ihr ihn Satan und Luzifer. Ich darf dir auch hier sagen, dass dies nicht existiert. Ihr habt einfach ein Gegenteil gebraucht, um dies für euch fassen zu können. Ihr könnt damit nicht leben, dass ich, euer Gott, diese Seelen nicht straft und diese Seelen nur ihre Erfahrungen

178

machen. Dies werden viele auch nie verstehen
WOLLEN. Es ist einfach zu schmerzhaft einzusehen,
dass es nichts Böses gibt und dass ihr selbst dafür
verantwortlich seid."

**Doch, ich denke schon, dass ich das verstehe. Aber
wenn du doch allmächtig bist, wieso reagierst du
dann nicht und beschützt deine Kinder?**

*"Ich reagiere immer, auf alles was du tust. Auf alles was
ihr tut. Jedoch darf auch ich in eure Erfahrungen nicht
eingreifen. Wenn du dir ausgesucht hast diesen Weg zu
gehen, werde ich dir beistehen, aber dich nicht
aufhalten, sonst bräuchtest du nicht inkarnieren und
könntest direkt in meiner Welt verweilen."*

**Das heißt, du könntest es, aber machst es nicht, weil
wir es so gewollt haben?**

*"So ist es. Ihr alle braucht nicht auf mich warten und
hoffen, dass alles besser wird. Ihr könnt es selbst
leisten. Der Hunger auf der Welt ist nicht entstanden,
weil ich euch zu wenig Obst, Gemüse, Bäume oder
Bauern geliefert habe, sondern weil ihr das
Ungleichgewicht selbst hergestellt habt. Wenn jeder
Mensch von euch einen Euro an ein Land spenden
würde, alle Menschen dieser Erde, dann würde das
Land vor Reichtum überquellen. Ihr tut es aber nicht,
sondern gebt mir die Schuld und schiebt die
Verantwortung auf mich ab. Dies scheint euch leichter
zu fallen, als selbst zu handeln."*

Da hast du recht mit dem was du sagst. Die Menschen schieben dir also den-Schwarzen Peter zu?

"Das tun sie immer. Wenn der Job nicht läuft, werde ich verflucht, wenn die Beziehung kaputtgeht, heißt es: Warum tust du mir das an lieber Gott? Dabei tue ich euch nichts an. Ich erfahre mich durch euch. Euer Schmerz ist auch mein Schmerz, meine Erfahrung. Wieso sollte ich euch immer etwas tun? Ich helfe und unterstütze euch, aber niemals würde ich euch etwas antun.-"

Wieso gibt man dir ständig die Schuld an allem? Unter anderem die Kriege und alles, was nicht so rund läuft?

"Ich sagte ja bereits: Weil es einfacher ist die Verantwortung an jemanden abzuschieben, statt sich selbst Gedanken zu machen, was man hätte ändern können. Dazu ist auch eine Art Reflektion notwendig und gehört mitunter zum Wachstum der Seele. Es ist einfacher mich zu verdammen als sich seiner Selbst bewusst zu werden und etwas zu ändern. Wenn es wieder gut läuft werde ich gelobt, weil ich das alles ja gemacht habe. Dabei vergessen alle, dass sie selbst Schöpfer dieses Lebens sind.

Das heißt nun im Umkehrschluss, dass wir alles ändern könnten?

"So ist es. Ihr habt die Möglichkeiten. Es sind genug Menschen auf diesem Planeten um die Dinge endlich in

180

die Hand zu nehmen, stattdessen seid ihr mit Gier und Hass beschäftigt. Ihr habt euch von der Liebe in euerem Herzen abgewendet und seit eurer Angst gefolgt. Natürlich nicht alle Menschen, jedoch einige. Die Angst nicht genug zu haben, die Angst nicht gesehen zu werden. Viele von euch glauben nicht einmal mehr an mich, weil sie nur die Religionen sehen und davon abgeschreckt sind - was auch mehr als verständlich ist- ich bin NICHT die Religion."

Aber was bist du dann, wenn du nicht die Religion bist?

"Ich bin alles. Ich bin eben AllesWasIst. So könnte man mich auch nennen. Du hattest mich bereits gefragt welche Namen ich trage. Ich kann auch der Baum sein, dein Kind und die liebe Katze. Einfach alles. Ich bin Nichts und trotzdem Alles. Im stillen Raum bin ich genauso zu finden, wie im Verkehrslärm der Straße."

Wenn du alles bist, dann bist du doch auch die Religion, die Bibel und der Mörder?

"In der Religion bin ich eine Darstellung, eine Überlieferung, wie mich jemand einst gerne gesehen hätte und gemocht hätte. In der Bibel bin ich eine Geschichte, ein Bild, welches auch überliefert wurde. Ich bin das, wozu du mich machst. Wenn du einen Mörder als negativ ansiehst, dann werde ich für dich negativ sein."

Ich kann dir also eine Rolle geben und dann bist du das für mich?

"Das tut ihr alle schon seit Anbeginn der Zeit. Ich erinnere dich: Der Strafende, der Rachsüchtige, der Nicht-Existierende, oh, ich habe so viele Rollen schon gehabt. Doch in Wirklichkeit bin ich du. Für dich bin ein sehr guter Freund und genauso möchte ich auch sein. Ich bin das Leben."

Wieso tun sich so viele Leute schwer an dich zu glauben, oder überhaupt an das ganze Universum?

"Alles Unbekannte macht einem erst einmal Angst. Bedenke: Sie müssten durch diese Erkenntnis zugeben, dass sie selbst Schöpfer sind und somit verantwortlich für ihr Tun. Wenn man die Verantwortung abschieben kann, an jemanden, welcher im Himmel sitzt, ist dies die bessere Möglichkeit als selbst etwas für sich zu tun. Scheint für viele recht einfach zu sein und natürlich ist es auch der Weg der Seele. Ihr findet meist erst zu mir, wenn euer Leben auseinander zu brechen scheint."

Du drückst dich wirklich sehr hart aus, aber ich verstehe, was du damit sagen willst. Wir können alles selbst erschaffen und regeln, würden wir uns dessen nur bewusstwerden.

"Nicht nur darüber Wissen, sondern sich dessen bewusst sein. Dies ist oft ein sehr großer Unterschied. Viele Wissen eine Menge, aber leben es nicht. Was

182

bringt dir dein Wissen, wenn du es in dein Leben nicht integrieren kannst oder willst?"

Du hast wieder mal recht. Weißt du, was mich auch interessiert: Wieso schnippst du nicht einfach mit den "Fingern" (falls du welche hast) und beendest einfach all dieses Hin und Her auf dieser Welt?

"Und deine Inkarnation und die der anderen? Was ist dann damit? All diese Missionen und diese wunderbaren Seelen wären dann wieder in ihrer Heimat..."

Entschuldige, dass ich dich unterbreche, aber eine Welt voller Liebe wäre doch viel besser, oder nicht?

"... und deswegen seid ihr auf der Erde. Es muss erst erfahren werden, wo Schatten ist, da ist auch Licht und um diesen Schatten aufzulösen, müsst ihr durch den Schatten gegangen sein. Das Licht befindet sich direkt in euren Herzen, es ist mein Funke und ihr könnt ihn bis in alle Ewigkeit tragen."

Ich meinte damit: Wieso machst du nicht gleich eine Welt, in der alle glücklich sind?

"Dies habe ich getan. Doch ich achte euren freien Willen und wenn ihr euch für etwas anderes entscheidet, ist dies eure Geschichte. Du erinnerst dich wieder: Ihr seid alle Schöpfer, übernehmt selbst die Verantwortung für euer Tun und Handeln und schiebt es nicht auf mich ab."

Das liegt wahrscheinlich daran, dass dich alle als allmächtig ansehen und sich somit denken: Woran soll ich hier eigentlich arbeiten?

"So ist es. Sie könnten aber auch anerkennen, dass sie selbst allmächtig sind. An sich selbst zu glauben bedeutet automatisch an mich zu glauben. Viele haben negative Erfahrungen mit der Religion und der Kirche gemacht. Sie haben ein völlig falsches Bild von mir, was den Menschen geschuldet ist, welche über mich so einen Mist erzählen. Da fällt es leichter nicht an mich zu glauben, und das verstehe ich. Doch es bleiben immer meine Kinder, egal was geschehen mag."

Ich muss mich auch erst einmal daran gewöhnen, dass du wie ein guter Freund bist. Natürlich hat man uns als Kind schon früh ein anderes Bild eingeprägt. Schwierige Thematik, da dich auch jeder anders erfährt.

"Mich zu erfahren ist gar nicht schwer. Wie ich schon sagte, muss man mich dafür nicht anbeten oder riesen Rituale abhalten. Das brauche ich alles nicht, ich höre dich auch so und vernehme jeden deiner Gedanken. Du gehst deinen Weg und ich begleite dich dabei. Ich sagte bereits, dass ich nicht weit entfernt bin. Keiner im Universum ist das."

Da fällt mir direkt die nächste Frage ein. Universum. Bist du nun eine extra Instanz im Universum oder das Universum selbst?

184

"Was denkst du, was ich bin?"

Nun, für mich bist du Innen wie Außen und daher auch das Universum und alles, was darin erschaffen wurde.

"Jetzt hast du es verstanden. Viele blicken zu den Sternen, wenn sie das Universum erforschen möchten. Sie finden neue Dinge und wissen nicht, dass das Universum nicht erforschbar ist. Sie könnten es jedoch viel leichter haben, indem sie sich selbst erforschen würden. Mich zu finden ist gar nicht schwer, man muss nur in sich selbst suchen um sich selbst zu finden. Und dort warte dann auch ich. Das Universum zu erforschen bedeutet auch sich selbst zu erforschen."

Die Sterne und Galaxien finde ich aber nicht in mir, sondern da oben, siehe Venus, Mars und Co.

"Diese ganzen Galaxien findest du auch in dir, in deiner Seele. Doch ich glaube das übersteigt hier gänzlich das menschliche Vorstellungsvermögen. (lacht)

Ja, das tut es tatsächlich. Wenn dich Menschen nun nach "Beweisen" fragen und sagen: "Zeig dich jetzt und hier", wieso tust du es dann nicht?

"Würdest du es dann glauben?"

Ja, natürlich.

"Und die anderen? Würden die dir das glauben?"

185

Ich vermute mal, nein?

"So ist es."

Ich könnte es doch filmen, dann würden mir alle glauben und somit alle an dich.

"Selbst wenn du mich filmen würdest, würden andere behaupten sie hätten mich anders gesehen, oder wahrgenommen. Wer hat dann recht zum Schluss? Du oder die anderen? Wem würde das helfen?"

Dann zeige dich eben jedem Menschen einzeln.

"Das tue ich doch seit je her. Ich bin überall zu finden."

Ich meine so zeigen, dass man dich als Wunder wahrnimmt.

"Ist eine Geburt kein Wunder? Bist du als Mensch kein Wunder? Die Natur und alles, was dort zu finden ist, ist ein Wunder. Dass du gerade diese Zeilen schreibst, ist ein Wunder. Die Liebe und deine Gefühle sind ein Wunder. Du findest über all das Wunder und daher auch mich. Du kannst eine Geburt mit den Augen sehen, du kannst Heilung erfahren und dies auch spüren. Welche Beweise brauchst du denn noch? Auf welches Wunder wartest du?"

Manche erwarten einen Geldsegen oder eine spontane Heilung oder dich direkt vor ihnen.

"Das sind die Erwartungen, welche die Menschen an eine Kraft, an einen Gott, an mich haben, welchen ihrem Ego entspringt. Ich BIN bereits da. Es fehlt nur an der Bereitschaft hinzusehen und die Bereitschaft sich zu öffnen und sich auf andere Ebenen begeben. Das Ego nicht mehr zu füttern, sondern sich freizumachen."

Was ist deiner Ansicht nach das Ego? Viele nehmen es mittlerweile als "schädlich und schlecht" wahr.

"Oh, ich sehe das Ego nicht als schlecht an. Es ist ja auch meine Schöpfung. Es bringt dich durch diese Dualität, es lässt dich auch glückliche Zeiten erleben. Ego bedeutet nicht etwas Schlechtes. Es ist vielmehr dein Verstand, welcher dich durch alle Instanzen dieser Welt trägt. Ohne ihn könntest du nicht essen, schwimmen gehen oder dich mit anderen unterhalten. Du siehst also: Du brauchst ihn. Für mich ist Ego ein Teil deiner Entwicklung und deiner Erkenntnis. Dein Weg zu mir."

Wenn wir jetzt also zu dir finden wollen, müssen wir das Ego komplett ablegen?

"Nein, das musst du nicht. Da ich ja bereits BIN, bin ich auch mit deinem Ego vollkommen. Du selbst bist vollkommen. Und wenn du dich erinnerst: Ein Ego zu haben ist durchaus gesund. Du kümmerst dich um dich selbst in Form von „Selbstliebe-", weil du mich liebst."

187

Interessanter Ansatz. Wenn wir aber doch vollkommen sind, wieso müssen wir hier dann "wachsen?"

"Ich möchte mich erfahren. Durch deine Reise auf die Erde, oder gar andere Planeten sammle ich Erfahrungen und du selbst kannst daraus auch sehr viel lernen. Deine Seele selbst ist vollkommen, sie braucht nichts zu tun als SEIN. Wenn du das erkannt hast, sind deine Erfahrungen wirklich wunderbare Werkzeuge in deinem Leben und du brauchst vor nichts mehr Angst zu haben. Sich zu erinnern ist ein wichtiger Teil."

Das heißt, ich bin vollkommen, aber darf wachsen? Schließt sich das nicht aus?

"Ganz und gar nicht. Du kannst vollkommen wachsen und dich auf neue Reisen begeben."

Das verstehe ich jetzt nicht.

"Ich erkläre es dir anhand eines Beispiels: Du kannst wunderbar Ski-springen. Du bist Weltmeister und hast alles erreicht, was du erreichen möchtest. Du bist vollkommen gut in dem, was du tust. Doch trotzdem gibt es da draußen so viele Dinge zu erfahren, welche du gerne erforschen wollen würdest. Nicht, weil du es nicht kannst, sondern weil es dich einfach interessiert. Deine Neugierde treibt dich an. Dann überlegst du dir, neben deinem Ski-springen auch auf eine Rampe aufzuspringen und eine neue Richtung auszuprobieren. Du wächst über dich hinaus und gehst deiner Neugierde

nach. Diese Neugierde hilft dir, dich immer weiter voranzutasten."

Hm. Das heißt, auch wenn ich vollkommen bin, will ich dauernd Neues entdecken?

"Natürlich. Du bist vollkommene Liebe, Einheit, Zauber, Magie, alles. Doch auch wenn du alles bist, kannst du vieles neu entdecken. Es ist -sich selbst erfahren.-

Wow. Ich glaube, das wird schwer für unseren Verstand zu verstehen.

"Deswegen sage ich immer und immer wieder: Sich dessen bewusst werden, statt zu verstehen."

Was machst du eigentlich mit den Menschen, welche nicht an dich glauben?

"Was soll ich deiner Meinung nach mit ihnen tun?"

Ich weiß es nicht. Sie überzeugen vielleicht?

"Du vergisst immer wieder, dass sie alle einen freien Willen haben. Ich bin nicht hier, um mich zu beweisen oder mich zu zeigen, denn ich zeige mich überall. Ich BIN überall. Wer seine Augen nicht öffnen möchte, um zu sehen darf sie gerne geschlossen halten. Ich bin trotzdem da. Selbst wenn es regnet, bist du dir sicher, dass die Sonne existiert, auch wenn du sie gerade nicht sehen kannst."

Verzeih meine Antwort, aber ... die Existenz der Sonne wurde ja auch bewiesen. Man kann sie sehen und theoretisch besuchen, aber da eignet sich eher der Mond dazu.

"Ihr braucht immer zu allem ein Beweis. Es ist durch euren Verstand gesteuert worden. Nur das, was ihr seht, gilt für euch als real. Dieses Gespräch hier wird auch "gesehen", aber es werden dennoch eine Menge Menschen dies nicht als Beweis ansehen. Dabei sieht man doch, dass ich da bin. Die Sonne habe auch ich erschaffen. Ich bin für jeden anders und daher wird es keinen Beweis geben, welchen ihr so dringend erwartet. Verabschiedet euch von euren Vorstellungen, welche euch so klein halten und öffnet euch für andere Möglichkeiten."

Und dann kann man dich sehen oder erfahren?

"Erfährst du mich gerade hier durch unser Gespräch? Erfahren mich andere, wenn sie gesund aufstehen? Glücklich sind oder Halt bei mir finden?"

Sie finden dich wahrscheinlich super klasse, wenn alles gut läuft in ihrem Leben.

"Ich halte das aus. Auch, wenn man sauer auf mich ist."

Hast du wirklich alles so erschaffen, wie es heute ist? Wolltest du das so, oder hättest du es gerne anders gehabt?

"Ich stecke im Detail jeden Tieres, jeden Menschen und jedem Atom. Schaue dir einmal die Atome und Moleküle an. Wenn du ein großes Mikroskop hättest und sie bis in das kleinste Detail erforschen könntest, würde dir auffallen, dass die Atome im inneren leer sind. Dort bin ich auch. Im Raum und im Nichts. Atome sind nur verdichtete Materie, welche langsamer schwingt, damit ihr sie auf dieser Welt erfahren könnt. Hochschwingende Energien sind ebenso erfahrbar: So wie du sie gerade erfährst. Ich habe alles so erschaffen, wie es sein sollte."

Frei nach dem Motto: Gott würfelt nicht?

"Wie du es immer so schön beschreibst: Es gibt keine Zufälle. Ich lasse dir etwas zu fallen, was für dich nun fällig war. Es hat alles seine Ordnung. Ich denke nicht, dass im Universum Chaos herrscht."

In mir herrscht manchmal Chaos und in vielen anderen auch. Erlaubst du mir die Frage: Was ist der Unterschied zwischen Psyche und Seele?

"Jedes Chaos hat seine ganz eigene Ordnung. Es ordnet sich nur anders an und du kommst erst einmal durcheinander, weil die Dinge in umgekehrter Reihenfolge ablaufen, wie du sie gewohnt bist. Dann entsteht für dich "Chaos." Doch in Wirklichkeit ist es eine eigene Ordnung. Du magst wissen, was der Unterschied zwischen Psyche und Seele ist? Frage dich einmal kurz: Wenn du weinst, was weint da in dir?"

Gute Frage. Ich weine dann, weil ich traurig bin, dass zum Beispiel mir jemand weh getan oder mich verlassen hat.

"Weint dann gerade deine Seele, welche weiß, dass sie verbunden ist und absolut keine Angst haben muss, oder weint dann dein Ego, dein Verstand, deine Psyche?"

Die Seele weint dann gar nicht?

"Nein. Deine Seele kennt bereits alle Informationen und ihren Weg. Sie ist Licht, sie ist Liebe, ich bin sie und sie ist ich. Wieso sollte sie weinen? Sie weiß doch, dass sie verbunden ist. Sie trauert auch nicht, sie ist das Licht in deinem Inneren, welches unaufhörlich leuchtet, egal was dir geschehen mag."

Die Menschen sagen immer: Meine Seele ist kaputt. Meine Seele weint oder ist krank.

"Weil sie Ego, Verstand, Geist und die Seele gleichsetzen, ohne zu wissen, wer oder was die Seele wirklich ist. Die Seele kann nicht krank werden. Sie ist EINS mit mir, mit dem Universum. An die Seele selbst kann nichts herantreten."

Wie ist das dann mit all den psychischen Erkrankungen? Und ich möchte diese nicht kleinreden, denn viele trifft es wirklich nicht gut.

"Jede Erkrankung manifestiert sich durch das eigene Zutun. Dazu müsste man dann wieder einsehen, dass man selbst verantwortlich ist."

Ich kann doch jemandem mit einer Angststörung oder Depression nicht sagen: Du bist selbst schuld. Den Menschen sind wahrscheinlich schlimme Dinge, Traumata passiert.

"Selbstverständlich sind ihnen in ihrer Welt Erfahrungen zuteilgeworden, welche für sie nicht zu den schönen Seiten zählen würden. Und natürlich sollst du diesen Menschen helfen, indem du sie an ihre Kraft und ihr inneres Leuchten erinnerst. Jeder sollte sich selbst ernst nehmen, sowie auch den anderen. Doch bedenke: Es ist nicht die Seele welche krank ist. Ich frage dich einfach mal: Wieso erleben manche Menschen genauso schlimme Dinge in ihrem Leben und sind aber dennoch gesund? Erfreuen sich und strahlen und gehen gestärkt aus den Situationen hervor?"

Ich weiß es nicht. Vielleicht haben sie ein besseres Umfeld oder andere Hilfen?

"Nein, nicht immer. Erinnere dich an dich selbst. Erinnere dich an all jene, denen du bereits geholfen hast. Der Grund ist ein anderer: Manche Menschen entscheiden sich einfach dafür, nicht zu leiden. Es ist eine Entscheidungsfrage. Du hast dich dazu entschieden nicht zu leiden und das hast du gut gemacht. So tun es viele andere auch. Zudem sind Erkrankungen immer ein Hinweis der Seele und des

Universums, einen anderen Weg einzuschlagen. Man kann alles als Chance sehen oder als mein böses Mitwirken abstempeln."

Das wird aber ziemlich viel Unmut hier auslösen, vor allem auch bei mir. Ich weiß, wie schwer einem die Dinge fallen können, gerade in solchen Zeiten.

"Ich habe nicht gesagt, dass alles leicht ist. In keiner Zeile habe ich erwähnt, dass dies ein leichtes Unterfangen ist. Doch wenn ich dir sage, dass du einiges tun kannst um da wieder rauszukommen, dann gibt es dir einiges an Macht zurück. Du bist verantwortlich für dich. Ich sende dir immer die Hilfe, welche du benötigst."

Lass uns doch einmal kurz das Thema wechseln: Wie siehst du die Menschen? Bist du manchmal enttäuscht?

"Sie sind meine Kinder und meine Schöpfung. Ich sehe sie stets wohlwollend an. Ich kann von meinen eigenen Kindern nicht enttäuscht sein, denn ich habe sie erschaffen. Sie sind Licht und von mir stets geliebt."

Auch, wenn sie nicht an dich glauben?

"Auch dann. Ich glaube an dich und an all die anderen wunderbaren Seelen. Tief in eurer Seele wisst ihr, dass meine Energie und mein SEIN stets in euch und bei euch ist. Ihr wisst es bereits alle."

Könntest du dich für einen Menschen, der noch nie mit dir in Kontakt war, so erklären, dass er dich auch versteht und wieder erkennt?

"Eis, Wasser und Wasserdampf sind drei unterschiedliche Zustände, jedoch immer die ein und selbe Sache: Nämlich Wasser. Ich bin der Wasserdampf. Nicht immer sichtbar und dennoch sowohl in Eis als auch in Wasser enthalten. Ich kann zu Wasser aber auch zu Eis werden, sowie das Wasser zu mir aber auch zu Eis werden kann. Ich verändere meine Form und kann überall sein. Ich bin so wie du mich brauchst"

Viele Menschen erwarten eine Offenbarung von dir. Irgendein Zeichen, Worte oder Ähnliches.

"Ich bin ein Gefühl. Dann werde ich zur Erfahrung und zur Lektion. Und dann, aber auch nur dann, wenn ihr mich gar nicht verstehen wollt oder könnt, nutze ich Worte als Kommunikationsmittel. Diese sind aber wirklich die letzte Wahl."

Oh. Das bedeutet alles, was ich hier aufschreibe, ist also die letzte Wahl deines Kommunikationsmittels?

"Du wolltest, dass ich etwas dazu sage und auf deine Fragen eingehe. Dies hätte ich auch über ein Gefühl machen können, aber es ist nun mal schwer für euch Menschen dies dann in einer festen Form (sprich Materie) zu manifestieren. Du hast es nun getan und nun werden mich sehr viel mehr Menschen verstehen."

195

Ich danke dir für dieses Gespräch. Ich hätte noch viel mehr Fragen an dich, aber das würde den Rahmen sprengen. Möchtest du noch etwas sagen, von deiner Seite aus?

"Mich hat es ebenfalls sehr gefreut."

Noch ein paar Worte von Gott an dich:

"Ja, mich magst du nicht so sehen können, wie du deine Eltern siehst, deinen geliebten Mann oder dein Haustier. Mich magst du nicht so sehen können, wie dich selbst im Spiegel oder deinen Kontostand. Aber in all diesen großen und kleinen Dingen wirst du mich finden. Du siehst mich, wenn du morgens aufstehst, denn ich scheine dir bereits in dein Gesicht. Manchmal bin ich auch nass, dann benötigst du einen Regenschirm. Wenn ich ganz klein bin und lächle, findest du mich süß, denn ich fungiere als das Wunder der Geburt. Wenn du Liebe in dir verspürst und die Welt umarmen könntest, dann fühlst du mich. Auch das leckere Mittagessen, welches du zu dir nimmst, stammt aus Mutter Natur, welche ich erschaffen habe. Ich bin dein Bett, dein Stuhl, dein Kissen, ich bin du und du bist ich und in jeder Materie steckt mein Funken. Auch in deiner unliebsamen Kollegin, welcher du nichts abgewinnen kannst, doch durch meine Augen betrachtet sind es alles wunderschöne Lichtfunken sowie du auch. Vielleicht schiebst du gerne die Schuld auf mich, wenn es in deinem Leben wieder einmal nicht rund laufen mag, und wisse: Es ist in Ordnung. Ich nehme dir dein Leid und deine Schuld gerne ab. Ich höre dir zu und bin für dich

da, wenn du mich lässt. Verbiege dich dafür nicht allzu viel, sondern lasse mich dir helfen so, wie es für dich richtig erscheint. Richte deine Gedanken an mich und öffne dein Herz. Ich bin nicht weit von dir entfernt, denn du erlebst mich täglich aufs Neue. Wenn du ein Wunder suchst, dann wisse, dass du selbst bereits ein vollkommenes Wunder bist. Du bist meine Schöpfung und damit alles, was diese Welt je gebraucht hat. Du musst nicht immer etwas TUN oder MACHEN. Einfach da SEIN reicht vollkommen aus. Du bist von mir immer geliebt, egal in welchem Zustand du dich befinden magst, egal was du tust. Ich bin die Kraft, die Liebe und das Licht, welches alles durchdringt und dich atmen lässt. Alles läuft perfekt so wie es ist, darum vertraue mir und begebe dich auf meinen Weg. Ich liebe dich."

Gechannelt von Zemina Schulz

Hier überbringe ich euch eine Botschaft von meinem kosmischen "Vater" Sanat Kumara. Ich selbst stamme aus seinem Lichtfunken.

"Geliebte Erden-Menschen,

dieser Planet befindet sich im Aufstieg und einige Umbrüche sind geschehen. Der weißen Bruderschaft ist sehr wohl bewusst, wie schwer diese Zeit für euch Menschen sein mag, doch sind wir gewillt, euch zu unterstützen. Wir senden immer mehr Helfer und Lichtarbeiter zur Erde, um euch in diesem Prozess zu unterstützen. Nicht alles wird auf den ersten Blick hin

197

Sinn ergeben und nicht alle Vorhaben werden zunächst positiv gelingen, doch lasst euch dadurch nicht aufhalten. Ihr alle tragt ein einzigartiges Licht in euch, welches wir zum Erstrahlen bringen werden. Ihr dürft aufwachen, euch annehmen wie ihr seid und euch von den Ängsten dieser Welt lösen. Ängste halten euch klein, rauben euch die Kraft, dies geschieht nur, weil ihr euch nicht erinnern könnt, wer ihr wirklich seid. Sobald ihr eure Herzen öffnet und tief in eurem Sein eintaucht, so wird euch schnell bewusst, dass dort nichts ist, wovor ihr Angst haben müsstet. Ich bin der Anführer, der Hüter des Lichtes, meine Aufgabe besteht unter anderem darin, euren Selbstwert zu stärken und euch in eure Selbstfürsorge zu bringen. Ich bin der Erdenbeauftragte und ich sende euch die nötigen Ressourcen zu. Ich aktiviere euer Licht und ich bitte euch alle eurer inneren Führung zu vertrauen. Es mag sein, dass euer Verstand noch zu stark ausgeprägt ist. Dies liegt am weltlichen Geschehen: Zu viele soziale Medien scheinen euch stark zu beeinflussen, doch wenn ihr euren Blick wieder auf eure Wurzeln richtet, werdet ihr das große Ganze erkennen. Ich spreche zu euch als das ewige Licht Gottes. Ich spreche zu euch als aufgestiegener Meister und als Gottheit selbst. Ich spreche zu euch aus Wohlwollen und bedingungsloser Liebe. Ich spreche zu euch als kosmisches Wesen des Universums. Dieser Planet steht vor einem wunderbaren Aufstieg, ihr spürt es bereits selbst. Lasst all dieses Licht in eure Seelen einfließen, spürt unsere Anwesenheit, denn wir sind direkt in eurem Sonnensystem. Auch du bist Teil dieser Erde und auch wenn dir das noch nicht so bewusst ist, so hast auch du deinen Auftrag hier mit in diese Inkarnation gebracht. So viele verschiedene Seelen arbeiten an ihrem Auftrag dieser Erde. Spüre die Energien der neuen Zeit und lasset euch alle nicht verunsichern. Geht tief in euer Vertrauen, vertraut auf euer Gefühl und lasst euch nicht in Ketten legen. Befreit euch von allem, was euch das weltliche Geschehen gelehrt hat. Orientiert euch neu, hebt eure Blicke und lasset euch von uns führen. Wir, alle Lichtseelen dieses Universums sind bereit, euch zu helfen. Empfangt unsere Liebe, unsere Stärke und unser Sein. Erwartet unsere Ankunft mit Liebe und Neugierde. Lasst uns in eure Herzen und in eure Aura einfließen. Seht euer Wachstum und euren Besuch hier auf Erden nicht als Strafe an, einst habt ihr selbst euren Weg gewählt. Einst habt ihr selbst darum gekämpft diesem Planeten helfen zu dürfen. Seit stolz auf euren Weg, auf all das, was ihr bereits geleistet habt. Ich, als das ewige Licht Gottes, werde euch auch in ferner Zukunft alles zukommen lassen, was ihr benötigt. Hört niemals auf zu glauben.

Behaltet eure Liebe tief im Herzen und wacht auf. Öffnet nicht nur eure Augen, sondern auch eure ganze Seele. Öffnet euch für all die neuen Wege, für all das neue Sein, ein Teil dieser Mission zu sein. Ihr alle seid nicht getrennt voneinander. Ihr alle seid verbunden, auch mit uns und durch uns. Ich bin hier, um euch mitzuteilen, dass es nun Zeit wird aufzustehen. Hört meine Stimme und spürt meine kosmische Lichtenergie. Dies ist ein Aufruf an alle Licht-Seelen dieser Erde, aufzuwachen und ihren Weg zu gehen. Nichts hält euch auf. Seit bereit für ein neues Zeitalter und freut euch auf diese neue Welt. Dies ist die Lichtaktivierung für euer Sein, für eure Liebe und alle Seelen, welche noch mit uns ziehen möchten. Steht auf und zeigt der Welt euer Gesicht, seit mutig und voller Leichtigkeit. "

Eine Botschaft von Sanat Kumara, dem Anführer der Hüter des Lichtes.

Gechannelt von Zemina Schulz, Erdenbeauftragte

Starseeds

Ein weiteres spannendes Thema sind die sogenannten "Starseeds." Sie werden als Sternensamen bezeichnet. Ich sage dazu auch gerne Sternenreisende. Dies sind Seelen, welche nicht nur auf der Erde inkarniert waren, sondern auch auf vielen weiteren Planeten. Sie haben die ganze Galaxie bereits und schon vielen

200

Sternenvölkern geholfen. Dabei darf man ruhig das Wort Außerirdische mit in das Boot holen. Nun stelle dir hier bitte nicht die grausigen Wesen aus den Horrorfilmen vor. Es gibt im Universum Leben, und es ist nicht von der Hand zu weisen, dass es anders wäre. Es gibt verschiedene Lebensformen und Lichtvölker. Darunter fallen auch die Arkturianer und die Plejaden, die Hathoren, die Orioner und viele weitere. Ihre Anzahl ist unendlich und wir Menschen können hier nur erahnen, wie viel Potenzial in ihnen steckt. Starseeds bereisen auch diese verschiedenen Lichtvölker. Manche sind selbst arkturianischer Herkunft, andere wiederrum nicht. Es ist hier wieder alles nach oben hin offen. Du fragst dich natürlich bestimmt, woher man denn nun weiß, welchen Ursprung die eigene Seele, die eigene Energie hat. Dies kannst du auch leicht selbst fühlen, jedoch bestehen auch Gemeinsamkeiten:

Genauso wie Erdenengel (welche aus der Frequenz der Engel stammen) fühlen sich Starseeds auch nicht hier auf Erden zu Hause. Manche fühlen sich sogar so getrennt von ihrem nicht irdischen Da-Sein, dass es ihnen hier sehr schwerfällt ihren eigenen Körper anzunehmen und lieben zu lernen. Viele Starseeds tun sich (bis sie erwacht sind) sehr schwer mit ihren Mitmenschen und ihrem Leben. Sie schauen gerne zum Himmel hinauf, begutachten gerne die Sterne und sie zieht es immer wieder in die Weiten der Galaxien. Sie fühlen oft eine Sehnsucht nach einem anderen Zuhause. Manche interessieren sich von Kind auf an für Außerirdische, für das Universum oder auch Sternenkunde. Doch auch wenn du das nicht tust, heißt

201

das nicht automatisch, dass du kein Starseed bist. Du kannst auch eine Engelseele sein, welche verschiedene Planeten bereiste. Im Grunde genommen spürst du es selbst, wo du dich hingezogen fühlst. Und selbst wenn du dir da noch sehr schwertust, kann dir ein Medium oder ein Botschafter dabei helfen, deinen Ursprung herauszufinden.

Die verschiedenen Lichtvölker haben alle ihre Aufgaben, auch für unsere Erde zu sorgen. Viele sind an unserem Aufstieg beteiligt. Sie sind mit ihren Schiffen in unserem Sonnensystem und auch in deiner und meiner Energie. Sie möchten der Erde helfen, ein Planet ohne Angst, Hass und Gier zu werden. Ein Aufstieg, den sie selbst einmal vollzogen. Man sagt sogar, dass die Arkturianer einst selbst auf der Erde lebten. Wenn du dir nicht vorstellen kannst, wie so etwas gehen soll, dann gebe ich dir hier gerne ein Bild für deine visuelle Vorstellung: Die galaktischen Lichtvölker sind Energie. Sie sind Licht. Sie nutzen weitaus bessere Technik als wir, somit stehen wir noch komplett am Anfang. Sie würden es nun als primitiv beschreiben, so auch unser menschliches Verhalten. Sie können ohne weitere Probleme Teleportation nutzen, sowie auch Telepathie uneingeschränkt anwenden, etwas, das uns Menschen noch sehr schwerfällt. Du siehst also, es sind sehr interessante Wesen. Und bitte habe keine Angst vor ihnen, denn sie sind aus Liebe. Sie sind nicht daran interessiert Menschen zu verletzen, eher im Gegenteil. All deine grausigen Vorstellungen kannst du jetzt über Bord werfen, auch wenn dir der Film "Alien" sehr gut gefallen hat. Du bist vielleicht auch ein Starseed und du siehst nicht gerade aus wie ein Alien, oder doch? Finde es doch gerne heraus.

Herkunftsenergie

Viele verwechseln ihre Seele, oder ihren Seelennamen mit ihrem Herkunftssnamen. Der Seelenname ist der Name deines höheren Selbst, du trägst in jeder Inkarnation, auf jedem anderen Planeten einen anderen Namen. So wie ich eins NAOH´E´REE hieß, so heiße ich nun hier ZEMINA. Es sind Namen, welche dir von Inkarnation über Inkarnation gegeben werden, deswegen kannst du auch mehrere Seelennamen haben. Dies ist nicht ungewöhnlich. Dein Herkunftsname jedoch ist der Name, welchen dir deine kosmischen Eltern gaben. Aus ihnen bist du entstanden, aus ihnen floss deine Energie. Und genau dort erhieltst du einen Namen, welcher dich ausmacht, deine komplette Schwingung und deine ganze Energie enthalten ist. Sie besteht aus Buchstaben, Farben und Klängen. Jeder Buchstabe hat dabei seine eigene Schwingung. Ein Botschafter, ebenso ein Medium kann dies für dich auslesen und herausfinden. Dies bedarf jedoch einige Zeit und auch eine sehr hoch schwingende Energie. Wenn du anschließend deinen Herkunftsnamen erhalten hast, wirst du meist in diese Energie eingeweiht. Dir wird erklärt, was die einzelnen Buchstaben bedeuten und du triffst auf einer Astralreise deine kosmischen Eltern. Es ist tatsächlich etwas wie Weihnachten, denn du spürst diese wahnsinnige Energie in dir und um dich. Es fühlt sich an wie Musik in deinen Ohren, dein Energiesystem ändert sich und du verstehst einige Dinge besser. Mein

Herkunftsname brachte mich erst einmal ordentlich durcheinander (im positiven Sinne.) Lass dich also auch gerne mal auf diese Art von Reise ein, sie kann sehr magisch sein und viele Erkenntnisse mit sich bringen. Du wirst dich noch tiefer kennenlernen.

Krafttiere – Ihre Wirkung und Bedeutung

Krafttiere sind besonders wirkungsvolle Geschöpfe. Je nach Lebenslage oder Lebensart stehen uns verschiedene Krafttiere zur Verfügung. Krafttiere sind schamanische Tierwesen oder auch Tiergeister, welche oft besondere Bedeutungen, Fähigkeiten oder auch Attribute in sich tragen. Wenn dir also nun so ein Krafttier begegnet, nehmen wir mal an, in einem Traum oder du fühlst dich zu einem bestimmten Tier hingezogen, dann wird dich dieses Tier für eine bestimmte Lebensphase begleiten. So hat klassisch gesehen der Löwe das Symbol der Stärke und der Fuchs das Symbol der Cleverness. Natürlich gibt es unter den Krafttieren besondere Fabelwesen. Fabelwesen sind real und in der geistigen Welt oft anzutreffen. Dort gibt es Pegasus, Einhörner und sogar den Drachen. Dies sind keine Sagen oder Legenden aus irgendwelchen Geschichten, die man dir als Kind einst erzählt hat. Sie sind tatsächlich real, sie sind sogar manchmal so zum Greifen nahe, dass du etwa ein Einhorn im Wald sehen könntest. Jedes Tier hat ein gewisses Attribut, welches in deinem Leben mit einfließt und wirken darf. Manche Medien bieten so ein Tiergeist Reading oder ein Krafttier Reading oder eine Krafttier-Bedeutung an. Darüber hinaus kannst du selbst erspüren, welches Tier dich gerade begleitet, welches dir in den Sinn kommt oder was es für dich vielleicht zu bedeuten hat. Die Deutung ist meist auch hier wieder sehr individuell. Auch im Internet kannst du die verschiedenen Deutungen nachlesen. Oftmals gibt es sogar ganze Bücher darüber. Ich jedoch tendiere immer zu deinem eigenen Gefühl und deiner eigenen Deutung, denn das Krafttier ist nicht umsonst in deinem Leben. Es muss auch nicht nur ein Krafttier sein, du kannst auch gleichzeitig mehrere haben. Dies ist dann ungefähr so wie bei den Geistführern. Im nächsten Kapitel findest du einen kleinen Exkurs alles über Engel, Geistführer und weitere Lichtwesen.

Wie du also mit deinem Krafttier arbeiten kannst? Zunächst einmal kannst du für dich herausfinden, welches dein Krafttier ist. Dann kannst du seine Bedeutung nachlesen oder einfach mal hineinspüren, wie dieses Tier auf dich wirkt. Wenn du dich dann immer öfter mit diesem Tier umgibst oder vielleicht, wenn es ein Fabelwesen ist, in deinen Gedanken damit beschäftigst, wirst du eine Verbindung zu diesem Krafttier aufbauen. Irgendwann wirst du merken, welche Attribute es in sich trägt oder welche Fähigkeiten es dir zu vermitteln mag. Krafttiere enthalten meist sehr wertvolle und schöne Botschaften für dich. Wenn du dir nicht sicher bist, kannst du diese auch wieder nachlesen, aber höre doch einfach mal selbst hin, was dieses Krafttier denn mitzuteilen hat. Krafttiere fordern einen meistens auf, einen anderen oder neuen Schritt zu gehen. Möglicherweise sagt es dir aber auch, dass du etwas Ruhe in dein Leben bringen solltest. Manche Krafttiere zeigen dir deinen eigenen spirituellen Weg auf oder unterstützen dich mit ihren Heilungskräften. Du siehst, es gibt eine ganze Bandbreite voller Tiere, welche dich begleiten können. Lasse dich einfach mal auf diese wundervolle Reise ein. Achte auf die Farben, achte auf die Klänge, achte auf das Tier selbst und schaue, was passiert. Denke daran, dass in der geistigen Welt nichts zwingend eine Form oder eine Farbe haben muss. Dein Krafttier kann auch nur eine Farbe darstellen. Krafttiere stärken deine eigenen Ressourcen. Sie ermutigen dich, sie unterstützen dich, sie kräftigen dich, und sie zeigen dir ganz neue Dinge auf. Wenn du also gerade in einer schwierigen Lebensphase steckst oder ängstlich bist, kann dir ein gewisses Krafttier sogar einen Weg nach draußen zeigen. Bleibe immer offen.

Arkturianer – Lichtvolk vom Planeten Arcturus

Die Arkturianer haben mich gebeten, noch ein separates Kapitel in diesem Buch über sie zu schreiben. Zwar habe ich sie nun schon weiter unten in einem Exkurs erwähnt, jedoch möchte ich noch etwas mehr über die Arkturianer erzählen. Viele wissen mittlerweile, dass es außerirdisches Leben dort draußen in den unendlichen Weiten des Universums gibt. Nun stellen sich die meisten hier leider irgendwelche grün grauen Aliens vor, die Menschen zu Tode quälen. Wenn man von außerirdischem Leben spricht, dann sind damit nicht die Filmaliens gemeint. Ich spreche hier von einem sehr lichtvollen Volk. Dieses lichtvolle Volk, auch Arkturianer vom Planeten Arcturus genannt, möchten der Erde bei ihrem Aufstieg helfen. Sie sind die reinsten Wesen aus

Licht und Liebe. Sie schwingen so hoch, dass ihre Schwingung sehr schwer empfänglich ist, jedoch für sehr feinfühlige Menschen jederzeit abrufbar ist. Sie stehen mittlerweile in unserem Sonnensystem und warten nur darauf, helfen zu können. Natürlich klingt das für den einen oder anderen erst einmal befremdlich, denn wer hat schon von einem Außerirdischen jemals Hilfe erhalten? Da sie aber tatsächlich Lichtwesen sind aus der fünften Dimension, ist es Ihnen ein leichtes in verschiedenen Formen und Farben aufzutreten. Sie benutzen die Telepathie als Kommunikationsform, aber auch andere energetische Impulse, um dich zu erreichen. Wenn du also nun das Bild eines Filmaliens beiseitelegst, kannst du mit ihnen ganz leicht kommunizieren. Ihre Farbe, welche Sie besitzen, ist blau. Diese wunderschöne Farbe glänzt und glitzert durch ihr ganzes Sein. Dieses Blau ist für mich beim channeln wirklich eine sehr einzigartige Farbe, denn es ist nicht das Blau, was ich hier auf Erden kenne. Es ist viel lichter und leichter, tiefer, aber gleichzeitig auch größer und glänzender. Die akturianische Energie ist sehr viel wärmer und dabei gleichzeitig dichter, zumindest empfinde ich sie so. Wie du sie empfindest, liegt an deiner eigenen Wahrnehmung. Da wir weiter oben von den sogenannten Starseeds gesprochen haben, ist es mir ein Leichtes, als Erdenengel und Sternen-Reisende die Akrturianer zu erreichen. Der Planet Arcturus ist frei von Gier, Hass, Wut und den ganzen anderen Attributen, welche wir hier auf Erden erleben. Die Arkturianer haben auf ihrem Planeten den Aufstieg vollzogen. Sie sind reine Liebe, und bei ihnen existiert auch nur die Liebe. Viele werden nun sagen, ist die geistige Welt außerirdisch oder ist es tatsächlich mehr als nur das? Ich hingegen sage, dass beide sich in einem vereint. Im Universum gibt es so viele Frequenzen, welche sich zu einer vereinen, aber auch getrennt bleiben können. So gibt es verschiedene Felder im Universum, die gewisse Töne und Klänge enthalten, die woanders sich wieder ganz anders anhören mögen. Dies nennt sich dann die Herkunftsfrequenz. Habe bitte keine Angst vor Ihnen. Du kannst dich jederzeit auch an die Arkturianer wenden oder an den Botschafter, der ihre Worte übermitteln kann. Die Arkturianer sind ein Volk der Heilung. Ihre Technologie ist sehr weit fortgeschritten, sodass ihre Möglichkeiten weitaus das übersteigen, was wir kennen. Sie sind sehr fortschrittlich und haben sein sehr hohes Verständnis entwickelt. Ihr Licht ist für uns alle immer wieder da und immer wieder greifbar.

Die Welt der Engel

Wenn wir Menschenseelen an Engel denken, haben wir sofort helle, lichtvolle Wesen mit wunderbaren Flügeln vor Augen, welche einen heiligen Schein über ihrem Kopf tragen. Natürlich kannst du dieses Bild immer in deinem Herzen tragen. Wenn sie für dich so aussehen, dann ist es in Ordnung. Es gibt hier keine Vorgaben und auch ich kann nur berichten, wie ich sie persönlich wahrnehme. Mir zeigen sie sich in den seltensten Fällen mit Flügeln oder heiligen Schein. Für mich sind sie Farben und helle Lichter, meist Schleier oder wunderschöne Wolken. Ich erspüre sie anhand ihrer Energie. Diese Energien zu unterscheiden ist für viele nicht einfach, denn hierfür sollte man sehr, sehr feinfühlig sein, um die unterschiedlichen Frequenzen auseinander halten zu können. Aber dies hat man mit etwas Übung auch schnell gelernt, sofern du stark hellfühlend bist. In meinen Channelings und Readings erhalte ich meist zuerst über mein drittes Auge Auskunft darüber, welcher Engel sich gerade meldet. Ich sehe oder höre es zum Teil auch. Engel sind wunderbare Wesen sowie hoch schwingende, göttliche Funken. Ich jedoch mache hier nicht gerne Unterschiede, denn ich empfinde jede Seele als etwas Besonderes. Für mich gibt es kein "Besser" oder "Schlechter." Für mich ist alles wunderbar und einzigartig, egal, was dieser Mensch zu Lebzeiten tat. Ihre Seele ist etwas Besonderes.

Die Schutzengel

Jeder Mensch hier auf Erden hat mindestens einen Schutzengel an seiner Seite. Manche Menschen haben auch mehrere Schutzengel. Dies hängt ganz von ihrer Aufgabe in dieser Inkarnation ab. Viele möchten so gerne einen Kontakt zu ihrem Schutzengel herstellen, und ich wage wieder zu behaupten, dass dies mehr als einfach ist: Du musst deinen Schutzengel nur bitten mit dir in Kontakt zu treten. Mehr musst du nicht tun. Klingt wieder zu einfach, oder? Das ist es auch. Schutzengel lieben es, wenn man sie um Hilfe bittet, so wie die anderen Engel auch. Sie lieben es einfach ein Teil unseres Lebens zu sein und uns dienen zu können.

Tatsächlich müssen wir keine Angst vor diesen liebevollen Wesen haben, denn sie sind hier um uns zu unterstützen und um uns zu dienen. Das mag sich im ersten Moment seltsam anhören, denn warum sollten so mächtige Energien uns dienen und nicht wir ihnen? Wenn du mal darüber nachdenkst, bist du gerade hier in der Dualität und hast all diese schweren Aufgaben vor und hinter dir. Sie unterstützen dich mit all ihrer Energie und wissen, welch schwere Aufgabe du da auf dich genommen hast. Du würdest auch jemandem von Herzen gerne helfen, der sich auf so einen weiten Weg gemacht hat. Du wärst stolz und würdest dich freuen. Dein Schutzengel ist ebenfalls stolz auf dich und begleitet dich schon seit mehreren Inkarnationen. Wie das Wort schon besagt, ist er für deinen Schutz zuständig. Dies bedeutet aber nicht, dass du unbedingt nun vor allem geschützt bist. Oft höre ich Menschen zu mir sagen: "Mensch, du hattest ja einen sehr harten Weg, hat dein Schutzengel denn nicht auf dich aufgepasst?" Diese Menschen haben den Sinn hinter einer Inkarnation und die der Engel nicht ganz verstanden: Ja, es passt mein Schutzengel auf mich auf. Auch auf dich. Doch musst du deine Aufgaben und Erfahrungen hier machen, sonst kannst du nicht wachsen. Wenn ich also eine schlimme Erfahrung durchgemacht habe, erhielt ich in dieser Situation immer die beste Hilfe, welche ich bekommen konnte. Ich hatte riesiges Glück im "Unglück." Die Engel passen immer auf uns auf, aber dürfen in unsere Lernaufgabe nicht eingreifen, jedoch immer unterstützend wirken. Wenn du also wieder in einer nicht lösbaren Situation steckst, dann kannst du deinen Schutzengel fragen, was du nun als nächstes tun könntest. Lege den Fokus dabei immer auf dich und nie auf die Situation oder einer anderen Person. Die Lösung liegt immer in dir und die gilt es mithilfe deines Schutzengels zu finden.

Es greifen auch Schutzengel ein, wenn es brenzlig wird. So verpasst du vielleicht deinen Zug, der an diesem Tag einen Unfall baut, oder fällst auf der Straße hin, bevor dich das Auto überfahren hätte. Auch hier gibt es unzählige Berichte, und auch das zählt zu den Aufgaben deines Schutzengels. Er schützt dich und steht dir zur Seite. Oben erwähnte ich ja bereits, dass du jederzeit mit ihm in Kontakt treten kannst, indem du ihn einfach darum bittest. Du kannst auch einfach in die Stille gehen und mal darauf achten, welche Antworten kommen mögen. Vielleicht zeigt er sich auch durch Engelzahlen (222,888,777) oder anderen Anzeichen, wie Federn, Steine, Schmetterlinge oder gar ein starkes Gefühl der Liebe. Achte hier einfach auf dein persönliches Gefühl.

Die Erzengel

Auch diese wunderbaren Wesen sind sehr vielen von uns bekannt, und irgendwie messen wir ihnen einen höheren Wert bei als den "normalen Engeln." Lass dir gesagt sein, dass diese ganze Hierarchie nur von uns Menschen stammt. Kein Engel ist höher oder niedriger. Die Energien sind nur jeweils wieder anders und bringen andere Themen mit. Somit gibt es für mich hier keine Unterteilung. Ich werde dir aber erklären, dass

211

es laut der Überlieferung 12 Erzengel gibt, wobei es sich für mich nach sehr viel mehr anfühlt. Ich konnte sie nicht alle zählen, aber wenn wir uns das mal so überlegen: Wieso sollte es auch "nur" 12 Erzengel geben? Vielleicht sind diese Zwölf die uns am bekanntesten, aber für mich gibt es im Universum so viel mehr. Ich habe dir hier noch einmal kurz zusammengefasst, wer diese zwölf wunderbaren Wesen sind:

Der Erzengel Uriel - Der rote Lichtstrahl

Er soll den Menschen bei einem erfolgreichen Leben helfen. Bei Stress und schwierigen Situationen gibt er ihnen Kraft und neue Energie. So können die Menschen das Leben neu ordnen und mit Liebe fortführen. Durch die Erdung, die Uriel ausstrahlt, verbindet er die Menschen mit Gott und versucht es, in jedem zu erwecken. Er bringt den Menschen Freude und zieht den Blick weg von materiellem Wert. So können sie zu einem höheren Bewusstsein kommen. Er führt die Menschen zu sich selbst und damit zu Gott.

Der Erzengel Haniel - Der orange Lichtstrahl

Er hilft den Menschen, sich selbst anzunehmen und Ruhe, Frieden und Entspannung zu erzeugen. So leuchtet die Lebensfreude wieder auf. Haniel lässt den Menschen ihre eigene Größe erkennen und stärkt so den Mut und das Selbstvertrauen. Die Menschen können sich neuen Situationen öffnen. Haniel lehrt den Menschen, das Innere nach außen zu spiegeln, damit das Gute zum Menschen zurückkommt. Dadurch kann Frieden für alle entstehen.

Der Erzengel Jophiel - Der gelbe Lichtstrahl

Er lernt den Menschen. den Lebensweg zu gehen, und bringt Klarheit ins Leben. Die Menschen lernen mit ihm das Leben kennen und die richtigen Entscheidungen zu treffen. Durch seine Geduld lernen auch die Menschen, geduldig zu sein. Jophiel zeigt den Menschen das Gleichgewicht zwischen Geben und Nehmen und trägt damit zum Frieden und der Erkenntnis der Wahrheit bei.

Der Erzengel Chamuel - Der rosa Lichtstrahl

Er öffnet das Herz der Menschen und hilft damit, zwischenmenschliche Beziehungen friedlich zu lösen. Durch reines Mitgefühl können die Menschen den Weg zu Gott finden. Es gibt keinen Neid und Missgunst mehr. Chamuel hilft den Liebenden, Harmonie und Freude zu verbreiten.

Der Erzengel Michael - Der blaue Lichtstrahl

Michael bringt das Licht auf die Erde und lässt das Dunkel verschwinden. Er sorgt mit Liebe und Kraft für Gerechtigkeit und Erkenntnis. Das blaue Licht hilft dabei, zu reinigen, klären und befreien. Dadurch bekommen die Menschen Zuversicht, Hoffnung, Ruhe und Gelassenheit.

Der Erzengel Gabriel - Der weiße Lichtstrahl

Er vermittelt Reinheit und Klarheit. In Notsituationen können so die Menschen Ruhe bewahren. Auch können die Menschen mit ihm verzeihen und vergeben. Auch die Ehrlichkeit wird von Gabriel unterstützt. So entdecken die Menschen ihr inneres Sein und lieben sich selbst.

Der Erzengel Zadkiel - Der violette Lichtstrahl

Die Vergangenheit wird von ihm geklärt und gereinigt. So können sich die Menschen verändern und sich besonders vor Selbstbetrug schützen. Er trägt zur spirituellen Weiterentwicklung der Menschen bei, um anderen Menschen zu helfen.

Der Erzengel Ariel

Er hilft den Menschen in schwierigen Situationen und ist ein liebevoller Begleiter. So löst er sie von der Schuld, damit sie Entscheidungen treffen können. Ariel lässt die Menschen das Leben mit Würde, Liebe und Respekt begegnen.

Der Erzengel Bariel - Der goldene Lichtstrahl

Bariel öffnet den Menschen die Augen, woran sie sich klammern. Er hilft ihnen, loszulassen und die alten Dinge zu beseitigen. Dadurch können die Menschen ohne Ballast vorwärts gehen. Die Menschen sollen sich selbst annehmen und sich dadurch verändern. Bariel zeigt den

Menschen Grenzen auf, diese aber auch gegenüber anderen zu setzen. Damit können sie dem Göttlichen durch Mitgefühl dienen.

Der Erzengel Raphael - Der grüne Lichtstrahl

Er ist von Gott geschickt, um die Menschen zu heilen. Sie können Körper und Seele wandeln und reparieren, damit sie Erlösung bekommen. So werden auch negative Gedanken aufgelöst und die Menschen können sich dem Frieden zuwenden. Raphael zeigt den Menschen die Selbstfindung und lässt sie so wachsen und ihre Stärken erkennen.

Der besondere Engel

Metatron wird im jüdischen Glauben zum ersten Mal erwähnt und ist nun in der Esoterik der westlichen Welt von Bedeutung. Metatron soll den Willen Gottes an die Engel weitergegeben haben und gilt als König der Engel, dem Anfang und dem Ende. Somit hilft er als Wegweiser, Ratgeber, bei Trennungen und um sein Gleichgewicht zu finden.
In der Literatur und im Film ist Metatron ein beliebtes Motiv, zum Beispiel wird er in der Serie Supernatural als Schreiber Gottes bezeichnet. Metatron hat hier Kräfte ähnlich wie Gott und verstößt Engel aus dem Himmel. Im Film Dogma wirkt Metatron als Stimme Gottes.
Dir sind diese Erzengel wahrscheinlich auch schon sehr bekannt und mit einigen von ihnen meditiert man auch gerne mal. Ihre Lichtstrahlen sind sehr angenehm und uns Menschen fällt es dadurch leichter, sie als unsere

Erzengel zu erkennen. Natürlich haben andere Engel auch ihre Farben und ihre eigenen Klänge und Energien. Wir kennen nur ein Drittel der Farben hier aus unserer Welt, aber im Universum ist so viel mehr Farbe als wir es uns je vorstellen könnten. Dort ist Rot nicht gleicht Rot und es gibt unendlich viele Einstufungen. Du siehst jetzt schon, wie komplex dieses Thema ist. Auch hat nicht jeder Engel einen Namen. Viel Engel tragen Nummern, so wie ich sie oben bereits erwähnte: Engelzahlen. Wenn du diese Zahlen siehst, ist es oft der Engel, welcher genau diese Zahl trägt, und diese Energie nun mit dir teilt. Es können dir auch Erzengel Zahlen senden.

Im weiteren Verlauf habe ich dir hier nun ein paar Informationen über die Engel zusammengestellt.

(Du kannst dir das gerne durchlesen und dir alle Informationen darüber herausholen, für mich bleibt jeder Engel etwas Besonderes. Denke daran: Diese Unterteilung haben Menschen so gemacht und so erfahren. Sie sind alle wunderbare Wesen, unabhängig davon, welche Aufgabe sie haben. Bleibe ihnen offen gegenüber.)

Die Seraphim

Sie sind eine Engelshierarchie. Seraphim werden als eine Gruppe der Engelschöre bezeichnet. Nach einer Zählweise gehören sie zur ersten Hierarchie. Zu dieser gehören die Seraphim, die Cherubim und die Throne. Diese drei Engelsgruppen zählen zu den Höchsten. Die Seraphim sind die Allerhöchsten, sie halten die engste

Bindung an Gott. Die Seraphim singen ständig
das Lob Gottes, insbesondere „Heilig, heilig, heilig". Mit
ihren Gesängen und magischen Liedern halten sie die
ganze Schöpfung im Gleichgewicht. Seraphim sind
reine Licht- und Gedankenwesen. Seraphim heißt „die
Brennenden" oder „Schlangenwesen", ähnlich wie im
Indischen Sarpha „die Schlange". Die Seraphim stehen
aber in Bezug zu den Feuerwesen. Seraphim bringen
alles Schöne hervor, sie sind reine und wahre Liebe.
Seraphim gelten als Stütze der spirituellen Entwicklung,
sie wollen einem helfen, eins mit Gott zu werden.
Seraphim haben typischerweise sechs Flügel, zwei
bedecken ihr Gesicht, zwei ihre Füße und mit zwei
Flügeln fliegen sie. Die Seraphim werden in roten oder
rot-orangenen Gewändern dargestellt, mit
feurigen Schwertern, mit Lichtfackeln. Seraphim sind
reinigende und Licht spendende Kräfte. Manchmal wird
gesagt, dass die Seraphim
von Metatron und Seraphiel regiert werden.

Die Acht Seraphim

Hier die acht wichtigsten Seraphim, zusätzlich zu den
Regenten Metatron und Seraphiel:

1. Vehuiah
2. Jeliel
3. Sitael
4. Elemiah
5. Mahasiah
6. Lelahel

7. Achaiah
8. Kahetel

Weitere Seraphim

Manchmal werden folgende Engel auch zu den Seraphim gezählt:

- Abdiel
- Barakiel
- Cassiel
- Cathetel
- Cetarari
- Chaylon
- Jahoel
- Jehoel
- Jelial
- Megiddon
- Samael
- Sandalphon
- Seraphiel
- Uriel
- Vehuel
- Vehuiah

Die Cherubim
Cherubim sind eine der neun Engelschöre. Engelschöre sind verschiedene Engelshierarchien. Es gibt insgesamt neun Engelschöre in drei Ordnungen. Die erste Ordnung

der Engelschöre besteht aus den Seraphim, den Cherubim und den Thronen. Die zweite Sphäre sind die Herrschaften, die Mächte und die Gewalten. Und die dritte Sphäre sind die Fürstentümer, die Erzengel und die Schutzengel. Die erste Sphäre wird die Triade der oberen Engelschöre genannt. Der

oberste Engelschor sind die Engel, die als himmlische Berater dienen: die Seraphim, die Cherubim und die Throne. Die Cherubim sind also der zweithöchste Engelschor und sie gehören zur höchsten Sphäre. Die Cherubim bewachen den Garten Eden, sie reflektieren das Wissen Gottes und die Weisheit Gottes. Cherubim bedeutet „die Fülle der Weisheit", Cherubim kann auch „die Übertragung der Erkenntnis" heißen. Die Cherubim werden oft mit vier Flügeln dargestellt und das symbolisiert alle vier Elemente. Manchmal werden die Cherubim mit allen vier Evangelisten dargestellt, weil sie alle vier verschiedenen Evangelien symbolisieren. Die Cherubim sind also diejenigen, die die Elemente beherrschen. Die regierenden Fürsten der Cherubim sind z.B. Cherubiel und Ofaniel. Im

Buch Ezechiel wurden die Cherubim als geflügelte Löwen mit menschlichen Köpfen dargestellt. Die Cherubim können eine kultische Schutzfunktion besitzen oder sie können Gott als Träger, als Thron dienen. Die Cherubim finden wir in verschiedenen Religionen.

Im Alten Testament gehören sie nicht zu den Engeln. Die explizite Einordnung der Cherubim in die Engelshierarchie geschah dann etwas später. Die Cherubim wurden nach traditionellen jüdischen Ansichten als Wesen mit den Zügen eines jungen

Menschen dargestellt. Sie wurden auch
mit Cupido und Eros in Verbindung gebracht. Aber das
Buch Ezechiel beschrieb die Cherubim als geflügelte
Löwen mit menschlichen Köpfen. Die Cherubim werden
in der Bibel später als Engel von hohem Rang
dargestellt. Sie werden für besondere Aufgaben
herangezogen. So gibt es verschiedene Deutungen der
Cherubim und die bekannteste ist die Cherubim als eine
der neun Engelshierarchien und dort haben sie
bestimmte Engel, die die wichtigsten Cherubim sind und
einige, die die Cherubim lenken und leiten. Die Leiter der
Cherubim sind Cherubiel und Ofaniel.

Einige Engel aus dem Engelschor der Cherubim

Die Acht Cherubim der Kabbala

Hier die Acht Engel aus dem Engelschor der Cherubim,
wie sie in der Kaballa beschrieben werden:

1. Haziel
2. Aladiah
3. Lauviah
4. Hahaiah
5. Jezalel
6. Mebahel
7. Hariel
8. Hakamiah

Weitere Cherubim

Hier einige weitere Engel, die den Cherubim zugeordnet werden:

- Ardouisur
- Asmodel
- Boamiel
- Cerubiel
- Chayyiel
- Farvardin
- Gabriel
- Gamaliel
- Hakamiah
- Jahoel
- Jael
- Kerubiel
- Ophaniel
- Sachiel
- Uriel
- Uzziel
- Zaphiel

Die Urengel

Der Begriff Urengel kann sich beziehen auf die ursprünglichen Engel in der Bibel und kann auch eine deutsche Übersetzung sein für Archai, auch als Fürstentümer bezeichnet. Die Urengel als die ursprünglichen Engel sind die Urengel in der jüdisch-christlichen Bibel, letztlich Michael und Gabriel. Diese beiden Engel werden als erstes genannt. Andere Engel kommen später dazu und so könnte man sagen, dass die Urengel Michael und Gabriel sind. Es gibt auch das System der neun Engelschöre, die in drei Hierarchien unterteilt sind. Und dort gibt es die Urengel, die auch als Archai, Principatus oder Fürstentümer bezeichnet werden können. Und diese Urengel gehören zur dritten Hierarchie der Engel. Zur ersten Hierarchie der Engel gehören die Seraphim, die Cherubim und die Throne, also drei Engelschöre in der ersten Hierarchie. Die zweite Hierarchie der Engel sind die Herrschaften (lat. Dominationes, gr. Kyriotetes) Dann gibt es die Mächte (lat. Virtutes, gr. Dynameis) und der dritte Engelschor der zweiten Hierarchie der Engel sind die Gewalten (lat. Potestates, gr. Exusiai). Dann gibt es die dritte Hierarchie der Engel. Dazu gehören die Fürstentümer (lat. Principatus, gr. Archai). Der zweite Engelchor sind die Erzengel (lat. Archangeli, gr. Archangeloi). Und als letztes gibt es die Engel oder Schutzengel (lat. Angeli, gr. Angeloi). Und so gehören die Archai zur dritten Hierarchie der Engel. Diese Archai werden als Principatus bezeichnet, auf deutsch die Fürstentümer, und man kann sie eben auch übersetzen als Urengel oder als Urkräfte. Die Urengel haben in der Anthroposophie eine besondere Bedeutung. Sie werden dort bezeichnet als die Geister der Persönlichkeit und es heißt, dass sie ihre Menschheitsstufe schon früher absolviert haben, insbesondere im alten Saturn. Und so stehen sie in der

Rangordnung der geistigen Hierarchie drei Stufen über dem Menschen und sie gehören der dritten Hierarchie an.

Die Urengel oder Archai werden in der Anthroposophie auch als Jom genannt. Sie entsprechen den sieben Schöpfungstagen und gelten als die Diener der sogenannten Elohim und sie werden auch bezeichnet als die Geister des Lichtes. In der Gnosis werden sie auch als Äonen bezeichnet und damit sind sie die Geister der Umlaufzeiten und regeln die rhythmisch geordneten Naturvorgänge. Sie wirken auch als Zeitgeister in der Menschheitsentwicklung. Die Urengel, die Fürstentümer, eben als Archai oder Urkräfte bezeichnet, sind auch so etwas wie Schutzengel. Die Urengel leiten die irdischen Regenten, die Völker, große Städte und auch Gemeinschaften. Sie bemühen sich, dass auch die irdischen Fürsten, Führer und Lenker ihr Handeln nach höheren Prinzipien ausrichten. Es ist auch die Aufgabe der Archai oder Fürstentümer, dafür zu sorgen, dass auch gute politische Reiche entstehen. Die Urengel arbeiten eng mit den Schutzengeln zusammen und wollen helfen, dass sich alles gut entwickelt. Die Urengel sollen auch die Religionen der Völker schützen. Sie sollen helfen, dass die Religionen die Menschen nicht ins Leid stürzen sondern ins Gute bringen. Die Urengel repräsentieren im Menschen auch das Denken, die geistige Energie und die bewusste Arbeit an sich selbst. Bedeutende Engel der Kategorie der Archai oder Urengel sind in dem System der neun Engelschöre insbesondere Anael, der auch als Emanuel oder Hagiel bezeichnet wird. Anael ist auch einer der

223

sieben Erzengel und wird auch bezeichnet als Engel der Barmherzigkeit und Engel der Liebe. So gelten also Hagiel, Anael und Cerviel als wichtige Urengel, als Archai.

Du siehst, ich habe jetzt viele verschiedene Quellen genommen. Es gibt verschiedene Engelsmythologien und es reicht aus, wenn Du verstehst, dass es verschiedene Kräfte gibt, die Dir helfen wollen auf dem spirituellen Weg. Und dass Du auch keine Bedenken zu haben brauchst. Es gibt eben durchaus Engel, die Dir helfen, Dich gut zu entwickeln und die auch über das Schicksal der Erde wachen.

Die Planeten-Engel

Planetenengel sind Engel, die bestimmten Himmelskörpern zugeordnet sind. Insbesondere die 7 Erzengel werden in Beziehung gesetzt zu den 7 Himmelskörpern, die in der Astrologie, sowohl der westlichen als auch im indischen Jyotisha eine wichtige Rolle spielen. Streng genommen sind Sonne und Mond keine Planeten, werden aber in der Astrologie als Planeten bezeichnet.

Hier die 7 Planetenengel in ihrer Gestalt als die 7 Erzengel:

1. Orifiel: Engel des Saturn, Sanskrit Shani
2. Anael: Engel der Venus, Sanskrit Shukra
3. Zachariel: Engel des Jupiter, Sanskrit Guru
4. Raphael: Engel des Merkur, Sanskrit Budha
5. Samael: Engel des Mars, Sanskrit Mangala

224

6. Gabriel: Engel des Mondes, Sanskrit Chandra
7. Michael: Engel der Sonne, Sanskrit Surya

Die Elementar-Engel

Elementarengel sind Engel, die für die verschiedenen Elemente stehen und die den Elementaren, also bestimmten Naturkräften vorstehen. Folgendes sind wichtige Elementarengel:

- Gabriel: Feuer
- Ruchiel: Wind
- Baradiel: Hagel
- Baragiel: Blitz
- Zacamiel: Zorn
- Zigiel: Donner
- Ziiel: Schnee
- Zaaphiel: Regen
- Ramiel: Tag
- Raasiel: Nacht
- Salgiel: Sonne
- Matariel: Mond
- Simsiel: Planeten
- Lailiel: Tierkreis

Die Geburtsengel

Als **Geburtsengel** werden in der Kabbala die Engel bezeichnet, die für die Tage der Geburt als Schutzengel zuständig sind. Es gibt 72 Geburtsengel, die auch als persönliche Schutzengel fungieren. Jeder dieser Schutzengel ist für einige Tage zuständig. Nach manchen Traditionen der Kabbala gibt es unterschiedliche Schutzengel für das physische, das emotionale und das intellektuell-spirituelle Wohlergehen.

Die 72 Geburtsengel der Kabbala

Hier findest du eine Liste der 72 Geburtsengel, der 72 Schutzengel, der Kabbala:

1. Vehuiah, zuständig für Menschen geboren 21.03. - 25.03., Chor der Seraphim, geleitet von Metraton
2. Jeliel, zuständig für Menschen geboren 26.03. - 30.03., Chor der Seraphim, geleitet von Metraton
3. Sitael, zuständig für Menschen geboren 31.03. - 04.04., Chor der Seraphim, geleitet von Metraton
4. Elemiah, zuständig für Menschen geboren 05.04. - 09.04., Chor der Seraphim, geleitet von Metraton
5. Mahasiah, zuständig für Menschen geboren 10.04. - 14.04., Chor der Seraphim, geleitet von Metraton
6. Lelahel, zuständig für Menschen geboren 15.04. - 20.04., Chor der Seraphim, geleitet von Metraton
7. Achaiah, zuständig für Menschen geboren 21.04. - 25.04., Chor der Seraphim, geleitet von Metraton

8. Kahetel, zuständig für Menschen geboren 26.04. - 30.04., Chor der Seraphim, geleitet von Metraton
9. Haziel, zuständig für Menschen geboren 01.05. - 05.05., Chor der Cherubim, geleitet von Raziel
10. Aladiah, zuständig für Menschen geboren 06.05. - 10.05., Chor der Cherubim, geleitet von Raziel
11. Lauviah, zuständig für Menschen geboren 11.05. - 15.05., Chor der Cherubim, geleitet von Raziel
12. Hahaiah, zuständig für Menschen geboren 16.05. - 21.05., Chor der Cherubim, geleitet von Raziel
13. Jezalel, zuständig für Menschen geboren 22.05. - 26.05., Chor der Cherubim, geleitet von Raziel
14. Mebahel, zuständig für Menschen geboren 27.05. - 31.05., Chor der Cherubim, geleitet von Raziel
15. Hariel, zuständig für Menschen geboren 01.06. - 05.06., Chor der Cherubim, geleitet von Raziel
16. Hakamiah, zuständig für Menschen geboren 06.06. - 10.06., Chor der Cherubim, geleitet von Raziel
17. Lanoiah, zuständig für Menschen geboren 11.06. - 16.06., Chor der Throne, geleitet von Zaphkiel
18. Kaliel, zuständig für Menschen geboren 17.06. - 21.06., Chor der Throne, geleitet von Zaphkiel
19. Leuviah, zuständig für Menschen geboren 22.06. - 26.06., Chor der Throne, geleitet von Zaphkiel

20. <u>Pahaliah</u>, zuständig für Menschen geboren 27.06. - 01.07., Chor der Throne, geleitet von Zaphkiel
21. <u>Nelekael</u>, zuständig für Menschen geboren 02.07. - 07.07., Chor der Throne, geleitet von Zaphkiel
22. <u>Jeiaiel</u>, zuständig für Menschen geboren 08.07. - 12.07., Chor der Throne, geleitet von Zaphkiel
23. <u>Melahel</u>, zuständig für Menschen geboren 13.07. - 17.07., Chor der Throne, geleitet von Zaphkiel
24. <u>Hahuiah</u>, zuständig für Menschen geboren 18.07. - 22.07., Chor der Throne, geleitet von Zaphkiel
25. <u>Nithaiah</u>, zuständig für Menschen geboren 23.07. - 28.07., Chor der <u>Herrschaften</u>, geleitet von Zadkiel
26. <u>Haaiah</u>, zuständig für Menschen geboren 29.07. - 02.08., Chor der Herrschaften, geleitet von <u>Zadkiel</u>
27. <u>Jerathel</u>, zuständig für Menschen geboren 03.08. - 07.08., Chor der Herrschaften, geleitet von Zadkiel
28. <u>Seeiah</u>, zuständig für Menschen geboren 08.08. - 12.08., Chor der Herrschaften, geleitet von Zadkiel
29. <u>Reiiel</u>, zuständig für Menschen geboren 13.08. - 17.08., Chor der Herrschaften, geleitet von Zadkiel
30. <u>Omael</u>, zuständig für Menschen geboren 18.08. - 23.08., Chor der Herrschaften, geleitet von Zadkiel

31. Lekabel, zuständig für Menschen geboren 24.08. - 28.08, Chor der Herrschaften, geleitet von Zadkiel
32. Vasariah, zuständig für Menschen geboren 29.08. - 02.09., Chor der Herrschaften, geleitet von Zadkiel
33. Jehuiah, zuständig für Menschen geboren 03.09. - 07.09., Chor der Mächte, geleitet von Camael
34. Lehaiah, zuständig für Menschen geboren 08.09. - 12.09., Chor der Mächte, geleitet von Camael
35. Kevakiah, zuständig für Menschen geboren 13.09. - 17.09., Chor der Mächte, geleitet von Camael
36. Menadel, zuständig für Menschen geboren 18.09. - 23.09., Chor der Mächte, geleitet von Camael
37. Aniel, zuständig für Menschen geboren 24.09. - 28.09., Chor der Mächte, geleitet von Camael
38. Haamiah, zuständig für Menschen geboren 29.09. - 03.10., Chor der Mächte, geleitet von Camael
39. Rehael, zuständig für Menschen geboren 04.10. - 08.10., Chor der Mächte, geleitet von Camael
40. Jeiazel, zuständig für Menschen geboren 09.10. - 13.10., Chor der Mächte, geleitet von Camael
41. Hahahel, zuständig für Menschen geboren 14.10. - 18.10., Chor der Tugenden, geleitet von Raphael

42. Mikael, zuständig für Menschen geboren 19.10. - 23.10., Chor der Tugenden, geleitet von Raphael
43. Veuliah, zuständig für Menschen geboren 24.10. - 28.10., Chor der Tugenden, geleitet von Raphael
44. Jelahiah, zuständig für Menschen geboren 29.10. - 02.11., Chor der Tugenden, geleitet von Raphael
45. Sealiah, zuständig für Menschen geboren 03.11. - 07.11., Chor der Tugenden, geleitet von Raphael
46. Ariel, zuständig für Menschen geboren 08.11. - 12.11., Chor der Tugenden, geleitet von Raphael
47. Asaliah, zuständig für Menschen geboren 13.11. - 17.11., Chor der Tugenden, geleitet von Raphael
48. Mihael, zuständig für Menschen geboren 18.11. - 22.11., Chor der Tugenden, geleitet von Raphael
49. Vehuel, zuständig für Menschen geboren 23.11. - 27.11., Chor der Fürstentümer, geleitet von Haniel
50. Daniel, zuständig für Menschen geboren 28.11. - 02.12., Chor der Fürstentümer, geleitet von Haniel
51. Hahasiah, zuständig für Menschen geboren 03.12. - 07.12., Chor der Fürstentümer, geleitet von Haniel
52. Imamiah, zuständig für Menschen geboren 08.12. - 11.12., Chor der Fürstentümer, geleitet von Haniel

53. Nanael, zuständig für Menschen geboren 12.12. - 16.12., Chor der Fürstentümer, geleitet von Haniel

54. Nithael, zuständig für Menschen geboren 17.12. - 21.12., Chor der Fürstentümer, geleitet von Haniel

55. Mebaiah, zuständig für Menschen geboren 22.12. - 26.12., Chor der Fürstentümer, geleitet von Haniel

56. Poiel, zuständig für Menschen geboren 27.12. - 31.12., Chor der Fürstentümer, geleitet von Haniel

57. Nemamiah, zuständig für Menschen geboren 01.01. - 05.01., Chor der Erzengel, geleitet von Michael

58. Jeialel, zuständig für Menschen geboren 06.01. - 10.01., Chor der Erzengel, geleitet von Michael

59. Harahel, zuständig für Menschen geboren 11.01. - 15.01., Chor der Erzengel, geleitet von Michael

60. Mizrael, zuständig für Menschen geboren 16.01. - 20.01., Chor der Erzengel, geleitet von Michael

61. Umabel, zuständig für Menschen geboren 21.01. - 24.01., Chor der Erzengel, geleitet von Michael

62. Jah-Hel, zuständig für Menschen geboren 25.01. - 29.01., Chor der Erzengel, geleitet von Michael

63. Anianuel, zuständig für Menschen geboren 30.01. - 03.02., Chor der Erzengel, geleitet von Michael

64. Mehiel, zuständig für Menschen geboren 04.02. - 08.02., Chor der Erzengel, geleitet von Michael
65. Damabiah, zuständig für Menschen geboren 09.02. - 13.02., Chor der Engel, geleitet von Gabriel
66. Menakel, zuständig für Menschen geboren 14.02. - 18.02., Chor der Engel, geleitet von Gabriel
67. Eiael, zuständig für Menschen geboren 19.02. - 23.02., Chor der Engel, geleitet von Gabriel
68. Habuiah, zuständig für Menschen geboren 24.02. - 28.02., Chor der Engel, geleitet von Gabriel
69. Rochel, zuständig für Menschen geboren 29.02. - 05.03., Chor der Engel, geleitet von Gabriel
70. Jabamiah, zuständig für Menschen geboren 06.03. - 10.03., Chor der Engel, geleitet von Gabriel
71. Haiaiel, zuständig für Menschen geboren 11.03. - 15.03., Chor der Engel, geleitet von Gabriel
72. Mumiah, zuständig für Menschen geboren 16.03. - 20.03., Chor der Engel, geleitet von Gabriel

Die Elohim

Was sind die Elohim und was sind ihre Aufgaben? Elohim sind mächtige Engelwesen. Sie sind direkt aus der göttlichen Kraft entstanden und verkörpern die göttlichen Prinzipien in reinster und kraftvollster Form.

Was sind Elohim?

Elohim sind mächtige Engelwesen, die seit Beginn der Schöpfung am Schöpfungsprozess teilnehmen. Sie sind machtvolle Kräfte der Schöpfung. Deshalb werden sie auch als Schöpferengel und als rechte Hand Gottes bezeichnet. Sie sind direkt aus der göttlichen Kraft entstanden und verkörpern die göttlichen Prinzipien in reinster und kraftvollster Form.

Die größte Kraft der Elohim und aller Engel ist die Liebe. Elohim wirken über die Farbstrahlen, die zu den Schöpfungsstrahlen gehören. Jeder Farbstrahl repräsentiert ein göttliches Prinzip. Elohim wirken aus der Einheit mit dem Schöpfer und in direktem Kontakt mit der Schöpferkraft. Daher stammt ihre gewaltige Kraft. Sie nehmen den noch formlosen Schöpfungsimpuls auf, bringen ihn in die erste Form, um ihn dann an die anderen Kräfte des Schöpfungsstrahles weiterzugeben. Von den Elohim wird der Schöpfungsimpuls an die anderen Kräfte des Schöpfungsstrahles weitergegeben, die im Schöpfungsprozess wirken: Die Erzengel und Engel, die Aufgestiegenen Meister, an Naturengel und Naturwesen, an die Wesen der Pflanzen und Edelsteine und an die Manifestationen der irdischen Welt, um nur einige zu nennen. Der Impuls geht auch an uns Menschen, denn auch wir Menschen sind Mitschöpfer.
Während die Schöpfungsstrahlen den gesamten Bewusstseinsbereich von der höchsten Schwingungsebene bis in die Materie enthalten und daher integrieren und stabilisieren, transformieren die Elohim-Farbstrahlen mit der hohen Schwingung, die dem Ursprung nahe ist.

233

Die Aufgaben der Elohim

Elohim wurden erschaffen, um im Schöpfungsprozess mitzuwirken. Sie begleiten und überwachen den gesamten Schöpfungsprozess, damit er in der Ordnung bleibt. Ihr Wirkungsbereich erstreckt sich nicht nur auf die Erde, sie wirken in allen Universen und Galaxien.

Elohim sind Engel der Wahrheit und Klarheit. Sie tragen das Schwert der Wahrheit und sind Kämpfer der Wahrheit, der Liebe, des Schöpfers. Sie halten die göttliche Ordnung und die Wahrheit aufrecht. Elohim verfügen über enorme Transformationskraft. Als „Hüter der Ordnung und des Lichtes" und mit der Kraft der Gnade klären die Elohim energetische Blockaden, Karma und begrenzende Strukturen bis zur Wurzel. Sie befreien von Gedankenmustern, Verhaltensweisen, Beschwerden und Abhängigkeiten, die belasten und einengen. Sie transformieren, ordnen, bringen in den Einklang mit dem Schöpfungsplan und unterstützen uns, zum wahren Wesen zu finden. So ermöglichen sie auch die Bestimmung zu erkennen, Fähigkeiten zu entfalten und das wahre Wesen zu leben.

Zu ihren Aufgaben gehören:

- die Schöpfung nach dem Impuls des Schöpfers zu manifestieren,
- die Ordnung in der Schöpfung im Sinne des göttlichen Plans zu erhalten,
- Disharmonien zu klären,
- die Schöpfung zu schützen und zu heilen,

anderen Wesen, die ebenfalls im Schöpfungsplan wirken, Kraft, Wissen und Energie zur Verfügung zu stellen.

Elohim sind Lehrer für andere Wesen, die im Schöpfungsprozess mitwirken, so sind sie auch Lehrer für Engel und Menschen.

Wie sehen Elohim aus?

So wie die Elohim sich in ihrer Wirkung an unseren Entwicklungsstand anpassen, so tun sie es auch mit ihrem Aussehen. Sie können ihre Erscheinung, ihre Form, ihre Größe, ihre Ausstrahlung und Kraft verändern und an den Menschen und die Situation angleichen. So kann der Mensch diese Kraft leichter annehmen. Meiner Wahrnehmung nach haben Elohim keine festgelegte Form, da sie reines Licht sind. Ich nehme sie meist als Lichterscheinung wahr und erkenne sie an ihrer machtvollen Ausstrahlung und Schwingung. Da Elohim zu den Engeln gehören, erscheinen sie als Wesen mit Flügel. Ihre Flügel sind meist sehr groß, sodass Elohim ein machtvolles Aussehen erhalten. Sie können sich allerdings auch in anderer Form, in Tönen, Farben und Klängen zeigen.

Die Bedeutung des Wortes Elohim

Das Wort Elohim stammt aus dem hebräischen. Die Bibelforschung nimmt an, dass der Begriff Elohim ursprünglich aus dem polytheistischen Götterwelt Kanaans stammt, aus dem „gelobten Land", in das die Hebräer etwa um 1200 v. Chr. allmählich einwanderten.

235

Der Begriff findet sich auch auf den Ugarit-Tafeln aus Mesopotamien.

Der Begriff Elohim erscheint an vielen Stellen des Tanach, der hebräischen Bibel und wird dort immer im Zusammenhang mit dem Schöpfergott verwendet. Oft findet man daher auch den Begriff „Schöpfergötter" als Übersetzung von Elohim.

Elohim ist die Pluralform von El, Eloah, Eloha oder Elohae. Der Begriff Eloah erscheint im Tanach jedoch nur selten, fast immer wird die Pluralform Elohim benutzt. Die Worte Eloah, Elohim und El können im Tanach auch Engel oder geistige Wesenheiten bedeuten.

Die Vorsilbe El bedeutet im arabischen „groß, mächtig". In der semitischen Grundform bedeutet Elohim vermutlich „Mächtiger" oder „Starker". Er wird auch mit „die Gewaltigen", „die, die vom Himmel gekommen sind", übersetzt. In einigen alten Text steht, Elohim können Engel (Malaak) als Boten senden und dass sie die ersten Propheten berufen haben. Laut AnthroWiki gehören sieben Elohim zur Hierarchie der Geister der Form und sind die Schöpfer der Erde

Exkurs: Naturwesen, Geistführer und Co.

Ich könnte dir jetzt mal eben eine Menge Wesen der geistigen Welt aufzählen und ich würde wahrscheinlich niemals zu Ende kommen, denn es gibt so viele, die passen hier alle gar nicht in das Buch hinein. Die gängigsten, die jeder soweit kennt sind die Engel, Erzengel, Elohim, die Geistführer, Kobolde, Gnome, Feen, Elfen, Druiden, Baumgeister, (diese zählen zu den

236

Naturwesen/Geistern), Schamanische Tiergeister (Krafttiere) Arkturianer, Plejaden, Lichtvölker, Gott selbst, die Verstorbenen, Einhörner und viele mehr. Du siehst, die Liste ist wahnsinnig lang, und das sind nur die (uns) bekanntesten. Ich habe mir mal erlaubt, dir ein paar davon zu erklären, damit du einen guten Überblick gewinnst und vielleicht weißt, wer dich denn schon mal alles so besucht hat.

Verstorbene:

Seelen, welche menschlich waren, und nun ins Jenseits zurückgekehrt sind. Sie haben mehrere Inkarnationen hinter sich und machen sich dann bereit, für ihre nächste Inkarnation. Sie schwingen niedriger.

Geistführer:

Geistführer selbst waren einst menschlich und haben sich nach ihrem Ableben entschieden, anderen Seelen auf ihrem Weg zu helfen. Jedoch kann niemals ein Verwandter dein Geistführer sein. Je nach Lebensabschnitt hat man mal mehrere Geistführer und dann wieder nur einen oder zwei. Die Geistführer wissen um die Schwierigkeiten auf der Erde und ihre Dualität, da sie diese Zeit selbst durchlebt haben. So können sie dir besser helfen und sind einfacher zu erreichen als Engel, da sie stetig bei dir ganz nah verweilen. Geistführerbotschaften enthalten meist sehr aussagekräftige Botschaften bereit, welche dir auf deinen Wegen im irdischen Leben weiterhelfen können.

Naturwesen:

Diese kleinen Wesen existieren nicht nur in Sagen oder Legenden. Sie werden auch oft als Naturgeister bezeichnet und sind (wie der Name schon sagt) in der Natur anzutreffen. Meistens sind es kleine Feen, Elfen, Kobolde, Einhörner oder sogar Gnome und Trolle. Ja, sie gibt es wirklich, wenn man sich mit ihnen genug auseinandersetzt, wird man sie sogar ziemlich schnell entdecken. Diese kleinen Wesen sind sehr flink, und daher braucht es Geduld sie zu sehen, doch sei gewiss, wenn du eine starke Verbindung zur Natur verspürst, bist du auch mit ihnen verbunden. Diese wunderbaren Seelen sind die Hüter der Natur.

Arkturianer/Plejaden/Lichtvölker:

Dies haben die wenigsten schon einmal gehört. Arkturianer sowie die Plejaden und andere Lichtvölker gehören zu den außerirdischen Lichtwesen. Sie kommen aus einer anderen Galaxie (die Arkturianer stammen von dem Planeten Arcturus) und helfen den Menschen beim Aufstieg in die nächsthöhere Dimension. Sie schwingen sehr hoch und bestehen daher nicht aus Materie. Sogenannte "Starseeds" sind kleine Seelen (Sternensamen), welche auf die Erde von ihnen gesandt werden, um noch mehr Hilfe bereitzustellen. Sie gehören zu den lichtvollen Seelen und haben nichts mit den Film-Außerirdischen gemeinsam. Sie selbst haben einen Lichtcode, mit welchen sie sich verständigen.
Du siehst, dass die geistige Welt, und auch das

238

Universum selbst voll mit wunderbaren Seelen und Wesen ist. Es gibt in den Weiten der Galaxien unzählige Lichtvölker, und in den Dimensionen unzählige Wesen. Wir sind nicht alleine und Raum und Zeit fließen stetig ineinander über.

Erdenengel:

Erdenengel sind inkarnierte Engelseelen, welche hier her auf Erden kamen um der Welt zu helfen. Doch nicht nur Engelseelen inkarnieren, sondern auch eine Vielzahl anderer Seelen. So ist es zum Beispiel auch möglich, dass Arkturianer inkarnieren, oder sogar Naturwesen. Es ist wunderschön zu sehen, wie die geistige Welt bereit ist jederzeit zu helfen.

Wellness für die Seele

Das Gesetz der Anziehung

Fast jeder kennt es, aber keiner nutzt es: Das Gesetz der Anziehung. Vielen ist nicht bewusst, welche schöpferische Kraft in ihnen steckt und wie sie diese nutzen könnten. Es gibt unzählige Bücher auf dem Markt, die dir erklären, wie das Ganze funktioniert, doch bei den wenigsten funktioniert es tatsächlich. Ich möchte mich hier gar nicht lange damit aufhalten, was das Gesetz der Anziehung eigentlich ist, sondern mich viel mehr damit beschäftigen, wie du es optimal nutzen kannst, so dass es auch funktioniert und dir einige Anhaltspunkte liefern. Zum Verständnis für dich: Das Gesetz der Anziehung beschreibt folgendes: Was du an

Energie aussendest, kommt auch zu dir zurück. Dies ist ein einfaches Gesetz, welches sich nicht leugnen lässt. Selbst wenn du daran nicht glaubst, dieses Gesetz wirkt, egal was du davon hältst oder auch nicht hältst. Du sendest Gedanken aus. Gedanken sind Energien, und Energie geht bekanntlich nie verloren, sie wandelt sich nur um. Das wissen wir auch aus der Physik. Viele Seminare und Bücher besagen nun, dass du einfach „anders denken" musst, und schon ist der Fisch geputzt. Doch dem ist nicht so. Es ist sehr wichtig auf eine gesunde Gedankenhygiene zu achten und sich seiner Gedanken bewusst zu sein, doch das alleine reicht nicht aus. Mich erreichen immer und immer wieder viele Zuschriften, wieso das nicht funktioniert, man denke ja den ganzen Tag an nichts anderes mehr. Ich kann dir dazu sagen: Es reicht nicht aus es „nur zu denken," du musst es auch fühlen. Wenn du dir dein neues Auto nur vorstellst, aber keine Freude dabei empfindest, wirst du es auch nicht anziehen können. Wir kennen es alle: Wir denken an diese eine Person und unser Herz schlägt schneller, wir fühlen also diesen Gedanken. Und genau das müssen wir uns zu nutze machen bei all unseren anderen Wünschen. Du musst deinen Gedanken fühlen, und zwar das, was du erreichen möchtest. Wenn wir vor einer Aufgabe stehen, stellen wir uns dauernd immer den negativen Ausgang vor, haben zittrige Hände und uns rennt der Schweiß von der Stirn. Wir malen uns häufig immer das aus, was wir nicht wollen, statt das, was wir wollen. Wir tun das sogar oft unbewusst, daher beobachte deine Gedanken mal ein paar Tage lang, du wirst selbst merken, es ist gar nicht so leicht sich anfangs dabei zu ertappen. Hinzu kommen dann noch so wunderbare Glaubenssätze, die wir seit unserer Kindheit in uns tragen, welche uns von unserem wahren Potenzial abhalten. Du siehst schon, wie viel da mit hineinspielt. Und dennoch ist das Gesetz der Anziehung keine Mammutaufgabe. Das Wichtigste ist das Fühlen und das Spüren. Wenn du bei dem Gedanken an dein neues Auto kein Herzklopfen kriegst, dann weißt du, dass du es nicht fühlst. Je öfter du an das denkst, was du wirklich willst und es auch noch spüren kannst, es dich mehr als glücklich macht, dann wird dir das Universum auch genau das Antworten. Welche Wege es dabei nutzt ist völlig egal. Es kommt zu dir. Wenn du bei Amazon ein Paket bestellst, bist du dir auch sicher, dass es ankommt, egal ob der Postbote morgen ausgeschlafen ist oder nicht, du weißt es einfach. Und das ist der nächste Punkt: Du musst dir zu 100% sicher sein, dass es ankommt, da darf kein Hauch an Zweifel bestehen. Ich nenne es gerne das Vertrauen in die geistige Welt und dem Universum. Du kannst den ganzen Tag mit deinen Wünschen verbringen, es richtig fühlen und musst dir sicher sein, dass es bald so sein wird. Es funktioniert tatsächlich. Du kannst das mit allem machen: Beruf, Geld, Gesundheit, die Liebe, wir sind die größten Schöpfer unserer Realität. Alles, was du um dich herum erlebst, hast du selbst manifestiert und erschaffen. Auch die unangenehmen Dinge. Das mag man manchmal nicht wahrhaben, aber genau das passiert, wenn wir dem Universum „Mangel" senden, und das tun wir mehr als genug. Wenn du unbedingt einen Partner/Partnerin brauchst, dann sendest du dem

Universum dauernd Mangel. Du bist alleine nicht glücklich und hast allgemein damit zu kämpfen alleine zu sein. Du wirst diesen Partner/diese Partnerin aber erst finden, wenn du diesen Mangel loslässt und anfängst alleine glücklich zu sein, genau dann findet sich oft auch die Liebe des Lebens. Dasselbe ist mit Geld verbunden. Wenn du überzeugt bist das Geld den Charakter verdirbt, oder dir Geld nicht wichtig ist, dann ziehst du genau das an: Kein Geld. Was glaubst du, warum manchen Menschen alles zu gelingen scheint und ihnen nur so zu fliegt? Sie wissen um dieses Gesetz, und praktizieren es schon immer. Du weißt es jetzt auch, und du weißt nun, dass du es fühlen musst. Der wichtigste Punkt dabei ist tatsächlich zu wissen, dass du alles erreichen kannst. Da darf kein Funken (Selbst)Zweifel dazwischen sein. Sobald dies geschieht, sendest du den Mangel aus. Das Gesetz der Anziehung wirkt selbst wenn du daran nicht glaubst. Du strahlst jeden Tag auch unbewusst deine Gedanken aus. Wenn sie überwiegend positiv sind, wirst du all dies bekommen. Doch viele Menschen leiden an Ängsten und Mangeldenken, nicht zuletzt, weil diese Gesellschaft es auch so vorlebt. Tagtäglich rieselt es auch in den Nachrichten nur so vor Angst und Panik, an was soll sich da der Mensch noch orientieren. Und seien wir mal ehrlich, auch wenn wir es nicht gerne zugeben: Es macht etwas mit uns. Auch wenn wir es nicht im ersten Moment bemerken, so hallt es unbewusst in uns nach. Egal wohin man geht, was man tut, man hört immer nur die schrecklichen Dinge. Ist dir nicht aufgefallen, dass in den Nachrichten nur Negatives läuft? Wann hast du zuletzt einmal positive

Nachrichten gehört? Der Mensch ist darauf programmiert nur Negatives zu erfahren, scheint auch interessanter zu wirken als etwas Positives. Wir füttern unseren Verstand und unser energetisches Feld andauernd mit einer niederen Schwingung, kein Wunder, dass wir irgendwann so denken.

Dieses Muster zu durchbrechen ist dennoch ziemlich leicht. Die Regeln sind einfach:

1. Halte dich von den Nachrichten fern. Allgemein von Sendungen, welche eine niedere Schwingung beinhalten (meistens Trash-TV)

2. Halte dich von Menschen fern, die nur Negatives zu berichten haben. (Siehe Kapitel Energievampire)

3. Glaube an dich und deine Schöpferkraft.

4. Teile deine Ideen und Ziele (oder Wege) nur mit Menschen, die dich darin bestärken oder erwähne es nur, wenn du schon am Ziel bist. (So kann es dir keiner schlechtreden.) Die meisten Menschen sind in ihren eigenen Grenzen so begrenzt, dass sie ihre eigene Angst auf dich übertragen.

5. Umgib dich nur mit Dingen, die dir wirklich gut tun. Auch wenn das manchmal nicht möglich ist, so sorge auf jeden Fall für einen Ausgleich.

6. Erde dich. Erdung ist wichtig, um auch den Stress und die schweren Energien loszulassen.

7. Vertraue ohne jeden Zweifel darauf, dass das Universum liefern wird ohne Wenn und Aber.

8. Beobachte deine eigenen Gedanken, und daraus entstehenden Gefühle. Meist fühlen wir etwas und merken gar nicht, dass diesem Gefühl ein Gedanke voraus ging.

9. Finde deine festsitzenden Glaubenssätze heraus und löse sie. Schreibe sie neu. (Ich gebe dir unten noch ein paar Beispiele)

10. Bleibe dran. Alles braucht Zeit. Ein negatives Denkmuster lässt sich nicht von heute auf morgen „neu schreiben", aber du kannst heute damit anfangen und einen neuen Schritt in deine Zukunft machen.

Zugegeben, das ist alles erst mal viel. Du kannst das alles in Ruhe angehen. Niemand zwingt dich dazu, von heute auf morgen ein neuer Mensch mit neuen Gedanken zu werden. Sei auch nicht so streng zu dir, wenn es mal nicht funktioniert. Niemand kann ständig positiv und glücklich durch die Welt rennen. Deswegen erfüllen sich auch nicht immer gleich unsere ersten Gedanken. (Zum Glück.) Was glaubst du, wäre dann auf der Welt los? Solche Gedanken senden wir sehr lange aus, bewusst und unbewusst. Lass dir bitte Zeit.

Ich habe dir hier noch ein paar sehr hilfreiche Tipps zur Anwendung dieses Gesetzes:

- Stelle dir mit allen Sinnen das vor, was du gerne haben möchtest. Wenn du einen neuen

Job möchtest, stell dir vor, wie gut das Bewerbungsgespräch läuft. Wie wunderbar die Mitarbeiter sind, wie der Chef begeistert von dir ist. Wie fühlst du dich dabei? Wie fühlt es sich an diesen Job zu machen? Wie fühlt es sich an, das erste, hohe Gehalt, auf dem Konto zu haben? Versuche es richtig tiefgehend zu fühlen, berühre die Geldscheine, fühle dein Herz und deine Freude.

- Mache dies so oft wie du möchtest, mit allen Dingen, die du gerne hättest. Es ist egal wie groß und unnahbar dein Wunsch erscheint, das Universum kann ihn dir liefern. 1 Milliarde Euro, wieso auch nicht? Nichts ist unmöglich!

- Lasse danach deinen Wunsch los, wenn du dich in deine Gedanken hineinbegeben hast. Denke erst wieder an ihn, wenn du es wieder tun möchtest.

- Stell dir das Universum wie eine Art Katalog vor: Nichts ist zu weit, zu hoch oder zu teuer. Blättere in deinem Katalog des Lebens umher und suche dir das aus, was du haben möchtest. Freue dich darauf, dass du es bald in den Händen halten wirst.

- Geist ist mächtiger als Materie. Der Geist steht immer über der Materie.

- Je höher du schwingst, desto leichter fällt es dir positive Ereignisse in dein Leben zu ziehen, welche wiederum deine Schwingung erhöhen.

Wenn du einmal den Bogen raus hast, wirst du sehen, wie schnell das alles geht. Freue dich darauf, denn du kennst nun das Gesetz der Anziehung und kannst dein Leben neu gestalten. Denk daran: alles, wirklich alles was dir passiert, hast du selbst angezogen. Deine Seele macht ihre Erfahrungen, zu welcher auch gehört, zu lernen, dass wir Schöpfer sind. Wir sind Meister der Manifestation.

Die Gesundheit - Heilung auf allen Ebenen

Wie oben erwähnt ist der Geist immer mächtiger als die Materie. Dies bedeutet im Umkehrschluss, dass du auch was deine Gesundheit betrifft einiges für dich tun kannst. Doch was ist Gesundheit eigentlich? Was beschreibt einen gesunden Körper? Gesundheit ist die Abwesenheit von Krankheit und umgekehrt. In einem gesunden Körper wohnt ein gesunder Geist und eine glückliche Seele. Doch viele vergessen, dass die eigentliche Krankheit der letzte Schritt ist, nämlich der, der sich manifestiert hat. Es geschieht schon viele, viele Jahre vorher. Es beginnt immer in unserem Energiekörper. Es beginnt in unserem Mentalkörper, wandert zu unserem Emotionalkörper hinüber zu unserem Astralkörper (auch Ätherkörper genannt) und zum Schluss wird es physisch. Erst dann schauen die meisten Menschen hin und merken, dass es ihnen nicht gut geht. Der Körper ist immer, ausnahmslos immer, die letzte Instanz, um sich bemerkbar zu machen. Würden wir mehr mit uns und unserer Seele kommunizieren, würden wir viel eher merken, wenn etwas nicht stimmt. Dann würde sich das auch nicht manifestieren können.

Leider sind wir oft in diesem System so sehr eingespannt, dass wir es nicht bemerken, was uns unsere Seele mitteilen will. Wir halten es für völlig normal, ständig müde zu sein, erschöpft zu sein, Stress zu haben und nur sehr wenig Zeit für uns und die Familie. Dann heißt es oft „das ist das Leben, das Leben ist hart." Ein wunderbarer Glaubenssatz, den niemand braucht. Das beste Beispiel ist der „Burn-out." Man macht das so lange, bis der Körper zusammenbricht. Doch auch andere (chronische) Krankheiten, wie Krebs, Endometriose, Bluthochdruck, Diabetes, Arteriosklerose, Gicht, Osteoporose, und viele weitere lassen nicht lange auf sich warten. Hast du einmal den Stempel „chronisch krank", wirst du auch von der Schulmedizin so behandelt . Oft nur noch das Nötigste. Wenn du auch noch davon überzeugt bist, unheilbar zu sein, wirst du dies auch bleiben. Man muss in der heutigen Zeit mittlerweile ein eigenes, kleines Medizinstudium abgelegt haben, um sich selbst helfen zu können. Die Schulmedizin ist in den letzten Jahren immer mehr zurückgegangen. Statt zu helfen, geht es meist nur noch um das Geld, welches sich die Pharmalobby einschmeißt. Ein Patient, der geheilt ist, an dem wird nichts mehr verdient. Versteh mich nicht falsch, die Schulmedizin hat auch ihre Berechtigung. Gerade bei notwendigen Operationen, oder Medikamente die das Leben retten. Sie ist nicht nur schlecht, aber sie hat sich leider nicht so entwickelt, wie man es als Mensch brauchen würde um gänzlich zu heilen. Gesundheit muss auf allen Ebenen entstehen,

247

und den Anfang macht immer die Seele, dann kommt der Geist und dann zieht der Körper automatisch nach.

Hinter vielen Krankheiten stecken energetische Blockaden, nicht zuletzt auch in den Chakren. Die Chakren sind unsere Energiezentren, wenn sie also zu überaktiv oder unteraktiv sind, sprich blockiert, gerät das ganze Energiesystem in einen Energiestau. Bis sich dies alles physisch manifestiert dauert es einige Zeit. Dennoch merken wir es immer erst „dann" und fangen uns an zu fragen, was dieses oder jenes bedeuten könnte. Heilung ist also nicht nur Symptom-Unterdrückung, sondern ganzheitliche Behandlung. Dies fällt gerade der Schulmedizin schwer, da sie ihr eigenes, einstudiertes Schema hat. Wenn du nun also Beschwerden hast, solltest du dich als erstes fragen, WARUM du diese Beschwerden hast. Natürlich sagst du jetzt „Ja, weil dies und das nicht funktioniert." Und da gebe ich dir recht, wenn das eine nicht rund läuft, geht es beim nächsten los. Es ist auch richtig, dass du dann zum Arzt gehst. Wenn diese Beschwerden öfter auftreten oder gar chronisch werden, musst du dich zwingend mit dir auseinandersetzen. Irgendwo in deinem System ist etwas schiefgelaufen, und du darfst es so wieder lösen. Doch dazu musst du dich erst mal kennen, deiner Seele zuhören und herausfinden, was hinter den körperlichen Symptomen steckt. Es gibt auch unzählige Bücher, welche jede Erkrankung genau aufschlüsseln und was dahintersteckt. Ich kann dir aber grob hier sagen, dass es meist energetische Blockaden sind. Ich gebe dir einfach mal ein paar Beispiele, welche mich betreffen und vielleicht nun vielen Frauen helfen

248

wird, da es über dieses Thema noch zu wenig Wissen gibt:

Das Thema Endometriose/Adenomyose und Östrogendominanz sowie Hormonchaos

Verhält sich wie Krebs, ist aber gutartig

Ich habe einfach im Gefühl darüber berichten zu müssen. Wenn du nun ein Mann bist, kannst du das Thema gerne überspringen, jedoch bekommen auch Männer Endometriose, dies ist tatsächlich möglich. Du kannst aber gerne weiterlesen, wenn du allgemein Probleme mit Magen, Darm, Blase, Prostata, Nieren und alles ab Brustkorb abwärts hast.
Endometriose ist kaum erforscht. Die Schulmedizin kennt nur Operation und künstliche Hormone. Darüber hinaus wurde aber nicht weiter geforscht, denn sie ist das „Chamäleon" der gynäkologischen Erkrankung. Viele Beschwerden sind unspezifisch und man entdeckt sie nicht immer im Ultraschall. Ich hatte nur „Glück im Unglück" als ich zyklische Darmblutungen bekam, denn man erzählte mir jahrelang meine Schmerzen seien psychosomatischer Natur. Wenn du also für sich spürst, dass etwas nicht stimmt oder eine Diagnose falsch ist, bleib da dran. Du kennst dich am besten. Die Endometriose ist schwer zu diagnostizieren, und man braucht schon einen echt guten Frauenarzt dazu. Meist entdeckt man sie in einer Operation, Laparoskopie (Bauchspiegelung) genannt. Manche Herde machen keine Beschwerden, andere wiederum doch, und manche so gravierend, dass Frau 20 Tage oder mehr

249

unter starken Schmerzen leidet. Ich weiß, wovon ich rede. Eine Form der Endometriose wächst in die Gebärmuttermuskulatur ein, diese nennt man dann Adenomyose und macht furchtbare Schmerzen während der Regelblutung. Bei mir waren Opiate zum Schluss notwendig. Endometriose, egal ob sie in den Darm, Blase, Magen, Lunge und Gehirn wächst (tief infiltrierende Endometriose) oder „nur um die Eierstöcke und Becken herum, tut oft weh und sorgt für Verwachsungen auf Dauer. Organe können dadurch nicht mehr richtig arbeiten. Oft wird Endometriose im unteren Becken gefunden, Gehirn und Lunge sind eher seltener. Die Herde ähneln nur der Gebärmutterschleimhaut, bluten aber mit dem Zyklus ab. Sie sind also Hormongesteuert. Die meisten Endo-Patientinnen haben eine Östrogendominanz, dies bedeutet, das Östrogen ist viel zu hoch.

Für mich war die Endometriose einfach eine Art Krebs aber gutartig. Sie verstreut sich im ganzen Körper, und auch nach Operationen ist sie stark rezidiv. Künstliche Hormone verträgt nicht jeder, und dadurch wächst die Endometriose nur noch schneller, da man ihre Symptome nur unterdrückt.

Energetisch ist dies eine Blockade im Wurzelchakra sowie auch dem Sakralchakra und Teile im Solarplexus. Die meisten Erkrankungen, sei es Darm, Blase, Prostata , Nieren, das Becken, untere Wirbelsäule usw. haben den Ursprung in diesen Blockaden. Die oberen Organe entsprechen den oberen Chakren. Gerät schon eines aus dem Gleichgewicht hat dies Auswirkungen auf alle. Ich habe versucht herauszufinden, woran es denn nun

250

bei mir liegt. Da ich das „Glück" hatte, alle drei Formen der Endometriose zu haben (in der Gebärmuttermuskulatur, im kleinen Becken und infiltriert in andere Organe) fragte ich mich umso mehr, was da passiert war. Die gängigen Ansätze, warum man Endometriose hat, passten nicht zu mir. Ich hatte keine Vater/Mutter Probleme oder sonstige Dinge, die in diese Richtung gingen. Also schaute ich weiter, und ich hoffe dir damit auch helfen zu können. Ich gebe hier Einblick auf die seelisch/geistige Ebene:

Die tief infiltrierende Endometriose wächst in die Organe ein. Sie wahrt die Grenzen nicht zu diesen Organen (dies kannst du auch auf Tumore und/oder Zysten und andere Gewächse auslegen.) Sie überschreitet die Grenzen und der Körper, besser gesagt, das Immunsystem lässt es zu. Demnach ist dir oftmals nicht bewusst, dass man bereits in deinem Leben Grenzen überschritten hat und du es zugelassen hast. Dies liegt daran, dass du tiefe Ängste in dir trägst, die durch das blockierte Wurzel Chakra entstehen. Dieses Chakra gibt dir Halt und Erdung. Du fühlst dich sicher und geborgen und ruhst in dir selbst. Wenn man nun in jungen Jahren schon traumatisiert wurde, oder gemobbt wird oder andere Erlebnisse hat, entstehen so diese Blockaden. Auch die Ablehnung der eigenen Weiblichkeit wirkt sich dann auf das Sakral Chakra und alle Hormone aus. Man kann sich nicht so ausleben wie man gerne möchte (vielleicht auch dann am Ende schmerzbedingt.) Das Wurzel Chakra ist unsere feste Instanz zur Erde und zum Körper. Deswegen ist es unerlässlich sich auch mit der eigenen Seele, dem eigenen Geist und dann dem

251

Körper gleichermaßen zu beschäftigen. Symptome zu unterdrücken führt früher oder später nur zu noch mehr Problemen. Ganzheitlich bedeutet immer alle Seiten zu betrachten.

Dies alles ist ein kleines Beispiel dafür, wie sich Blockaden in uns manifestieren können.

Du kannst aber auch das Gesetz der Anziehung für deine Gesundheit nutzen. Dies funktioniert schließlich mit allem.

Deine Gesundheit manifestieren

In erster Linie möchte ich sagen, dass jede Erkrankung, sei sie physisch oder psychisch, egal in welcher Ausprägung, immer schwer für diese Person ist. Auch chronische Erkrankungen kosten viel Energie und die Person ist meist nicht mehr dieselbe, welche sie einst war. Daher ist immer, in jeder Situation ein Arzt zu konsultieren. Dies ist immer der erste Schritt. Aber du kannst während der Behandlung einiges für dich selbst tun. Du könntest aufhören, dich in die Opferrolle zu begeben und ständig zu jammern, wie schlecht es dir geht. Es spricht nichts dagegen sich auch dem einmal hinzugeben, doch möchte ich dir damit ein wichtiges Mindset mit auf deinen Weg geben. Wenn du in deinen Schmerzen schwelgst (und ich weiß aus eigener Erfahrung, wie schwer so etwas sein kann) und dich ganz auf das Jammern konzentrierst, wirst du auch genau das wieder anziehen. Deine Schmerzen, deine Gefühle, all das ist real und möchte ich dir auch gar nicht absprechen. Dennoch ist es wichtig hier zu unterscheiden: Hast du eine Erkrankung oder leidest du unter ihr? Es gibt Menschen, welche eine unheimliche Stärke ausstrahlen, weil sie beschlossen haben, nicht unter ihren Schmerzen zu leiden. Sie haben es auch schwer, aber sie leiden nicht. Sie haben das Zepter wieder selbst übernommen und gehen ihren Weg. Essenziell hierbei ist, sich immer klar darüber zu sein, dass man gesund ist. Ja, richtig gelesen: DU BIST GESUND. Wenn du dir immer wieder einredest, du seist krank, so wirst du es auch bleiben. Wir erinnern uns, wie mächtig der eigene Geist und die Seele ist. Der Mensch nutzt ohnehin nur wenige Prozente seines Gehirns. Wir Menschen sind spirituelle Wesen und zu vielem mehr möglich, als wir zu denken wagen. Anfangs mag es sich für dich sehr seltsam anhören, denn dir geht es nicht gut, und dann sollst du dir auch noch vorstellen, gesund zu sein. Nein, noch mehr als das: Du sollst es auch noch fühlen. Du fragst dich, wie das gehen soll? Ich sage dir: Mach es einfach. Probiere es aus. Rede es dir nicht nur ein, sondern wisse, dass es so ist. Das ist das Gesetz der Anziehung. Nebenbei darfst du auch herausfinden, warum du krank geworden bist. Wenn du nun ein gutes Körpergefühl hast, kannst du hineinspüren und deinen Körper selbst fragen. Wenn du das nicht hast, kann dir dabei auch jemand helfen. Oft sind Energiemeridiane blockiert, und auf diesem Wege hin erkennt man die energetische Ursache dahinter. Es ist also nicht nur wichtig, seine eigene Gesundheit zu manifestieren, sondern auch die Ursache zu finden. Sie beginnt immer energetisch, ausnahmslos. Vielleicht kennst du bestimmte Verhaltensweisen von dir, die nicht immer gut sind. Dies kann ein erster Schritt sein, um herauszufinden, welches Chakra blockiert ist und welche Hilfe du dabei benötigst. Du kannst alles anwenden, was dir dabei hilft, deine Gesundheit zu manifestieren.

Und was ist mit Affirmationen?

Ich selbst bin kein Fan von ihnen. Wenn du sie gerne benutzt, kannst du das auch gerne machen. Ich jedoch denke, dass man sich viele Dinge einreden kann, es jedoch darauf ankommt, wie man es fühlt. Wenn du dir den ganzen Tag vorbetest, wie wunderschön du eigentlich bist, aber in den Spiegel schaust und fast zu weinen beginnst, dann bringen dir die besten Worte nichts. Ich halte von Affirmationen gar nichts, solange du sie nicht auch tief fühlen kannst. Wenn du dir selbst sagst, du bist gut genug oder wunderschön, dann musst du das auch ganz tief fühlen. Es sind immer unsere Gefühle, welche uns steuern und es gehen diesen auch Gedanken voraus, aber es ist unerlässlich es zu fühlen. Du kannst dir überall Zettel aufhängen und dich jeden Tag erinnern, daran ist nichts verkehrt. Wir fangen alle irgendwo einmal an. Doch manifestiere immer nur mit deinen Gefühlen. Auch deine Gesundheit oder Finanzen . Selbst wenn du dich nicht gesund fühlst, erwecke trotzdem in dir und in deinen Gedanken das gesunde oder reiche Gefühl. Ja, das scheint eine ganz schön schwierige Aufgabe zu sein, doch wenn man einmal den Bogen raus hat, geht es ganz einfach. Du musst auch nicht „traurig" sein, dass es „nur" in deiner Vorstellung passiert, nein, freue dich, dass es bald

Realität ist. Sei dir auch hier immer sicher: Es wird zu deiner Realität.

Hypnose- Die Welt des Unterbewusstseins

Kurz möchte ich hier, direkt nach den Affirmationen auch auf die Hypnose eingehen. Manche Menschen denken immer noch an diese Showhypnosen, in denen man willenlos ist und herumgackert wie ein ganzer Hühnerstall. Verwirf diesen Gedanken gleich wieder. In einer Hypnose ist man niemals willenlos. Man ist oftmals sogar sehr wach und bei vollem Bewusstsein. Der Hypnotiseur (oder bei einer Selbsthypnose du selbst) versetzt dich in einen sehr tiefen, entspannten Zustand, auch Trance genannt. Du bekommst alles mit, aber manchmal scheinst du „abzuschweifen." So macht dein Verstand platz und übergibt dem Unterbewusstsein die Kontrolle. Alles, was dann dort hineinfließt kann wirken. Deswegen verwenden viele Hypnosetherapeuten auch gesunde, stärkende Affirmationen für dein Unterbewusstsein. Dass es funktioniert, weiß jeder von uns. Viele Menschen sind dadurch tatsächlich rauchfrei geworden. Es kommt immer darauf an, wie suggestibel du bist. Dies bedeutet, wie schnell du dich auf eine Hypnose einlassen und dich entspannen kannst. Manche Menschen sind es sehr leicht, dazu gehöre auch ich. Andere wiederum gar nicht. Aber das ist auch nicht weiter schlimm. Man muss nicht alles mitgemacht haben. Hypnose hat auch Nebenwirkungen. Wenn Personen schwer traumatisiert sind oder Depressionen haben. Gerade bei psychischen Erkrankungen sollte von Selbstversuchen abgeraten werden. Auch bei Epilepsie.

Es ist vorher immer mit einem Arzt oder Therapeuten abzusprechen, bevor man sich in solche Sitzungen wagt.

Krankheit- Bist du selbst schuld?

Viele Heiler vertreten den Standpunkt, dass man an seiner Krankheit, an seiner Misere selbst schuld ist. So weit hergeholt ist das gar nicht. Doch ich sage auch, an allem ist man nicht selbst schuld. Ein Baby, welches auf die Welt kommt, welches an einer Krankheit leidet, kann noch gar nicht daran selbst schuld sein. Auch hier hat die Seele ihren Weg wieder selbst ausgesucht, jedoch ist das Baby in dieser Hinsicht komplett unschuldig. Eines ist klar: Wenn ich rauche oder übergewichtig bin und einen schlechten Lebensstil pflege, dass ich langfristig krank werde. Dies sind die äußeren Faktoren, so wie ich sie gerne nenne. Ernährung, Lebensstil, Umwelt, Stress und viele mehr. Doch auch die inneren sind wichtig. So führen nicht nur psychische Erkrankungen zu körperlichen Beschwerden (somatoforme Störungen), sondern auch die eigene Gedankenwelt. Wir denken hier einfach mal an den Placebo und Nocebo-Effekt. Etwas kann wirken, oder etwas wirkt in das Gegenteil, weil wir es uns genauso einreden. Beides ist zu jederzeit möglich. Wenn wir nun sehr negativ eingestellt sind, weil es uns auf dieser Welt mal wieder zu viel geworden ist, dann wird sich das irgendwann auch auf unseren Körper auswirken. Ich nenne es gerne auch die Opferhaltung. Je mehr wir in ihr verweilen, desto schlimmer ergeht es uns, unserer Seele und unserem Geist. Zum Schluss zieht der Körper nach. In gewisser Weise sind wir also tatsächlich selbst schuld. Du fragst mich jetzt entrüstet, was mit all den Menschen ist, die schwer an Krebs oder anderen Erkrankungen leiden, was mit denen ist, die einen gesunden Lebensstil pflegten und trotzdem erkrankten. Angesichts dessen bin ich vorsichtig mit Schuldzuweisungen. Doch es gibt dir auch eine große Macht zurück. Wenn du dir sagst, du hättest einiges anders machen können, dann hast du auch wieder die Macht es zu verändern und wieder das Zepter für dich in die Hand zu nehmen. Dir selbst für etwas die "Schuld" zu geben ist hier das falsche Wort. Es ist viel mehr so, dich in die Verantwortung zu holen. Zellen teilen sich nicht einfach so, denn du hast ihnen energetisch und emotional das Signal gegeben es zu tun, wenn auch nicht bewusst (siehe Kapitel Gesundheit.) Du hast dich dafür entschieden, schon vor langer Zeit, und ja, es ist hart dies zu hören, aber denke immer daran: Du hast die Macht, du kannst das Zepter wieder übernehmen. Komme dazu bitte erst aus dieser Opferhaltung heraus. Du kannst den ganzen Tag rumjammern, wie schlimm doch alle Ärzte sind und was man dir angetan hat, oder aber, du schaust, dass es dir besser geht. Verwende deine ganze Energie nur für diese eine Sache und du wirst sehen, wie wenig erschöpft du zum Schluss sein wirst. Ich kann da definitiv mitreden, denn ich habe selbst eine sehr schmerzhafte, chronische Erkrankung, welche ich nicht als solche anerkenne. Für mich, und das sollte dir auch klar sein, ist JEDE Erkrankung heilbar, unabhängig davon, was Ärzte oder Professoren zu dir sagen. Gebe dich niemals mit Aussagen

257

zufrieden, welche von Menschen stammen, deren eigener Horizont sehr begrenzt ist. Wisse und spüre einfach, dass es da mehr gibt. Es sind nur Worte von Menschen, so wie ich es hier schreibe. Es liegt an dir allein, was du glaubst und was nicht.

Die Opferrolle

Ja, da fühlen sich viele wohl. Man kann jammern, man bekommt Aufmerksamkeit, man bekommt Hilfe und Mitleid und das böse Leben ist an allem Schuld, nur du nicht. Du hast ja gar nichts gemacht, schließlich war es die schlimme Nachbarin mit ihrem Hund, welcher dich gebissen hat und überhaupt ist jeder Mensch furchtbar. Dein Vertrauen wurde missbraucht, der Chef möchte dir keine Beförderung zukommen lassen, die Kollegen lachen hinter deinem Rücken und das Knie tut wegen diesem blöden Orthopäden nur noch mehr weh. Erst einmal hinsetzen und den Frust richtig schön an der Welt rauslassen. Klar, das kannst du gerne machen. Du kannst auf deinem Sofa sitzen und die Welt und Gott verfluchen. Doch solltest du verdammt noch mal aufstehen und anerkennen, dass du Schöpfer/Schöpferin deines Lebens bist. Du hast oben gelesen und verstanden, was das Gesetz der Anziehung bedeutet und wie du es anwenden kannst. Was machst du eigentlich noch hier in dieser Rolle? Wer hat dich hier hinein gedrängt? Wer hat dich so klein fühlen lassen? Hast du denn nicht bemerkt, dass du viel größer bist als all das, was die Menschen dir hier versuchen zu erzählen? Lass mich raten, du bist in diesem Hamsterrad gefangen und machst brav deinen Dienst so

258

wie es andere gerne von dir erwarten. Die Opferrolle ist eine klassische Rolle, in welcher wir alle schon einmal waren. Egal, ob kurz,- oder langfristig. Es ist auch viel bequemer immer anderen die Schuld zu geben, als bei sich selbst einmal anzufangen. Dazu müsste man sich erst einmal eingestehen, dass man ja auch noch selbst schuld daran ist. Dass man all das angezogen hat, durch Verhaltensmuster und andere Gedanken und Glaubenssätze. Jetzt ist aber Schluss damit. Du bist kein Opfer und du hast diese Haltung nicht mehr nötig, völlig unerheblich wer dich gemobbt oder fertig gemacht hat. Du bist Licht, du bist ein großes spirituelles Wesen, du bist genauso viel wert wie alle anderen auch. Also hör nun auf, die Welt zu verdammen, es ist nicht deine Aufgabe, dich hier zu verkriechen.

Vielleicht kennst du auch eine Person, welche dir immer sehr viel Energie kostet, weil es immer nur um sie und ihre Probleme geht. Es mag sein, dass der ein oder andere Mal mehr, mal weniger Probleme hat. Das ist auch in Ordnung, wir dürfen alle jammern. Doch achte darauf, ob es stetig passiert und ob die Person schon immer so war. Denn wenn dies passiert, kann es sein, dass diese Person ein kleiner Energievampir ist (siehe Kapitel Energievampire.) Gewisse Menschen fühlen sich einfach in ihrer Rolle gut, weil sie so sehr viel Aufmerksamkeit bekommen. Ganz charakteristisch dabei ist auch, dass sie gewisse Hilfen ablehnen und von dir die Master-Lösung für ihre Probleme erwarten. Sie machen ihre Probleme zu deinen. Sie möchten auch gar nicht zum Arzt oder zu einer Gesprächstherapie. Achte immer darauf, inwieweit die Personen Hilfe

annehmen möchten.
Ich habe hier einfach mal ein paar Beispiele, wie so etwas aussehen kann. Natürlich kann so etwas immer wieder variieren und tritt vor allem bei depressiven Personen auf:

"Ich kann das nicht, ich bin ohnehin nichts wert."

"Der Arzt macht da sowieso nichts."

"Die Welt ist nur böse, alle wollen mich fertig machen."

"Ich rufe da morgen an, mich will sowieso keiner sprechen."

"Jeder ist gleich."

"Ich vertraue niemandem mehr"

"Alles ist so leer und sinnlos"

"Kannst du mir nicht bei.... helfen? Du kannst das viel besser als der Arzt."

"Du hörst mir sowieso nie zu, ich bin dir egal!"

*Bitte beachte, dass die Depression eine ernstzunehmende Erkrankung ist, und nicht mit einem Satz wie "Reiß dich mal zusammen." lösen lässt! Hier ist immer professionelle Hilfe nötig.

Du siehst schon, dass die Grenzen hier verschwimmen. Und natürlich ist eine Depression ein ganz anderes Feld als die Opferrolle an sich. Jedoch sagt man, dass Menschen, welche sich leicht im Leben aus der Bahn

260

werfen lassen, auch leichter in die Opferrolle geraten. Gerade wir hochsensiblen neigen dazu, uns die Last der Welt auf die Schultern zu laden und werden nicht selten depressiv. Bitte vergleiche diese Opferrolle nicht mit der Depression!

Narzissten, Soziopathen, Psychopathen, Gaslighting

Diese Welt hat aus diesen Begriffen eine ganze Ära gemacht. Wir alle sind uns einig, dass ein Narzisst nicht so schlimm wie ein Psychopath ist, und dennoch ist es dieselbe Energie. Nämlich diese, die in uns wohnt. Wir ziehen diese Energien an, wenn etwas in uns ungeklärt ist. Meistens könnte man es wie eine Lernaufgabe betrachten. Ich möchte dir hier nur mal kurz die einzelnen "Merkmale" auflisten, welche Psychotherapeuten klassifiziert haben:

Merkmale Psychopathie/Soziopathie

• Extremes, gewissenlose und bewusstes Manipulieren und Quälen
• Massiv mangelnde Empathie; betonter Egoismus
• Herzloses unbeteiligt sein ggü. Gefühlen anderer
• Ausnutzen persönlicher Beziehungen zum eigenen Vorteil
• Missachtung sozialer Verpflichtungen, Normen und Regeln
• Deutliche und andauernde Verantwortungslosigkeit
• Geringe Frustrationstoleranz
• Niedrige Schwelle für aggressives, auch gewalttätiges Verhalten

- Unfähigkeit zum Lernen aus Fehlern; straftätlich schlecht resozialisierbar
- Unfähigkeit zum Schuldbewusstsein, Reue
- Verschiedene Auslöser für individuelle Impulsdurchbrüche
- Nicht oder wenig beeinflussbar durch Strafreize; kaum Ressourcen, die therapeutisch gefördert werden könnten
- U.a. wie Verwahrlosungstendenzen

Die wichtigsten Merkmale eines Narzissten/ narzisstischen Persönlichkeitsstörung

- Sie **reden meist über sich selbst** und stellen sich als übermäßig bedeutend, intelligent und besonders dar. Über andere Menschen sprechen sie oft **kritisch und abwertend**.

- In ihren Beziehungen ist das **Geben und Nehmen im Ungleichgewicht**. Sie haben hohe Erwartungen an die andere Person, sehen sich selbst aber nicht zur Gegenleistung verpflichtet.

- Sie reagieren extrem **empfindlich auf Kritik** und nehmen immer wieder eine **Opferhaltung** ein.

- Sie haben **starke negative Emotionen**, sind oft wütend, aufbrausend, beleidigt und eifersüchtig.

- Es mangelt ihnen an Empathie und Mitgefühl. Das überspielen sie gekonnt mit **Charme und Charisma**.

- Sie haben geringe bis keine **Fähigkeiten zur Selbstreflektion**. Schuld an Konflikten sind immer die anderen. Sich ohne ein „aber" zu entschuldigen, ist ihnen nicht möglich.
- Sie **lügen**, um sich selbst besser darzustellen. Konfrontierst du sie, werfen sie dir vor, du hättest sie missverstanden.
- Ihr Verhalten anderen gegenüber pendelt zwischen charmanter Freundlichkeit und Liebenswürdigkeit sowie **Vorwürfen, Respektlosigkeit, Beleidigungen und Gleichgültigkeit**.

Es ist dennoch immer wieder eine Energie, welche in unser System infiltriert. Ich hatte in vorherigen Kapiteln schon von Energievampiren gesprochen, und diese Personenkreise gehören da tatsächlich dazu. Sie saugen dir buchstäblich alle Energie aus, und das auch noch beabsichtigt, denn sie alle möchten dich leiden sehen. Selbst wenn es in vielen Fällen eine Erkrankung ist, tun sie es dennoch. Du darfst mit ihnen gerne etwas Mitleid haben, denn ihnen ist meist etwas sehr Schlimmes im Leben passiert, ein Trauma oder andere furchtbare Dinge. Doch du darfst sie ohne ein schlechtes Gewissen zur Türe bitten. Meistens ist in uns aber etwas ungeklärt, denn sonst würden sich diese Personenkreise uns erst gar nicht zeigen.

Oftmals begegnen uns solche Personen, wenn wir:

- Unsere Grenzen nicht kennen und auch nicht wahren können.

- Wir nicht gelernt haben "Nein" zu sagen

- Zu naiv einer Sache nachgeben oder zu gutgläubig sind

- Wir zu gutmütig sind

- Immer nur das Gute im Menschen sehen (Was bis zu einem gewissen Grad hin auch völlig in Ordnung ist, denn der Kern eines Menschen, einer Seele ist immer Licht und somit immer gut, doch das Verhalten musst du nicht tolerieren.)

- Wir leicht verletzlich sind, und viele Emotionen zeigen (Jeder Mensch ist verletzlich, nur wir (hoch)sensiblen zeigen es gerne, und tragen unser Herz auf der Zunge. Das wird oft gerne gegen uns verwendet)

- Wir zu mitfühlend sind

- Wir ein Helfersyndrom entwickelt haben und ständig meinen, allen und jeden helfen zu müssen.

- Wir mit uns selbst nicht im reinen sind und unser Selbstwertgefühl gelitten hat.

- Wir wenig Vertrauen in uns und unsere Fähigkeiten haben

- Wir einsam sind und uns nach Gesellschaft sehen (oft alles tolerieren) und vieles mehr.

264

Ich habe dir hier einen kleinen Überblick gegeben, warum manche Menschen von Narzissten, Soziopathen oder gar Psychopathen umgeben werden. Doch wenn du einmal in einer Beziehung, Freundschaft oder anderweitig mit ihnen zu tun hattest, weißt du sie danach ganz genau zu erkennen. Dir werden sie immer und immer wieder begegnen, solange dein Thema in dir noch nicht geklärt ist, aber du kannst sie sehr schnell entlarven und wirst dich nicht mehr auf sie einlassen oder an dich heranlassen.

Anders sieht es aus, wenn ein Familienmitglied diese Züge aufweist. Hier ist es nicht so leicht, dem allen zu entgehen. Vor allem als Kind oder Kleinkind hat man keine anderen Möglichkeiten und ist diesem doch irgendwo hilflos ausgeliefert. Dennoch kannst du daraus lernen, und dich später abgrenzen, dich stark machen. Denke immer daran, dass du die Verantwortung und somit die Macht hast. Hab keine Angst vor ihnen, denn sie sind nur Energien. Du bestimmst, mit wem du dich umgibst und mit wem nicht.

Narzissten, Soziopathen und Psychopathen nutzen ihre Manipulationstechniken immer zu ihren Vorteilen. Vielleicht steckst du auch gerade in so einer Situation. Du bist hin und hergerissen, und weißt nicht so genau, was du nun tun sollst. Deine Gefühle fahren Achterbahn , dein Verstand weiß schon längst, dass dir diese Person nicht guttut, doch es klappt irgendwie nicht da wegzukommen. Ja, das liegt an der "Gehirnwäsche" und der Manipulation. Je nachdem, wie lange du das schon mitmachst, wird es immer schwieriger für dich. Aber nie unmöglich! Durch die ganze Gehirnwäsche sinkt auch dein eigener Selbstwert nach und nach. Das ist Sinn der Sache, denn schließlich sollst du bei ihm/ihr bleiben und möglichst keine eigenen Wege gehen. Nun stellst du dir die Frage, wie du da herauskommst? Es gibt es immer und überall professionelle Hilfe, nimm sie in Anspruch, wenn du das Gefühl hast, es nicht mehr alleine zu schaffen. Bei Gewalt wende dich bitte sofort an ein Frauen/Männerhaus oder hole dir anderweitig Unterstützung. Egal, was er/sie danach zu dir sagt oder tut. Er/sie tut es nur, um dich wieder zu manipulieren. Durchschaue dieses Spiel und bleibe konsequent. Es gibt nur einen einzigen Weg diese Personen hinter sich zu lassen:

SOFORTIGER KONTAKTABBRUCH

Und das ausnahmslos. Egal, was er/sie denkt oder sagt, dir einredet oder tut, du bleibst konsequent. Du wirst sehen, sobald du nicht mehr so reagierst wie sie es möchten, werden sie ihr wahres Gesicht nach einiger Zeit zum Vorschein bringen. (Falls es währenddessen nicht schon geschehen ist.) Du hast keine andere Wahl! Es gibt auch kein "Vielleicht, und wenn und was ..." NEIN! Stoppe diesen Wahnsinn und gehe. Versuche auch nicht ein klärendes Gespräch zu suchen, das wird ihn/sie nicht interessieren. Es wird ihm/ihr nur nochmal die Vorlage für eine weitere Manipulation geben. Wie diese aussehen können, habe ich dir hier einmal zusammengestellt:

1. Sie sind gute Lügner

Manipulatoren erzählen Dinge, die nie passiert sind oder leugnen Dinge, die passiert sind. Dabei sind sie so glaubwürdig, dass man ihnen die Lügen einfach abkauft. Damit wollen sie Mitleid erwecken, sich selbst in ein gutes Licht rücken oder die Wahrnehmung verändern. Wer das Gefühl hat, belogen zu werden, sollte diese Geschichten hinterfragen und nach Unstimmigkeiten suchen.

2. Sie verwenden Ihre Schwachpunkte gegen dich

Manipulatoren wissen, welche Knöpfe sie bedienen müssen, damit es beim anderen wirklich wehtut. Wer wegen seiner Figur oder seines Aussehens unsicher wirkt, ist schnell zu beeinflussen: Die Wahl der Klamotten wird kommentiert oder die Essensauswahl beim gemeinsamen Restaurantbesuch. Manipulatoren versuchen, anderen das Leben schwerer zu machen und Unsicherheiten noch zu verstärken. Dann haben sie Sie in der Hand.

3. Sie spielen mit deinem Gewissen

Egal, was du machst, ein emotionaler Manipulator wird dafür sorgen, dass du dich deshalb schlecht fühlst. Jeder Streit wird letztlich zu deiner Schuld gemacht. Wenn du von einem Problem erzählst, bist du selbst schuld daran. Dann nutzen Manipulatoren das schlechte Gewissen des Gegenüber zu ihrem Vorteil aus, um genau das zu bekommen, was sie wollen. Gefühle der anderen sind ihnen im Grunde genommen völlig egal.

4. Sie spielen die Opferrolle

Die ganze Welt hat sich gegen Manipulatoren verschworen und sie sind nie an irgendetwas schuld. Im Grunde genommen übernehmen sie schlicht nie die Verantwortung für ihre Fehler. Sie schieben die Schuld immer auf andere und am liebsten auf eine bestimmte Person: Dich.

5. Sie tun hilfsbereit – sind es aber nicht

Wenn man einen Manipulator um Hilfe bittet, sagt er schnell zu. Aber wenn es dann wirklich so weit ist, dass er helfen muss, tut er so, als wäre es eine riesige zusätzliche Belastung die er tragen muss. Er jammert und stöhnt darüber, wie viel Arbeit er wegen des Gefallens hat. Um sich das zu ersparen, solltest du sie das nächste Mal gar nicht erst fragen.

Nicht jeder ist gleich ein Manipulator, dennoch sind Auffälligkeiten gerade in diesen Personengruppen zu erkennen. Daher solltest du immer genau hinhören, wenn dir so etwas auffällt. Es gibt auch die Emotionalen-Manipulatoren, welche auch du den Narzissten und Soziopathen gehören. Diese spielen mit deinen Gefühlen. Du spürst, dass derjenige/diejenige etwas ganz anders meint, als er/sie es gesagt hat.

"Dieses Kleid steht dir." Doch in Wirklichkeit wendet sich diese Person von dir ab oder lässt ihren Blick an dir herunter wandern. Du kannst fühlen, dass es nicht so gemeint ist, wie es gesagt wurde. Doch wenn du noch einmal nachfrägst heißt es dann, du bildest es dir nur ein. Und schon fängst du an, an deinen Gefühlen zu zweifeln. Du traust deinem eigenen Bauchgefühl nicht mehr, deiner eigenen Stimme. So sorgen Sie für viel Verwirrung.

Kennst du den Begriff "Gaslighting" schon? Nein? Dann sei froh, dass du so etwas noch nicht erleben musstest. Ich möchte es dir dennoch kurz erklären, um darauf aufmerksam zu machen. Gaslighting ist eine sehr heftige Manipulationsmethode. Es geht sogar so weit, dass die Opfer wirklich denken sie wären verrückt. Übersetzt heißt das „Gasbeleuchtung". Deine Wahrnehmung wird so langsam gedimmt, dass du es nicht mitbekommst, wie bei einer Gaslampe. Das Wort steht dafür, eine Person mit psychologischen Taktiken so zu manipulieren, dass sie eine falsche Darstellung der Realität akzeptiert und/oder an ihrer eigenen geistigen Gesundheit zweifelt.

22 Beispiele für typische Sprüche, die beim „Gaslighting" benutzt werden:

- „Das hast du so nie gesagt!"
- „Das habe ich nie gesagt. Dein Gedächtnis ist unterirdisch."
- „Das bildest du dir ein!"
- „Du regst dich über nichts auf!"
- „Immer verdrehst du die Sachen!"
- „Du denkst ja nicht klar."

- „Du hörst dich verrückt an, das weißt du schon?"
- „Beruhig dich mal. Du bist immer gleich so dramatisch …"
- „Du ziehst gern vorschnell die falschen Schlüsse!"
- „Du machst aus einer Mücke einen Elefanten!"
- „Du bist so ein Sensibelchen."
- „Verstehst du jetzt keinen Spaß mehr?"
- „Du nimmst aber auch alles gleich so persönlich."
- „Ich bin nicht verärgert. Worüber redest du?"
- „Wenn du mich wirklich lieben würdest, würdest du …"
- „Du machst mich wütend."
- „Niemand sonst würde dich jemals lieben."
- „Ich erinnere mich, dass du dem zugestimmt hast."
- „Wie siehst du eigentlich aus? Nimm doch mal ab …"
- „Ich glaube, du brauchst dringend Hilfe."
- „Das Problem bin ganz sicher nicht ich. Fang mal bei dir selbst an!"
- „Du bist doch paranoid"

In der Regel findet Gaslighting in engen Beziehungen und Partnerschaften statt (also bei Ehepartnern, der Mutter, dem Vater), weil sie die größte Angriffsfläche bieten: Jemandem, den man liebt, vertraut man. So beginnt „Gaslighting" oft als märchenhafte Liebesbeziehung, bei der anfangs alles bestens scheint.

270

Im Laufe der Zeit ändern sich die Dinge jedoch allmählich. Das Heimtückische beim „Gaslighting": Eine Lüge hier, eine Lüge da, ab und zu ein abfälliger Kommentar. Es ist der „Frosch in der Pfanne"-Effekt: Auf dem Herd steht eine Pfanne voller Wasser, darin sitzt ein Frosch. Nun wird die Hitze so langsam erhöht, dass der Frosch darin nicht merkt, dass es immer heißer wird . Er bleibt sitzen, bis es zu spät ist. Die stete Kritik am Handeln oder Aussehen, die Einschüchterungen und Versteckspiele (wie die mit Marias Tabletten) haben auf Dauer verheerende Folgen: Der oder die Betroffene misstraut seiner eigenen Wahrnehmung, wird zunehmend verwirrt und emotional erschöpft. Passieren kann das im Übrigen jedem klugen wie selbstbewussten Menschen und ist daher kein Zeichen von Schwäche oder Naivität. Kinder können ebenso das Ziel von „Gaslighting" sein, indem die Eltern ihnen absichtlich das Gefühl geben, unzulänglich, wertlos oder ungeliebt zu sein. Auch in Freundschaften oder unter Arbeitskollegen im Kontext Mobbing kann „Gaslighting" auftreten. „Gaslighting" ist eine hochgradig ungesunde Kommunikations- und Beziehungsform. Aber Sätze wie „Das hast du so nie gesagt!" fallen sicher in jeder Beziehung einmal. Ist das nun gleich „Gaslighting"? Der grundlegende Unterschied zwischen einem Partner, der missbräuchlich ist, und einem, der im Streit, sagen wir mal, nicht sehr konstruktiv ist: Der „Gaslighter" konditioniert den Betroffenen oder die Betroffene so permanent mit verallgemeinernden sogenannten Du-Botschaften, dass er oder sie denkt, es läge an ihm oder ihr. Eine gesunde Beziehung ist geprägt durch offenen Austausch mit einem hohen Anteil sogenannter Ich-Botschaften, ein Geben und Nehmen. Beide Seiten sind sich bewusst, dass ihre Perspektive nur subjektiv ist. Sie hören sich zu und können offen über eigene Gefühle sprechen. Man darf und kann „man selbst" sein und das eigene Leben ist besser, weil der Partner oder die Partnerin da ist. Und auch Streit gehört zu einer intakten Beziehung. Fallen dann einmal Sätze wie die oben aufgelisteten, ist es zumindest möglich, mit seinem Partner oder seiner Partnerin darüber konstruktiv zu diskutieren im Gegensatz zur Beziehung mit einem „Gaslighter".

Das Ziel des „Gaslighters": Kontrolle über das Leben seines Opfers zu gewinnen. Durch die Selbstzweifel wird man abhängig von dem Täter oder der Täterin und deren Zuneigung. Überraschenderweise passiert das nicht einmal immer bewusst. Das heißt, da sitzt niemand aus absichtlicher Gemeinheit und heckt einen finsteren „Masterplan" aus. Oftmals steckt dahinter eine Person mit einem sehr geringen Selbstwertgefühl und großer Verlustangst und um ihre eigene Unsicherheit zu verstecken, verursacht sie genau das bei anderen: Unsicherheit und damit Macht für sich selbst. Oder jemand wurde als Kind selbst manipuliert und weiß es nicht besser. Nicht selten leiden die Täter oder Täterinnen auch unter einer narzisstischen Persönlichkeitsstörung. Das bedeutet, er oder sie hat ein extremes Bedürfnis nach Aufmerksamkeit und Bewunderung und zeigt eine Vorliebe für zwischenmenschliche Ausbeutung, leider ohne Rücksicht auf Verluste.

Man wird nicht geschlagen oder bedroht, dennoch handelt es sich bei „Gaslighting" um eine Form von psychischer Gewalt. Die permanenten Zweifel an der eigenen Realität können schwerwiegende Folgen haben: ein geringes Selbstwertgefühl, mangelnde

Lebensfreude, schwere Depressionen, Angststörungen und sogar Selbstmordgedanken.

Dunkle Empathen – die dunkle Seite der Empathie

Dunkle Empathen sind Personen, die neben Empathie auch dunkle Triaden-Eigenschaften wie Narzissmus, Machiavellismus und Psychopathie aufweisen. Das bedeutet, dass ihre Empathie hoch ist, sie aber auch Merkmale der dunklen Triade haben, im Gegensatz zu Menschen, die nur Empathen sind. Empathen wissen, wie sich andere fühlen, und sie nutzen dieses Verständnis um anderen zu helfen. Im Gegensatz zu ihnen spüren dunkle Empathen auch deutlich die Gefühle anderer und deren Unsicherheiten, aber sie nutzen diese gegen sie. Ein dunkler Empath wird den Schmerz und die Gefühle eines anderen Menschen vollständig verstehen, aber er entscheidet, ob er empathisch sein will oder nicht.
Im Gegensatz zu einem wahren Empathen, der sich immer auf den Schmerz einer Person bezieht und von dieser Energie entladen wird, zeigt ein dunkler Empath Mitgefühl nach Bedarf.

Wie unterscheidet sich die Empathie eines Empathen von der eines Dunklen Empathen?

Die dunklen Empathen rangieren hoch in der kognitiven Empathie, aber nicht in der affektiven Empathie. Zudem besitzen **Empathen** einen hohen Anteil an **affektiver**

Empathie und weisen keine Merkmale der dunklen Triade auf.

Kognitive Empathie:

Ist die Fähigkeit, die Gefühle anderer zu verstehen und was sie denken könnten. Diese Art der Empathie lässt uns erkennen, wie es wäre, wenn wir an der Stelle einer anderen Person wären, ohne jedoch viel zu tun, um ihr zu helfen oder sich auf ihre Gefühle einzulassen.

Affektive oder emotionale Empathie:

Wenn Sie diese Art von Empathie ausdrücken, können Sie die Emotionen einer Person buchstäblich so fühlen, als wären es Ihre eigenen. Daher werden Sie, wenn Sie den Schmerz einer Person spüren, auch emotionalen Kummer empfinden. Dunkle Empathen wissen genau, wie sie sich freundlich und normal verhalten können, während sie ihre wahren Absichten verbergen.
Dies alles verdanken sie ihrem hohen Maß an kognitiver Empathie, die sie in die Lage versetzt, Menschen und ihre Emotionen zu verstehen. Wenn also das nächste Mal jemand Ihre Gefühle und Bedürfnisse versteht, sie aber dazu benutzt, sie zu manipulieren, könnte er ein dunkler Empath sein.

Dunkle Empathie- Die Anzeichen

1. Sie nutzen andere aus

Ein dunkler Empath ist einfach ein intelligenter Narzisst mit Empathie, Intuition und Sensibilität. Sie haben also die angeborene Fähigkeit, andere für sich arbeiten zu lassen. Sie wissen, wie sie dich in jeder Situation unter Kontrolle halten und nutzen dich zu ihrem eigenen Vorteil aus. Sie sind Experten darin, andere zu lesen, ihre Bedürfnisse zu verstehen und diese Informationen zu nutzen, um das zu bekommen, was sie wollen, indem sie Menschen manipulieren. Sie sind motiviert, mit anderen mitzufühlen, weil sie sie kontrollieren wollen. Wenn sie deine Trigger verstehen, fühlen sie sich in einer Beziehung noch stärker. Das Schlimmste ist, dass sie nicht einmal bereuen, dass sie andere ausnutzen und verletzen. Ihr manipulatives Verhalten und ihre Handlungen werden ihnen nie leid tun, da sie in ihrem Gedanken immer eine Rechtfertigung dafür befreien.

2. Sie sind hochsensibel

Obwohl sie bösartig sein können, können dunkle Empathen eine hohe Sensibilität haben und zeigen. Dies ist eines der häufigsten Anzeichen dafür, dass sie ein dunkler Empath sind. Aufgrund ihrer hochsensiblen Natur können sie deine Gedanken und Gefühle leicht verstehen, auch wenn sie sie nicht fühlen können. Sie verfügen auch über eine hohe emotionale Intelligenz, ähnlich wie Empathen, aber sie nutzen sie ganz anders - zu ihrem eigenen Vorteil.

3. Sie leiden unter psychischen Problemen

275

Eines der am häufigsten beobachteten Merkmale der dunklen Empathie sind psychische Störungen. Aufgrund ihres Selbstbewusstseins und ihrer emotionalen Intelligenz haben dunkle Empathen mit hoher Wahrscheinlichkeit mit psychischen Problemen wie Angstzuständen und Depressionen zu kämpfen. Da sie sich in einem ständigen Konflikt mit ihrer Fähigkeit, sich in andere einzufühlen, und ihrem Bedürfnis, eben diese Menschen zu manipulieren, befinden, sind dunkle Empathen nicht in der Lage, psychische Stabilität zu erfahren. Dies wird durch ihre Unsicherheiten, ihren Selbsthass, ihr geringes Selbstwertgefühl, ihre Selbstkritik und ihr negatives Selbstkonzept noch verstärkt.

4. Sie sind passiv-aggressiv

Auch wenn sie nicht so aggressiv sein können wie andere Persönlichkeiten der Dunklen Triade, kann ein dunkler Empath eine passiv-aggressive Persönlichkeit haben und Anzeichen dafür zeigen, dass sie indirekte Formen von Wut und Aggression zeigen. Verhaltensweisen wie sarkastische Witze, Schuldzuweisungen, Gaslighting oder das Ausnutzen anderer sind Anzeichen für passiv-aggressives Verhalten.

5. Sie haben ein geringes Selbstwertgefühl

Da sie mit einer narzisstischen Persönlichkeitsstörung (NPD) belastet sind, neigen dunkle Empathen zu einem geringen Selbstwertgefühl und Selbstachtung. Sie sind

276

sehr unsichere Menschen mit einem ständigen Bedürfnis nach Bestätigung, aber einem riesigen Ego. Sie glauben, dass sie weder Liebe noch Bewunderung verdienen, denn ihre emotionale Intelligenz macht sie sich ihrer manipulativen und toxischen Natur bewusst. Aufgrund ihres negativen Selbstkonzepts und ihrer Scham sabotieren sie oft absichtlich gesunde Beziehungen. Aufgrund ihres mangelnden Selbstwertgefühls können dunkle Empathen oft Witze über ihre eigenen Schwächen oder Behinderungen machen, werden aber leicht beleidigt, wenn andere darüber Witze machen, da sie hochsensibel sind. Sie wollen geliebt werden und erfüllen ihre Bedürfnisse und Wünsche auf die meist egoistische Weise.

6. Sie spielen das Opfer

Dunkle Empathen neigen dazu, stark neurotisch zu sein. Das macht sie anfällig für schwierige Gefühle wie Depressionen, Angstzustände, emotionale Instabilität, Wut, Selbstbewusstsein usw. „Personen mit einem hohen Maß an Neurotizismus reagieren schlecht auf Stress in der Umwelt, interpretieren gewöhnliche Situationen als bedrohlich und können kleine Frustrationen als hoffnungslos überwältigend erleben", erklärt eine Studie. Infolgedessen kann ein dunkler Empath sehr selbstkritisch werden und sich in die Opferrolle begeben, wenn die Dinge nicht so gehen, wie er will. Die Opferrolle hilft ihnen auch, deine Aufmerksamkeit und Sympathie zu gewinnen, und macht dir Scham- und Schuldgefühle. Aber das ist nur eine Strategie, um dich dazu zu bringen, genau das zu tun, was sie von dir wollen.

7. Sie nutzen deine Schwächen gegen dich aus

Da sie sehr sozial, aufmerksam und intelligent sind, können sich dunkle Empathen leicht in deine Gefühle hineinversetzen und wissen genau, wie du in bestimmten Situationen reagieren kannst. Daher wissen sie, wie sie dich triggern und in jeder Situation gegen dich spielen können. Sie wissen, wie sie sich in dich einfühlen können, damit du dich wohl genug fühlst, um dich zu öffnen und all deine Geheimnisse und Schwachstellen mit ihnen zu teilen. Obwohl sie es schaffen können, dass du dich unterstützt und verstanden fühlst, sind ihnen deine Gefühle egal. Sie konzentrieren sich ausschließlich darauf, wie sie deine Gefühle nutzen können, um dich zu kontrollieren, auszunutzen und zu manipulieren.
Deine Gefühle werden von dunklen Empathen in Waffen verwandelt, damit du dich noch schwächer und zerbrochen fühlen sollst, während du immer abhängiger von ihnen wirst.

8. Sie haben einen bösartigen Sinn für Humor

Ein dunkler Empath ist ein Meister des Sarkasmus. Oft kritisieren, demütigen und schikanieren sie andere mit ihren dunklen und boshaften Witzen. Obwohl ihre dunklen Witze für andere lustig sein können, können sie für die Person auf die ihre Witze abzielen, verletzend sein. Da sie jedoch hochintelligent sind, kann es schwer sein, die wahren Absichten eines dunklen Empathen hinter ihren grausamen, sadistischen Witzen zu erkennen, es sei denn, du kennst ihre dunklen Triaden-Eigenschaften. Wenn du aus Versehen hereinfällst und

278

dich verletzt, ist ein dunkler Empath der Erste, der dich auslacht.

9. Sie spielen mit deinen Gedanken

Dunkle Empathen sind dafür bekannt, dass sie ihre Opfer ins Gaslighting schicken und ihnen Schuldgefühle einreden, um andere zu manipulieren und unter Kontrolle zu halten. Sie können die Wahrheit leicht verdrehen und werden nicht zögern, dich ins Gaslighting zu schicken und dich an dir selbst zweifeln zu lassen, nur um die Dinge auf ihre Weise zu erledigen. Diese einfühlsamen Narzissten sind Meister darin, dich davon zu überzeugen, dass deine Erfahrungen und Gedanken nicht real sind und dich an deinem Verstand zweifeln zu lassen. Sie lassen dich sogar glauben, dass bestimmte Erlebnisse auf deine Fehler zurückzuführen sind, und machen dir so ein schlechtes Gewissen. Ein dunkler Empath ist ein Experte im Gaslighting und verwendet subtile Taktiken, die du niemals erkennen kannst. Das hilft ihnen oft, persönliche Grenzen zu verletzen und Macht und Kontrolle in einer Beziehung zu erlangen.

10. Sie sind extrovertiert und haben ein großes Ego

Menschen mit diesem Persönlichkeitsmerkmal lieben es, in Gesellschaft zu sein, da sie gerne im Mittelpunkt stehen. Obwohl sie in der Regel extrovertiert sind und über ausgezeichnete soziale Fähigkeiten verfügen, haben dunkle Empathen aufgrund ihres zerbrechlichen Egos und ihres geringen Selbstwertgefühls nicht unbedingt gute Beziehungen zu ihren Lieben. Sie haben keine engen Bindungen zu Freunden und Familie, da diese oft durch toxische Muster und Bindungsstile beeinträchtigt sind.

Sogar wenn sie sich in sozialen Situationen wohlfühlen und soziale Interaktionen genießen, sind dunkle Empathen illoyal, zwielichtig und egoistisch gegenüber anderen.

11. Sie sind gefühlsmäßig distanziert

Unabhängig davon, wie sensibel oder empathisch ein dunkler Empath ist, sollten sie immer eine emotionale Distanz wahren, selbst bei den Menschen, die sie lieben. Sie bleiben emotional distanziert und vermeiden es, bei ihren Liebespartnern und anderen verletzlich zu sein. Ihre emotionale Unzugänglichkeit ist ein Zeichen dafür, dass sie ein geringes Selbstwertgefühl haben und psychisch krank sind. Sie gehen jedoch sehr vorsichtig und bedacht vor und manipulieren Beziehungen mit Charme, statt die Bindung durch Verletzlichkeit zu stärken. Da sie geschickt darin sind, deine Gefühle und Gedanken zu lesen, können sie die Stimmung einer Situation leicht erfassen und ihre Herangehensweise und Einstellung entsprechend ändern. Auch wenn sie ihre Opfer mit ihrem veränderten Verhalten täuschen können, passt sich ein dunkler Empath nur an veränderte Situationen an, um seine Ziele zu erreichen.

12. Sie sind egoistisch

Dunkle Empathen konzentrieren sich in der Regel auf ihre persönlichen Bedürfnisse und Wünsche statt auf

Beziehungen und geliebte Menschen. Dieser Egoismus treibt sie dazu, andere zu kontrollieren und zu manipulieren, wenn auch auf subtile Art und Weise. Wenn du in einer romantischen Beziehung mit einem dunklen Empathen bist, kannst du feststellen, dass sich eure Beziehung hauptsächlich darauf konzentriert, die Träume und Launen deines Partners zu finden.

Dank ihrer narzisstischen Züge sind sie nicht dafür bekannt, in einer Beziehung Opfer zu bringen oder Kompromisse einzugehen. Da sie sensibel und egoistisch sind, wissen dunkle Empathen genau, wie sie ihre Beziehung kontrollieren können, während du für ihre manipulativen Taktiken noch blind sein solltest.

Abgesehen von den oben genannten Merkmalen eines dunklen Empathen kann es noch andere Anzeichen dafür geben, die dir helfen können, dunkle Empathie bei jemandem zu erkennen. Einige davon sind im Folgenden aufgeführt.

- Sie neigen dazu, sadistisch und rachsüchtig zu sein
- Sie manipulieren dich gefühlsmäßig
- Sie verführen dich mit Love Bombing
- Sie tratschen ständig
- Sie können Kritik oder Ablehnung nicht akzeptieren
- Sie machen, dass du dich machtlos und hilflos fühlst
- Sie heben dich hoch und ziehen dich wieder runter
- Sie glauben, dass deine Probleme dich schwach machen

- Sie werden dich bezirzen, solange sie bekommen, was sie brauchen
- Sie betrügen und verraten dich
- Sie sind unberechenbar und launisch
- Sie denken, sie seien besser als andere

Dunkle Empathie vs. Empathie

Dunkle Empathen haben in der Regel keine Gemeinsamkeiten mit Empathen, also Menschen, die mehr Empathie empfinden als andere. Ein Empath kann genau verstehen und fühlen, was andere erleben. Hochsensibel und mitfühlend, werden sie oft von den Gefühlen anderer überwältigt. Ein dunkler Empath hingegen kann die Gedanken und Gefühle anderer erkennen, nutzt die Situation aber für seinen persönlichen Vorteil aus.
Während Empathen ein hohes Maß an affektiver Empathie besitzen (die Fähigkeit, die Gefühle anderer als ihre eigenen zu empfinden), verfügen dunkle Empathen über kognitive Empathie (die Fähigkeit, die Gefühle anderer zu verstehen). Während ein Empath fühlt, was du durchgehst, weiß ein dunkler Empath, was man fühlt.

Es ist anzumerken, dass dunkle Empathie keine offiziell anerkannte psychische Erkrankung, Diagnose oder Symptom ist.

Daher kann eine Person mit dunklen Empathie Eigenschaften ein umfassendes Wissen über den Inhalt deiner Gedanken haben, aber sie kann nicht mit dir mitfühlen. Selbst wenn sie genau wissen, was man fühlt, sind sie oft nicht in der Lage, sich in deine Gefühle hineinzuversetzen. Sie neigen dazu, sehr logisch und objektiv zu sein, da sie jede Situation aus einer praktischen Perspektive betrachten, ohne emotional beteiligt zu sein.

Einige häufige Manipulationsstrategien, die von einem dunklen Empathen eingesetzt werden, können sein

- Gaslighting
- Sarkasmus
- Bombardierung mit Liebe
- Schuldgefühle wecken
- Einschüchterung
- Gespensterei

Ein dunkler Empath kann zahlreiche Manipulationstaktiken anwenden, die meist verdeckt, subtil und indirekt sind. Sie gehen in der Regel sehr subtil über ihre missbräuchlichen und manipulativen Gedanken hinweg, da sie klar und genau verstehen, wie dein Gedanke funktioniert und in welchem psychischen Zustand du dich gerade befindest. Dieses Wissen über deine Psyche befähigt sie, dein Leben auf eine Weise zu kontrollieren und zu manipulieren, die nur schwer zu erkennen ist und sie noch aus dem Rampenlicht heraushalten soll. Du wirst nie in der Lage sein, es auf sie zurückzuführen. Und dies ist es, was sie zu den gefährlichsten Persönlichkeiten macht.

Hochsensibilität

Vielleicht kennst du diesen "Begriff" bereits, vielleicht aber auch nicht. In Kurzform beschreibt Hochsensibilität eine erweiterte Wahrnehmung. Gerüche werden dreimal so stark wahrgenommen wie auch Geräusche, visuelle Eindrücke und Energien. Wer hochsensibel ist, hat meist in Menschenmengen oder an überfüllten Plätzen stark zu kämpfen. Aber auch ein Arbeitsplatz, an dem es zugeht, wie an einem Bahnhof macht uns ganz schön zu schaffen. Versuche dir das mal vereinfacht vorzustellen: Du hast ein engmaschiges Netz und eines, mit größeren Löchern. Durch das größere Netz geht viel mehr an Informationen durch als durch das engmaschige Netz. Und so ist es auch bei uns Hochsensiblen. Social Media und Fernsehen kann einen blitzschnell auslaugen. Viele fühlen sich müde, erschöpft, de-realisiert, leiden an brainfog, bekommen Panikattacken, und sogar körperliche Symptome. Wenn man sich noch nicht mit Hochsensibilität beschäftigt hat, weiß man darüber erst mal nicht so richtig viel. Es ist definitiv keine Krankheit und muss auch nicht weg therapiert werden. Es ist ein Charakterzug, welcher wahnsinnig viele Stärken besitzt, auch wenn es für viele nicht so aussehen mag. Ich habe dir auch hier mal ein paar Merkmale zusammengestellt:

- Vielschichtige Fantasie und Gedankengänge
- Starke innere Wahrnehmung
- Detailreiche Wahrnehmung der Umwelt
- Schwierigkeiten beim Umgang mit Stress und Leistungsdruck

- Hohe Begeisterungsfähigkeit
- Hohe Eigenverantwortung und Wunsch nach Unabhängigkeit
- Gutes Einfühlungsvermögen, große Empathie
- Ausgeprägter Gerechtigkeitssinn
- Detaillierte Selbstreflexion und langer emotionaler Nachklang des Erlebten
- Schwierigkeiten mit starren Strukturen
- Perfektionismus
- Intensives Erleben von Kunst und Musik
- Harmoniebedürfnis
- Starke Beeinflussbarkeit durch die Stimmung anderer Menschen

Hochsensibilität und Medialität gehen ineinander über. Die Hochsensibilität ist eine erweiterte Sensitivität, während Medialität mit einer stark erweiterten Wahrnehmung einhergeht. Wobei ich hier keinen Unterschied machen möchte. Für mich gehen sie Hand in Hand und die Übergänge sind fließend. Auch ein Hochsensibler kann eine stark erweiterte Wahrnehmung haben, und ein Medium sich ebenfalls bei Menschen ausgelaugt fühlen. Da wir Hochsensiblen (oder Medialen) uns sehr schnell erschöpft fühlen, treten wir oft den Rückzug an, bleiben lieber bei uns und unseren Liebsten, weshalb wir oft als sehr introvertiert beschrieben werden. Dabei ist dies überhaupt nicht der Fall, denn lernt man uns erst einmal kennen, sind wir die lustigsten Menschen. Ebenso gibt es auch stark extrovertierte Hochsensible, welche gerne in der Öffentlichkeit stehen. Zu diesen zähle ich auch. Wenn man seine Hochsensibilität ablehnt oder gar nicht weiß, wie man damit umzugehen hat, drohen Depressionen und andere psychische Leiden. Es ist daher sehr wichtig auf sich und seine Energie zu achten. Oben erwähnte ich die Narzissten und Soziopathen. Gerade sie werden von unserer Gefühlswelt angezogen, weil sie diese selbst nicht fühlen können. Sie wissen: Bei uns gibt es das zu holen. Da die meisten Hochsensiblen sehr emotional sind und eine reiche Gefühlswelt haben, können sie auch sehr empathisch sein. Ein Empath und ein Hochsensibler gehen auch hier wieder fließend ineinander über. Durch diese Empathie können wir einiges bei anderen Menschen fühlen, und haben so Probleme "Nein" zu sagen. Wir können schlecht Grenzen setzen. Wir können uns hervorragend in unser Gegenüber hineinversetzen, was eine gute und schlechte Seite hat, sofern wir nicht gelernt haben damit umzugehen. Narzissten wittern dies bereits, manche machen sich gezielt auf die Suche nach Hochsensiblen. Es ist gerade für uns Medialen und/oder Hochsensiblen umso wichtiger endlich Grenzen zu setzen. Stell dir mal vor, du besitzt diesen wundervollen Charakterzug, diese Gabe und hast gelernt damit umzugehen. In dir schlummert ein mächtiger Schatz, der für diese Welt bestimmt ist. Erst dann, wenn du gelernt hast damit umzugehen, ist Hochsensibilität kein Fluch mehr für dich . Erst wenn du in die Akzeptanz gehst, wird es für dich leichter. Natürlich fühlen wir mehr als andere, auch die Trauer, aber auch Freude, Liebe und Glück. Es gibt so viel Wunderschönes auf dieser Welt, und wir sind ein Teil davon. Sei stolz hochsensibel zu sein. Wir sind nicht besser oder schlechter als andere, wir sind nur anders, nehmen mehr wahr. Das ist in Ordnung so. Wir können so viel besser helfen und uns auch in der Natur stärken.

Empathie und Hochsensibilität-Kein Stress im Körper

Ich hatte schon einige Male Empathie auch im Zusammenhang mit Narzissmus erwähnt. Empathie ist das Erleben der eigenen Gefühle und die Gefühle der Außenwelt. Dir ist bereits klar, dass Empathen meist vieles aus ihrer Umwelt heraus wahrnehmen. Hochsensible nehmen ihre eigene Innenwelt meist mehr wahr, aber auch hier sind die Grenzen einfach nicht klar definiert. Ich würde sagen, dass alles übergreifend ist, genauso wie bei der Medialität. Es gibt kein A oder B, es gehört alles zusammen. Ich selbst empfinde es sehr schwierig so stark empathisch zu sein, da ich auch noch hochsensibel und medial bin. Einerseits fühlt man sehr viel und das wirkt sich positiv auf positive Emotionen aus, man empfindet alles dreifach so stark, aber auch auf negative Emotionen. Daher haben viele Empathen und feinfühlige Menschen ein energetisches Burn-out vom Leben. Wir fühlen einfach mehr und das macht uns wirklich sehr zu schaffen, wenn wir nicht das richtige Umfeld dafür und nicht gelernt haben damit richtig umzugehen. Hochsensible Menschen verkriechen sich oft in ihren eigenen vier Wänden, da ihnen diese Welt einfach zu voll und zu schnell geworden ist. Empathen tun oft dasselbe, da ihnen die ganzen Energien zu viel werden. Vor allem die emotionalen Empathen spüren meist die Gefühle anderer am eigenen Leib, als seien es ihre eigenen. Kognitive Empathen nehmen vieles auf

287

Verstandesebene wahr und können sich gedanklich sehr gut in andere hineinversetzen. Doch am häufigsten sind die emotionalen Empathen. Empathie ist auch ein wesentlicher Bestandteil der Hochsensibilität. Wie viel Prozent das ist, ist immer individuell und muss nichts darüber aussagen, wie gefühlvoll jemand ist oder nicht. Wir feinfühligen Seelen empfinden also starken Stress, wenn unser Nervensystem sowie das eigene Energiesystem überreizt werden. Dies geschieht bereits bei einem harmlosen Café-Besuch. Hier klappern die Tassen, dort drüben schäumt die Milch auf und die Leute reden durcheinander, das Schlürfen des Nachbarn und dann auch noch die vielen Gerüche, Farben und eine ungewohnte Umgebung. Stell dir vor, du fühlst all diese Energien in diesem Raum. Nicht nur von den Menschen, sondern auch die, die vor dir da waren. Da ist Überforderung vorprogrammiert. Dein Nervensystem reagiert auf die äußeren Reize, deine Aura auf die verschiedenen Energien und schon passiert es: Du fühlst dich müde, bekommst einen brainfog, wirkst unkonzentriert, dir wird heiß oder kalt, vielleicht wird dir sogar übel oder schwindelig. Du fängst an dich gereizt zu fühlen, traurig oder überdreht, du verstehst im Endeffekt gar nicht was los ist. Dies kann dir auch nach dem Besuch passieren. Meistens nehmen wir viel mehr in der Ruhe wahr. Du bekommst immer mehr das Bedürfnis dich zurückzuziehen oder an einen Ort zu flüchten, an dem es ruhig ist, auf jeden Fall raus aus der Situation. Dies kann dir genauso beim Einkaufen so gehen, auch auf der Arbeit, in der Schule. Überall dort, wo viele Menschen unterwegs sind. Denke daran, dass auch Social Media dich reizüberfluten kann. Energie ist überall, egal ob auf Bildern oder in Videos.

Was heißt das nun für dich? Nur noch als Einsiedler leben? Nein, das musst du nicht. Es kommt viel mehr darauf an, stressfrei da durchzukommen. Wenn unsere Systeme überfordert sind (und das nicht nur einmal, sondern permanent) dann kommt es irgendwann zu dieser dauerhaften Erschöpfung. Natürlich haben das auch "normal sensible" Menschen, doch wir Empathen und Hochsensiblen müssen verstärkt nach uns schauen. Wir laufen sonst sehr schnell leer.

Selbstverständlich kannst du jederzeit in dein Lieblingscafé gehen, Shoppen oder einen Nachmittag mit Freunden verbringen. Achte aber unbedingt darauf, wie deine Umgebung beschaffen ist: Hast du viele Energievampire? (siehe hier Kapitel Energievampire.) Fällt es dir schwer Grenzen zu ziehen? Kannst du schlecht "Nein" sagen? Hast du oft das Gefühl ausgenutzt zu werden? Wenn du dich energetisch öffnest, dann solltest du auch zentriert in dir selbst bleiben. Im Kapitel Übungen habe ich dir hierzu auch eine Übung hinterlegt, welche mir als Empathin sehr gut hilft. Wir müssen unbedingt darauf achten unser Stresslevel so niedrig wie möglich zu halten.

Nehmen wir einmal folgende Szene: Du möchtest deinen Wocheneinkauf erledigen. Dir graut es schon wieder davor, weil du weißt, dass dort viele Menschen sein werden und du danach wieder fix und fertig nach Hause zurückkehren wirst. Du kennst das schon von dir: Die vielen Farben, die vielen Menschen, die vielen Gerüche und Geräusche, all das lässt dich jedes Mal unkonzentriert wirken. Du gehst nun los und läufst nach deinem Arbeitstag einfach dort hinein. Du hast dir keine Pause gegönnt um einmal 20 Minuten abzuschalten, sondern willst es direkt hinter dich bringen. Im Laden wird dir schon komisch. Du kannst gar nicht sagen warum, aber dir wird ganz seltsam. Du fängst an alles schnell zusammen zu suchen, auf lange Überlegungen hast du schon lange keine Lust mehr. Du spürst seltsame Gefühle in dir, manchmal denkst du schon, du seist labil. Wahrscheinlich kennst du auch "Panikattacken." Sie kommen wie aus dem Nichts, aber seltsamerweise oft in solchen Situationen. Du rennst nun zur Kasse, unterwegs begegnen dir viele Menschen und du hast eigentlich keine Lust darauf. Der Nachbar will wieder quatschen und seinen Müll bei dir abladen, du hörst nur höflich zu, weil du kein Streit möchtest. Das ist nicht so dein Ding. An der Kasse musst du dich auch noch anstellen, eine Menge Leute vor dir, aber du stehst jetzt erst einmal. Dein Kopf fängt an zu rasen. Tausende Gedanken, vielleicht machst du dir auch Gedanken darüber, was die anderen wohl alles so erlebt haben oder von dir denken könnten. Du fühlst dich plötzlich unsicher oder total genervt. Du bist dann endlich an der Reihe und kannst förmlich spüren, wie es den anderen vor und hinter dir geht. Es fühlt sich an wie ein Wurstsalat, nur schlimmer. Alles durcheinander gemischt. Als du dann endlich bezahlt hast und aus dem Laden rauskommst atmest du eilig die frische Luft ein. Dein Kopf brummt, deine Hände fühlen sich nass an und deinem Bauch geht es auch nicht mehr so gut. Du fährst nach Hause und musst dich erst einmal hinsetzen oder

hinlegen. Du willst nichts mehr sehen oder hören. Nur einmal kurz ausruhen. Du bist sehr müde und erschöpft. Das ist nur ein kleines Beispiel aus dem Alltag. Wir Empathen und Hochsensiblen neigen dazu nicht zentriert in uns zu bleiben. Wir hetzen durch das Außen, ohne auf uns zu achten. Du kannst mitten im Laden nicht einfach rausrennen und dir ständig Pausen gönnen, deswegen zählt hier immer Vorbereitung. Mir hat es sehr geholfen, mich immer vorzubereiten. Ich habe mich vorher mindestens 20 Minuten ausgeruht und Kraft gesammelt. Mache das gerne zu Hause oder im Auto, wo du möchtest. Ich hatte immer eine genaue Vorstellung davon, was ich möchte und habe mir das zielgenau so aufgeschrieben und dann eingekauft. Kein langes Bummeln. Ich habe mir, wenn möglich, Zeiten rausgesucht, in denen am wenigsten los war und mich dann beim Einkaufen in mir zentriert. Ich habe auch gelernt "Nein, tut mir leid, ich möchte jetzt nicht reden." zu sagen, wenn ein Nachbar kam. Ich sagte stets, ich habe zu tun. An Tagen, an denen ich "schlecht" drauf war, habe ich versucht meine Einkäufe zu verschieben oder sie noch kürzer zu gestalten. Es hört sich vielleicht nicht einfach an, aber kleine Veränderungen bringen bei uns riesige Wirkung mit sich. Danach habe ich mich dennoch immer mal für 10 Minuten zu Hause hingelegt. Es hilft mir einfach. Wir Empathen haben es gerne ruhig und ohne viel drum herum. Das ist nicht immer möglich. Gerade wenn du einen Beruf hast, indem du mit vielen Reizen, Menschen und Energien zu tun hast.
Wenn du merkst, dass es nicht mehr geht, höre auf deinen Körper und dein System. Bitte deinen

Arbeitgeber deine Umgebung anders einzurichten, oder frage nach mehr Ruhepausen. Im Ernstfall kündige und suche dir einen anderen Beruf, welcher deinen Bedürfnissen entspricht.

Auch dein Umfeld sollte stimmen. Wenn du noch nicht zentriert bist, lässt du Energievampiren gerne den Vortritt und du wirst immer ausgesaugt. Das gilt auch für Eltern und langjährige Freunde. Mein Leitsatz ist immer: Alles, was nicht guttut, kommt weg ohne Ausnahmen. Wir Empathen haben ohnehin eine sehr stark ausgeprägte Intuition. Wieso hören wir darauf also nicht?

Das Ganze hört sich jetzt alles furchtbar anstrengend an, doch das ist es nicht. Wir müssen nur kleine Dinge verändern, keine großen Sprünge machen. Wir sind nicht zu sensibel, zu feinfühlig, labil oder weich. Wir sind wahnsinnig stark, denn so eine Gefühlsvielfalt muss man auch erst einmal aushalten und handeln können. Es ist dennoch wunderschön so viel zu fühlen. Stell dir vor, du bist verliebt und fühlst das so stark wie kein anderer. Es ist wunderschön und du kannst daraus so viel Energie gewinnen. Nicht die Umgebung steuert deine Empathie, sondern du steuerst dich und deine Empathie. Lass dir nicht einreden diese "abschalten zu müssen" oder dir ein "dickeres Fell" zulegen zu müssen. Du bist gut so wie du bist, du musst dich für nichts und niemanden ändern. Die Gesellschaft muss sich sensibilisieren und auf uns eingehen.

Selbstliebe

Ein Thema, welches man wirklich überall liest, hört und sieht. Die Selbstliebe. Die einen denken direkt wieder an die Narzissten, die anderen denken, dass sie das niemals könnten. Aber Selbstliebe ist und bleibt nun mal der wichtigste Punkt, für dich, deine Seele und dein ganzes Sein. Ohne Selbstliebe funktioniert so gut wie Garnichts. Du kannst ohne deine Selbstliebe keinen Selbstwert empfinden und keine Grenzen setzen. Du fühlst dich andauernd nur schlecht, physisch wie psychisch und das Leben wird dir nicht gerade leichtfallen. Aber warum lieben wir uns eigentlich nicht? Ich kann mich erinnern, dass die meisten an ihrem Aussehen rumjammern. Aber warum eigentlich? Vielleicht wurden sie gemobbt, vielleicht hat man es ihnen andauernd gesagt, oder sie haben eine negative verzerrte Wahrnehmung. Manchmal schaut man zu viel Werbung oder TrashTv (so nenne ich gerne das Fernsehprogramm von heute.) Diese ganzen Schwingungen auch in den sozialen Netzwerken machen etwas mit uns. Wir möchten auch so perfekt sein, dabei merken wir gar nicht, dass dies alles Photoshop ist. Nun ja, irgendwie wissen wir es schon und dennoch fühlen wir uns plötzlich nicht mehr gut, wenn wir so ein Foto sehen. Es löst in uns trotzdem negative Gefühle aus. Doch es geht nicht nur um das Aussehen. Es geht auch um das ganze Sein, den Charakter und alle seine Vorzüge. Die meisten sehen auch hier wieder nur ihre Nachteile, was ich absolut nicht nachvollziehen kann. Was bringt eine wundervolle Seele dazu, sich nur negativ zu sehen? Die Gesellschaft kann schon sehr manipulierend sein und in diesem modernen Zeitalter ist es leichter als je zuvor. Gerade, wenn man hochsensibel ist. Hinzu kommt: Wenn man sich denn selbst liebt und dies vielleicht ausdrückt in vielen verschiedenen Facetten und man direkt als arrogant, kühl, abweisend oder gar eingebildet wahrgenommen wird. Wie man es dreht, es passt dann doch wieder nicht. Wenn du dich selbst liebst, so wie du vielleicht gerade dein Kind liebst, oder deinen Partner/deine Partnerin, dann merkst du plötzlich, wie viel Wert du dir bist. Dein Kind liebst du, egal welche Fehler es macht. Deinen Partner/deine Partnerin liebst du, egal welche Narben er/sie auf seiner/ihrer Haut trägt. Du findest alles schön an ihm/ihr. Warum also nicht bei dir selbst? Man sagt oft: Nur wer sich selbst liebt, kann auch andere lieben. Ich möchte aber auch nicht die bedingungslose Liebe aus der geistigen Welt außer Acht lassen. Diese Liebe geht weit über das hinaus, was wir hier als menschliche Liebe kennen. Manche Erdenengel und andere Starseeds unter uns kennen sie, und sind aus diesem Grund von dieser Dualität überwältigt. Wenn du gerade Probleme hast, dich selbst anzunehmen wie du bist und dich zu lieben wie du bist, ist es nicht unmöglich dies zu lernen. Eine gesunde Selbstliebe schützt dich automatisch vor Narzissten und anderen Energievampiren. Du kennst dann automatisch deinen Selbstwert. Du bist es dir selbst wert, dass man mit dir gut umgeht. Du wirst sie so viel schneller erkennen und viele Dinge nicht mehr mit dir machen lassen. Sich selbst zu lieben ist einer der wichtigsten Schlüssel in dieser Welt. Durch Selbstliebe erfährst du tiefe

294

Dankbarkeit und durch Dankbarkeit wirst du Glücklich. Ich habe dir im Kapitel Übungen wieder etwas zusammengestellt, mit was du dann gut arbeiten kannst. Natürlich ist es auch wichtig dein Gedankenmuster hier zu ändern. Es geht gar nicht darum, den ganzen Tag zu denken: Ich bin hübsch und wunderschön. Ja, das kannst du gerne machen, da spricht nichts dagegen. Doch es geht auch um die Akzeptanz dir gegenüber, so wie du bist, mit allen Fehlern und Macken. Liebe nicht nur deinen Körper mit all seinen kleinen und großen Macken, sondern dich und deinen Charakter, deine Seele, dein Sein. Liebe dich und dein Licht. Sich selbst zu lieben bedeutet sich selbst der beste Freund zu sein. Sei immer gut zu dir und eliminiere diese Gedanken, dass du nicht gut genug seist. Egal, wer dir das jemals eingeredet hat! Dieser jemand konnte deinen Wert nicht sehen, weil er selbst mit sich zu kämpfen hatte. Es liegt nicht an dir, wie dich jemand behandelt, es zeigt immer nur das wahre Gesicht deines Gegenübers. Jemand, der mit sich im Reinen ist, muss niemand anderen niedermachen, im Gegenteil: Er reicht dir die Hand, um dich nach oben zu ziehen.

Selbstliebe kann auch ein gesunder Narzissmus sein. Dieser unterscheidet sich darin, dass der gesunde Narzisst niemanden unter sich stellt, sondern andere nach oben hilft, Grenzen akzeptiert und beide Seiten eine Win-win-Situation erleben dürfen. Ein gesunder Narzisst wird niemals jemanden manipulieren und ihn untertan machen. Bei einem gesunden Narzissten fühlst du dich wohl, da dieser sehr empathisch sein kann. Sie sind sehr charismatisch. Das eine ist eine narzisstische

Persönlichkeitsstörung, das andere ist gesunder Narzissmus. Du hörst hier schon den Unterschied. Gegen eine gesunde Selbstliebe spricht absolut nichts. Du darfst dich lieben, auch wenn manche Menschen darüber erst einmal verwundert sind. Viel zu oft hört man: Ach nein, meine Haare sind nicht schön. Statt einfach mal zu sagen: Ja, du hast recht, sie sind wirklich schön. Du musst mal beobachten, wie perplex manche Menschen darauf reagieren. So wurden so gepolt von dieser Gesellschaft.

Selbstwert

Gerade an Selbstliebe schließt sich direkt der Selbstwert an. Selbstwert, das hat nun schon mal jeder von uns gehört. Fast jedem ist klar, was Selbstwert eigentlich bedeutet. Doch viele wissen nicht mehr, wie man diesen lebt. Da Selbstwert bereits an Selbstliebe anknüpft, ist es umso wichtiger zu wissen, wieviel wert man sich denn eigentlich ist. Je mehr man sich selbst liebt, desto mehr schätzt man seinen Wert. Wert ist hier wieder ein sehr kritisches Wort, denn jeder Mensch ist auf seine eigene Weise sehr viel wert. Der Selbstwert bemisst sich niemals an anderen oder äußeren Umständen. Du bist dir stets immer so viel wert, wie du dich selbst liebst oder zu glauben liebst. Dein Selbstwertgefühl ist also das Gefühl, welchen du dir selbst beimisst. Dieses Gefühl kann je nach Lage von Menschen zerstört oder herabgesetzt werden. Wenn du also in einem Umfeld groß wirst, in dem gerade viel Mobbing herrscht oder du keinen guten Rückhalt im familiären Bereich hast, dann ist es für dich schon als Kind sehr früh schwierig, einen gesunden Selbstwert oder eine gesunde Selbstliebe zu entwickeln. Denn woher sollst du dich auch selbst lieben, wenn es deine Eltern beispielsweise nicht tun? Gerade für Kinder ist es sehr schwierig, in einem frühen Alter ohne Liebe aufzuwachsen. Mangelnde Selbstliebe resultiert also immer daraus, wie die eigene Kindheit oder die Jugend verlaufen ist. Gerade in Schulen, Grundschulen oder weiterführenden Schulen ist Mobbing oft ein sehr heikles Thema. Wer unter Mobbing gelitten hat, weiß ganz genau wie schwer diese Situationen sind und wie schwer die eigene Selbstliebe und das Selbstwertgefühl darunter leiden können. Es gibt zahlreiche Übungen überall im Internet, auch in vielen Büchern, Fernsehshows und anderen Institutionen, welche dir beibringen sollen wie du wieder in deine Selbstliebe zurückfindest und eben gleichzeitig deinen Selbstwert wieder entdeckst. Oftmals geraten wir auch an Menschen, die uns nicht gut gesonnen sind. Dies sind dann oftmals wie im oberen Kapitel erwähnt, Narzissten. Denn hätten wir einen guten Selbstwert, würden wir gar nicht erst an diese Personen geraten. Wir würden es gleich und rechtzeitig merken, um so noch schnell loslassen zu können. Ist also unser Selbstwert nun herabgesetzt, spiegelt sich das auch wie bei dem Gesetz der Anziehung im Außen wieder. Du bist dir nicht viel wert, also wird dein äußeres Umfeld dir diese Wertung widerspiegeln. Diese Wertung basiert nur auf deinen Erfahrungen und deinen Erlebnissen, die du tief in deinem Inneren trägst. Du bist es dir also nicht wert, etwas Schönes zu erleben, etwas Schönes zu fühlen, etwas Schönes zu sehen oder gar dich selbst zu lieben. Möglicherweise hat man dich auch einige Zeit lang sehr verletzt, weshalb du deinen eigenen Wert nicht mehr erkennen kannst. Wenn du also nun in Situationen steckst, in denen du zum Beispiel kein Geld hast oder in Situationen steckst, in denen es in Beziehungen einfach nicht klappen möchte, dann sei dir immer zu 100% sicher, dass auch hier ein sehr geringer Selbstwert dahintersteckt. Denn das, was du eben im Inneren fühlst, strahlst du wie erwähnt im Außen aus. Ich möchte dir hierfür ein Beispiel nennen: Wenn du es dir also nicht wert bist, gute Dinge zu empfangen, nehmen wir mal an eine Million Euro, dann wirst du diesen Betrag auch niemals erhalten. Jetzt sagst du dir „ja, aber ich möchte doch eine Million Euro empfangen, ich möchte doch in Urlaub fahren, ich möchte doch all diese guten Dinge erleben." Ja, das mag sein, dass du all dies erleben möchtest. Es ist dein gutes Recht, hier glücklich zu sein, doch solange dein Selbstwertgefühl so tief ist und du dir im Innern immer wieder signalisierst du bist es nicht wert diese Dinge zu haben und zu erfahren, wirst du auch diese Dinge nicht bekommen. Du signalisierst hier wieder dem Universum einen Mangel. Um aus diesem Mangeldenken herauszukommen, ist es immens wichtig, sein Selbstwertgefühl zu steigern. Auch das Selbstwertgefühl spielt nämlich eine sehr große Rolle beim Gesetz der Anziehung. Du kannst nicht Tag und Nacht an ein U-Boot denken oder an deine nächste Reise, wenn du im Innern, tief im Innern fühlst, dass du eigentlich für dich nichts wert bist. Ein Mensch, der eine Million Euro hat oder eine große Reise unternimmt, vielleicht sogar eine Weltreise, ist sich immer sehr viel wert. Wenn du aber auch in einer Beziehung steckst, die nicht gut ist oder du immer wieder an Frauen oder Männer gerätst, die dir nicht gut gesinnt sind, dann solltest du deinen Selbstwert hinterfragen. Es sind nicht nur Männer und Frauen, sondern auch der eigene Freundeskreis, die Familie. Inwiefern oder inwieweit lässt du etwas zu, wie man mit dir umgeht? Daraus resultieren immer mindestens 3 Fragen: Wer bin ich? Was möchte ich? Und was kann ich tun, dass es genauso wird? Es ist unerlässlich sich über diese drei Fragen Gedanken zu machen. Wenn du also nun in einer Situation steckst und dein Bauchgefühl sich bei dir meldet und nur ganz genau fühlst diese Situation ist nicht richtig, diese Person tut mir nicht gut, der Umkreis tut mir nicht gut, die Situation tut mir nicht gut, dann wird es höchste Zeit zu fragen: Was will ich, was möchte ich? In dem Moment, in welchen du dir diese Fragen stellst, kannst du auch ganz einfach herausfinden, ob dir dein Umfeld oder dein Freund, dein Mann, deine Frau, dein Kind wer auch immer das gerade gibt oder nicht. Wenn du feststellen solltest, dass du eben nicht das bekommst, wonach du dich eigentlich sehnst, dann ist dies auch für dich nicht das Richtige. Versteh mich nicht falsch, ich rede hier nicht von einer Beziehung, wenn der andere diese Beziehung gar nicht möchte, das hast du zu akzeptieren. Es geht vielmehr darum, dass, wenn jemand dich zum Beispiel beleidigt, ignoriert oder anderweitig schlecht behandelt, du deinen Wert kennst und sagst das möchte ich so nicht. Es ist sehr wichtig für dich, dies auch tief in deinem Inneren zu fühlen. Wer ein geringes Selbstwertgefühl hat wird sehr schnell zu dessen Spielball. Das heißt, manchmal gibst du deinen Gefühlen einfach nach, weil sie zu schön sind und doch kann die andere Person mit ihr umgehen, wie sie möchte. Sie kann dich ausnutzen, sie kann dich demütigen, sie kann dich vor Liebe verhungern lassen. Dies ist auch oft der Grund, warum gewisse manipulative Techniken bei sehr selbstwertschwachen Personen sehr gut ziehen. Gerade Narzissten oder andere manipulative Energien nutzen diese Tricks gerne, denn ein Mensch mit einem sehr starken Selbstwertgefühl würde das nie mit sich machen lassen. Ich habe dir natürlich auch wieder eine Übung für dein Selbstwertgefühl mit eingebaut, jedoch sind es Übungen, die einen langjähriges Traumata aus der Kindheit nicht gerade wegmachen können. Jedoch sollten sie dein Selbstwertgefühl steigern und stärken. Sei dir sicher, dass du alles Gute mit einem starken Selbstwertgefühl in dein Leben ziehst. Du musst endlich wieder anfangen, es dir wert zu sein. Ich möchte dir auch im nächsten Kapitel erst einmal die Unterschiede zwischen Selbstliebe, Selbstwert und Selbstbewusstsein erklären. Diese Begriffe werden häufig und gerne in einen Topf geschmissen und dann einmal rumgerührt. Doch diese Begriffe unterscheiden sich sehr maßgeblich voneinander. Denke immer daran: Einen Wert kann dir niemand zuschreiben, außer du selbst.

Selbstbewusstsein, Selbstwert und Selbstliebe – Wo sind die Unterschiede?

Noch immer wird der Selbstwert, Selbstliebe und das Selbstbewusstsein in einen Topf geworfen. Wie ich oben erklärte, geht Selbstwert und Selbstliebe zwar Hand in Hand, denn ohne Selbstliebe erkennst du deinen Selbstwert nicht und umgekehrt. Jedoch ist das Selbstbewusstsein etwas anderes. Diese drei hängen unmittelbar zusammen, trotzdem ist die Bedeutung unterschiedlich. Der Ausdruck: „du bist ja selbstbewusst", lässt die meisten Menschen an einen sehr selbstbewussten Typen denken, der gerade aus die Straße entlang schlendert, nur so vor Kraft strotzt und eine wahnsinnige starke Aura um sich trägt. Selbstbewusstsein ist wie das Wort schon sagt, sich seiner selbst bewusst sein. Dies bedeutet, dass Menschen, die sehr selbstbewusst sind, genau wissen, wer sie sind, was sie tun und wohin sie möchten. Man ist sich seines Selbst bewusst und findet immer einen Weg nach draußen. Nun gibt es auch Menschen, die nicht selbstbewusst sind. Dies sind dann meistens die, die noch nicht zu sich gefunden haben. Wenn du dir also deines selbst nicht bewusst bist, kannst du dich ja auch schwerer lieben, beziehungsweise deinen Selbstwert nicht nach vorne bringen. Sicher kannst du dich auch zuerst lieben, dann deinen Selbstwert und dann selbstbewusst werden. Ich gebe hier keine Richtung vor, was du zuerst tun solltest und was nicht. Jedoch ist es essenziell, sich seiner selbst bewusst zu werden. Wenn du weißt, wer du bist und das in deinem Inneren tief fühlen kannst, gehst du doch viel leichter durch das Leben. Dann fällt es dir auch leichter, dich selbst anzunehmen und zu lieben, so wie du bist. Du kennst dich ja bereits seit vielen Inkarnationen. Du weißt zu jedem Zeitpunkt, wer du bist, du hast es nur schon wieder vergessen. Wenn wir selbstbewusst sind, kann uns niemand anderes etwas anhaben. Wir wissen um unsere Stärken, wir kennen vielleicht auch unsere Schwächen, doch wir haben unsere Balance gefunden damit zurechtzukommen. In diesem Augenblick setzt die unendliche Selbstliebe zu uns selbst ein. Wir steigern unseren Wert und empfinden uns als wertvoll, da wir wissen, wer wir sind.

Das Thema Coaching

Es gibt mittlerweile zu jedem Thema, zu jedem Lebensabschnitt ein Coach oder ein Coaching. Egal, ob für die psychische Gesundheit, sowie im medialen Bereich oder einfach für werdende Mütter, Väter sowie Unternehmen. Coachings sind wichtig und in gewissen Bereichen eignet sich daher tatsächlich eine Ausbildung. Wenn du einem Unternehmen helfen willst, solltest du dich auch mit allen Gegebenheiten dort auskennen. Im Idealfall kennst du alle Zahlen des Unternehmens in- und auswendig.
Hier geht es mir jedoch um die Lebensthemen und die Coaches, welche dich auf einen neuen Weg bringen oder dich unterstützen möchten. Wer mich bereits kennt weiß, dass ich von starren, strukturieren Ausbildungen nicht viel halte. Jeder ist individuell und kann sich nur auf seinen eigenen Weg konzentrieren. Ein paar Anhaltspunkte sind immer wunderbar, jedoch sollten sie niemals als Schema F gelten. Wer Coachings anbietet, sollte sich auch vom eigenen Leben coachen lassen. Was meine ich damit? Wenn du einen Coach suchst, oder dich einem anvertraust, dann kannst du natürlich

auf all seine Ausbildungen und Zertifikate schauen, jedoch ist es immer besser sich jemandem anzuvertrauen, der den gleichen Weg gegangen ist und die gleichen Probleme hatte. Man sagt nicht umsonst: Du verstehst es erst, wenn du selbst da durchgegangen bist. Nur so kannst du anderen am besten helfen. Und dem ist auch so: Nur wer selbst die Dinge erlebt und durchgemacht hat, wird dich am besten beraten und verstehen können. Alles andere sind nur erlernte Skills, welche nicht jedem weiterhelfen können. Sicherlich sind die ein oder anderen Tipps wirklich hilfreich und können einiges bewirken, jedoch ist es besser, wenn man selbst schon einmal mit diesem Problem konfrontiert war. Es gibt daher Menschen, welche in jungen Jahren schon so viel durchgemacht haben, dass sie ein eigenes Beratungszentrum eröffnen können, mit ihrem ganzen Wissen und erlernten Skills. Diese Menschen wissen genau wie es geht und kennen jegliche Kniffe, Tipps und Tricks, um dir zu helfen. Manchmal sogar auch kleine Schlupflöcher, die nicht jeder weiß. Dies bedeutet nicht, dass jeder, der ein Zertifikat oder eine Ausbildung hat, schlecht ist. Jeder geht seinen Weg. Jedoch sehe ich es einfach als geeigneter an, wenn ein Coach die Lebensthemen bereits selbst durchschritten hat und weiß, wovon er da spricht. Wer viel Erfahrung selbst durchlebt hat, kann auch sehr viel weitergeben. Da es ja, wie bereits erwähnt, mittlerweile sehr viele Coaches gibt, muss man hier einfach auf den Fachbereich achten.

Lasse auch hier deine Intuition sprechen und gehe deinen Weg. Achte immer beim Coaching darauf, ob du dich wohlfühlst und ob man dir wirklich zuhört. Das sollte selbstverständlich sein, jedoch habe ich die Erfahrung gemacht, dass es meist nicht der Fall ist. Bleibe offen und sieh mit deinem Herzen.

Aufbrechen der Seele

Dieser Begriff mag sich zunächst einmal sehr schrecklich anhören. Wenn etwas zerbricht oder kaputtgeht, dann sind wir oft in großer Aufruhr. Zugegeben: Das Aufbrechen ist meiner Erfahrung nach auch sehr schmerzhaft. Doch was meine ich nun damit, ohne dir hier Angst zu machen? Mit "aufbrechen" meine ich gewisse Ereignisse und Erlebnisse, welche sich deine Seele ausgesucht hat um ihren Weg zu finden. Nehmen wir mal an, du hast in deinem Seelenplan reingeschrieben, du würdest gerne erwachen und spirituell arbeiten, oder möchtest eine bestimmte Erfahrung machen, damit du dich wieder an dein SEIN erinnerst. Nun triffst du im Laufe deines Lebens auf diese Erfahrungen. Viele nennen es dann einen "Schicksalsschlag." Und ja, sie sind schlimm und furchtbar. Doch kennst du das auch? In solchen Situationen suchen wir alle nur das eine: Gott. Wir wenden uns wieder dem Universum zu, suchen verstärkt nach Antworten oder sind bereit andere Perspektiven anzunehmen. Jetzt gibt es eben zwei Arten von Erfahrungen: Die einen scheinen regelrecht daran zu "zerbrechen" und werden sich nicht bewusst darüber, dass sie hier im Begriff sind etwas zu lernen. So ist dies auch eine Erfahrung der Seele, dieses Leben diesen Weg zu gehen und es ist in Ordnung. Doch andere wachsen daran und werden stärker. Meist geschieht dies, wenn die eigene Seele schon älter ist und einige Inkarnationen hinter sich hat. Tief im Inneren erinnern wir uns nämlich, dass wir solche Zeiten schon hinter und haben, wahrscheinlich schon sehr oft, und können aus dieser verborgenen Stärke schöpfen. Wir suchen uns Hilfe, nehmen alles in Anspruch was uns helfen könnte. Wir haben auch unsere Probleme damit und stecken es nicht einfach mal so weg. Doch wir gehen daran nicht kaputt. Wir brechen für einen Moment und in dieser sensiblen Zeit liegt unsere "Seele frei." Wir sind also bereit Botschaften zu empfangen. Manche Menschen merken das oft nicht, dass sie da gerade "Besuch aus der geistigen Welt" erhalten und werden dann noch für verrückt erklärt oder landen im schlimmsten Fall in der Psychiatrie. (Bitte beachte auch hier, dass es tatsächlich Krankheitsbilder gibt, die behandelt werden müssen!) Ich erwähnte bereits, dass der Weg des Erwachens nicht leicht ist. Natürlich ist er unterschiedlich und der ein oder andere geht ihn leichter oder schwerer, aber meistens sind es Krisen, welche uns wachrütteln. Wenn dein Leben sehr auffällig nur aus starken Krisen besteht, solltest du dir das Kapitel "Gesetz der Anziehung" mal genauer durchlesen. Meist sind auch wir es, welche diese Krisen anziehen, um auch an ihnen zu lernen. Wenn unsere Seele Drama benötigt, dann wird sie es generieren, bis wir verstanden haben, dass wir es auch wieder ändern können. Nun hattest du vielleicht eine sehr schwere Kindheit, oder das Leben hat dich nach und nach von den Füßen gerissen. Ja, ich kann es nur all zu gut nachvollziehen, denn auch mich hat es sehr schwer getroffen. Doch du hast dieses Buch hier entdeckt, und wirst daran nicht zerbrechen. Du wirst hierdurch einiges an Wissen gesammelt haben und ab jetzt offener durch diese materielle Welt gehen. Du wirst dir jetzt bewusster sein, denn deine Seele "ist aufgebrochen." Ich nenne es gerne so, denn hier liegt unser ganzes Potenzial. Wir können uns erinnern und unsere Fähigkeiten wieder nutzen. Du selbst spürst diesen Ruf bereits, sonst wärst du ja nicht hier. Wenn dir also wieder Krisen im Leben begegnen, dann nimm sie nicht immer als schlechthin. Sie sind erst einmal schwer und es macht nicht immer Spaß, doch sieh es einmal als Erfahrung. Auch wenn es gerade so aussieht, als würde die Sonne nicht mehr scheinen: Blicke eines Tages darauf zurück und sieh, welche Herausforderung du hier schon gemeistert hast. Meist schickt das Universum dir Helfer, um dir in solchen Situationen beizustehen. Wir sehen diese Hilfe manchmal nicht, da wir mit unserem Schmerz beschäftigt sind. Das Leben mag dich gelegentlich von deinen Füßen gerissen haben, aber du selbst bist göttliches Licht, du wirst wieder aufstehen und deinen Weg gehen. Das "Aufbrechen der Seele" ist meist eine sehr wichtige Erfahrung. Stell dir einen Stein vor. In ihm glitzert und glänzt es wie tausend Diamanten. Irgendwann kommt jemand vorbei und fängt an, diese harte Schalte im Außen zu entfernen. Darunter kommt dieses wunderbare Licht zum Vorschein. So sind auch wir beschaffen. Ich wünsche dir, wenn überhaupt nur sehr kleine Krisen, doch wenn es nötig ist: Nimm sie an, gehe durch diesen Sturm. Du wirst es schaffen und lichter als jemals zu vor zurückkehren.

Gesetz der Anziehung und Seelenplan, wie passt das zusammen?

Ich habe bereits geschrieben, dass wir alles bekommen können, was wir im Universum bestellen. Manifestieren ist hier immer das Zauberwort. Die GEWISSHEIT in sich zu schaffen, dass es bereits vorhanden ist. "Gar nicht so einfach.", sagst du? Doch, das ist es. Und trotzdem bist du immer noch kein Millionär. Die Gewissheit in sich zu schaffen, dass es für DICH bereits existiert, dich nur noch finden muss ist eine sehr einfache Übung. Wenn du dir morgens die Zähne putzt, machst du dir auch keine Gedanken darüber ob deine Zahnbürste noch da ist oder nicht. Du kaufst dir einfach eine Neue, sollte sie fehlen. Du weißt: Sie existiert im nächsten Laden. Und so machst du es mit allem: ein neues Auto? Kein Problem, es existiert, genauso wie du es möchtest. Es findet dich, ganz sicher. Es ist tatsächlich so einfach. Nun hast du dir in deinem Seelenplan einige Aufgaben zurechtgelegt und denkst: Was ist, wenn ich dadurch aber gar nicht DAS bekomme, was ich möchte? Habe ich vielleicht gar nicht in meinen Seelenplan hineingeschrieben? Was ist aber, wenn ich dir sage, dass du in deinen Plan geschrieben hast, herauszufinden, dass DU Schöpfer deines Lebens bist, und genau das erfahren darfst? Darüber muss man auch erst einmal wieder lange nachdenken. Natürlich schreibst du deine Erfahrungen nieder, welche du unbedingt erfahren möchtest um einen bestimmten Punkt an Entwicklung zu schaffen in dieser Inkarnation, aber dies sind meist Fix-Punkte. So nenne ich sie gerne.

Du kannst nach links und rechts abbiegen und dir das schönste Leben machen (so zwischendurch) deine Erfahrungen wirst du trotzdem machen. Daher sage ich immer und immer wieder: Macht es euch doch schön hier. Ihr seid Schöpfer, ja ihr habt eure Pläne, aber ihr könnt zwischendrin auch einmal "ausbrechen."
Jetzt sagst du wieder: "Aber ist das Ausbrechen dann nicht auch Teil des Plans?" Und ich sage dir: JA. Ist es. Du hast dir vorgenommen hier und heute herauszufinden, dass du Schöpfer bist und nun alles erreichen kannst. Das möchte deine Seele erfahren. Wenn sie es nicht so wöllte, wärst du jetzt nicht hier an diesem Punkt.
Für mich hängen diese beiden Themen sehr eng beieinander. Wir sind selbst verantwortlich für unser Leben und doch haben wir alles fest in unseren Seelenplan verankert. Man könnte dann meinen: "Freier Wille adios amigo." Doch so empfinde ich es gar nicht. Kennst du deinen Seelenplan in- und auswendig? Nun, wahrscheinlich nicht. Manchmal spürst du schon, dass hier und da wieder eine Lektion auf dich zukommt, welche du bereits aus deiner Vergangenheit kanntest. Dann bist du darauf "vorbereitet" und wirst deine Erfahrungen einsetzen um darauf zu reagieren, oder nicht zu reagieren. Doch so ganz weißt du nicht, was dich erwartet. Manchmal haben wir Visionen, kurze Einblicke in unsere Zukunft sowie vergangene Leben. Ja, es gibt sogar wunderbare Menschen auf dieser Welt, welche ihren Plan in- und auswendig kennen, aber du und ich wissen ihn gerade (noch) nicht. Und das macht es doch so richtig spannend. Du kannst morgen frei

entscheiden, ob du ein Eis essen gehen magst oder doch lieber Netflix schauen möchtest. Deine Entscheidung hast du wieder vorher festgehalten, aber das weißt du zum jetzigen Zeitpunkt nicht. Demnach ist jeder Tag ein Tag der Überraschungen. Wir können hier alles haben was wir wollen, wenn wir uns in die richtige Schwingung versetzen.

Der Spiegel deines Lebens

Es ist nicht von der Hand zu weisen, dass wir das Anziehen was wir aussenden an Energien. Vieles, was dir im Außen geschieht, ist ein Spiegel deines Inneren. Doch hier ist Vorsicht geboten: Wenn du ein Lichtarbeiter, ein Erdenengel oder ein Starseed bist, dann spiegelt dir das Leben nicht ständig deine Innenwelt wieder. Als Lichtarbeiter (egal in welcher Form) strahlst du ein sehr starkes Herzenslicht aus. Deine Aura ist magnetisch und besonders groß, dies zieht wiederrum auch Menschen an, welche deine Energie benötigen um einen Schritt weiter nach vorne gehen zu könne. Dies nenne ich auch Transformationsenergien. Du ziehst somit auch Menschen an, welche auf den ersten Blick sehr gegensätzlich zu dir erscheinen, oder ganz und gar keine schönen Absichten mit dir haben. Dies liegt aber keinesfalls an dir oder deinen inneren Themen, sondern an deinem Gegenüber welcher nun wachsen möchte. Woran du nun erkennst, ob es sich um dein eigenes Thema handelt oder um das Thema des Gegenübers? Sobald dich etwas triggert und du deine Grenzen nicht recht wahren kannst, sind es insbesondere auch noch

Themen in dir, welche bearbeitet werden möchten.
Wenn du stark in deiner Selbstliebe stehst und deine
Grenzen ohne Probleme ziehen kannst, wirst du dich
aus solchen Situationen sehr schnell "befreien" können.
Auch wenn das Gegenüber in deine Energie getreten ist
um sich zu verändern musst du nicht bis zum Schluss
dabei bleiben und selbst daran "kaputt gehen." Oft heißt
es auch: "Wenn dein Licht sehr hell strahlt, wirst du alle
anderen Energievampire damit abschrecken." Das ist
nicht richtig und auch nicht stimmig. Viele Motten lieben
das Licht und verirren sich genau immer dann darin.
Dein Licht soll auch niemanden "abschrecken" sondern
als Leuchtturm, als Hilfe oder Heilung dienen. Je höher
du schwingst desto mehr ist in deinem Leben los und
desto mehr kann auch durcheinander geraten. Nimm es
mit Leichtigkeit und stehe in deiner Mitte, dann wirst du
das ohne Probleme meistern.

Hohe Schwingung und niedrige Schwingung

Generell bezeichne ich keine Schwingung als "schlecht"
oder "gut", doch gibt es Schwingungen, welche uns sehr
leicht, hoch und wunderbar fühlen lassen (etwa, wenn
wir verliebt sind) und auch Schwingungen, welche uns
müde, schlecht, traurig und ausgelaugt fühlen lassen.
Diese entstehen einerseits durch Fremdenergien von
anderen Menschen sowie uns selbst. Wenn unsere
Gedanken mal wieder "Mensch-ärgere-dich-nicht" mit
uns spielen. Denke nun für einen kurzen Moment an das
schönste Erlebnis, welches dich so richtig zum Strahlen
brachte. Na, wie fühlt sich das an? Wie fühlt sich dein
Körper an? Merkst du es, wie alles hüpft, lacht, kribbelt

und du dich besser fühlst? Und jetzt denke einmal an dein traurigstes, schlimmstes Erlebnis. Merkst du, wie sich die Energie sofort verändert? Du einen Kloß im Hals spürst, sich alles zusammenzieht, du dich schwer fühlst? Und genau das ist Schwingung. Wir haben es täglich selbst in der Hand. Unsere Gedanken sind pure Energie, also können wir sie auch lenken. Wenn wir den ganzen Tag bewusst und unbewusst negativen Gedanken nachhängen, dann ist unsere Schwingung auch dementsprechend. Versteh mich nicht falsch: Sicher gibt es Tage, da geht es uns einfach nicht gut. Das darf sein. Wir dürfen es uns auch mal so "richtig schlecht" gehen lassen. Ja, es gehört zum Leben dazu. Ich rede hier viel mehr von "sehr vielen schlechten Gedanken." Gedanken, welche fortlaufend unsere Schwingung herabsetzen. Wenn wir ständig auf der Frequenz eines Frosches funken, können wir nicht auf die Frequenz eines Vogels kommen: Frei, leicht, hochschwingend und wunderbar. Nun bauen wir also unsere Gedanken um und merken irgendwann. Holla, die Waldfee, mir geht es ja besser.- und Schwups, das Gesetz der Anziehung funktioniert ja wirklich. Erinnere dich an dein "Verliebt-sein." Alles ist dir buchstäblich zugeflogen. Alles hat sich wie von selbst erledigt. Genau auf diese Schwingung möchten wir doch alle kommen. Oder sagen wir: Öfter mal auf ihr schweben. Wie du das ganze wieder anstellst? Nun, wenn ich dir sage: Stelle einfach deine Gedanken um, dann scheitern hier wieder die Hälfte daran. Ich habe es bereits oft erwähnt, dass man sich bewusst werden MUSS, was man denkt. Wir denken meist sehr negativ und merken es nicht mehr. Den lieben langen Tag denken wir destruktiv, egal wo wir sind. Wir lieben Frauen denken zu 90 % auch noch schlecht über uns und vergleichen uns überall mit anderen Menschen. Dass wir so nicht glücklich werden können liegt doch klar auf der Hand, oder nicht? Beobachte mal, woran du so denkst. Sei es beim Kochen, putzen oder bei anderen Aktivitäten. Wenn du das ein paar Tage so gemacht hast, wird dir irgendwann bewusst, ob du vorwiegend negativ/destruktiv oder positiv denkst. Dann kannst du anfangen, diese Gedanken "umzubauen." Immer und immer mal wieder an etwas Schönes denken. Das mag anfangs schwerfallen, da wir dieses "negative Denken" gelernt haben, doch wir können es wieder ändern. Es dauert halt seine Zeit. Und dann wirst du sehen wie schnell deine Schwingung in die Höhe schnellt. Du kannst auch gewisse Dinge tun, welche dich in eine andere Schwingung versetzen. Du kannst deine Lieblingsmusik hören, oder dich deinem Hobby widmen, mit lieben Menschen reden und alles das tun, was dich gut fühlen lässt. Viele vergessen sich in diesen hektischen Zeiten. Versuche es einfach mal und sieh wie es deine Schwingung verändert. Wenn du hochschwingend bist ziehst du alles in dein Leben, was du gerne möchtest. Ich sage immer: Drehe deinen Empfangsregler auf ON. Wenn es dir sehr schwerfällt Positives zu empfinden oder dich darauf einzustellen, dann denke einfach: Ich bin bereits positiv. Nimm es einfach als Gewissheit an und versuche das ein paar Tage. Meist hilft dies schon, die eigene Energie ein kleines Stück zu verändern.

Das ewige Thema Geld, Finanzen und der Mangel

Welches immer und immer wieder in aller Munde ist. Entweder suchen die Menschen ewig nach der Liebe ihres Lebens oder sie versuchen immer Wohlstand zu generieren. Gerne hätte man irgendwie mehr von allem, irgendwie wäre man doch gerne glücklicher und würde doch so viel machen. Wenn man doch nur mehr Geld hätte. Natürlich hat das hier auch mit dem Gesetz der Anziehung zu tun. Wenn ich jeden Tag denke "ich habe kein Geld", dann wirst du das auch nicht haben. So zeigt dir dein Verstand die Realität und sagt: Schau auf dein Konto, du kannst dir dies und jenes nicht leisten. Der Trick ist hierbei deinen Verstand zu überlisten. Es geht gar nicht darum dich dann in Schulden zu stürzen, sondern einfach den Gedanken an die Sache zu verändern. Mal angenommen du siehst diese neuen Schuhe und sie sind viel zu teuer, dann denkst du: "Die kann ich mir nicht leisten." Zack, hast du deine Schuhe im Universum wieder abbestellt. Beim nächsten Mal, wenn du diese Schuhe siehst, sagst du dir selbst: "Super, die kaufe ich mir, ich kann sie mir leisten." Natürlich kaufst du sie dann nicht, denn du sollst dich nicht selbst in die Pfanne zu hauen. Es geht viel mehr um diesen Gedanken, welchen du ausgesprochen oder gedacht hast. Anfangs mag das komisch klingen, aber irgendwann ist das für dich deine "neue Realität." Genauso kannst du es mit allem machen, gerade auch beim Thema Geld. Du kannst zwar aufs Konto schauen und dein lieber Freund von Verstand sagt: Ich habe aber "nur" 100 Euro, doch du selbst kannst dir sagen: "Ach schau, da sind ja 10.000 Euro." Du verstehst schon, um was es geht. Es kommt hier noch eine zweite Sache ins Spiel, und ich denke, das ist auch hier wieder sehr schwierig. Wenn du dich arm fühlst, dann sendest du das ins Universum aus. Du kannst langsam anfangen, erst einmal zu DENKEN, du hast alles was du brauchst, um dann in dein Gefühl zu kommen: Du fühlst dich tatsächlich reich und wohlhabend. Glaube mir, das Universum registriert das. Ich habe damals, als ich es selbst ausprobierte, wie aus dem Nichts im Lotto 10.000 Euro gewonnen, und das zweimal hintereinander. Es bedarf etwas Zeit, denn wenn du jahrelang destruktiv gedacht hast, darfst du dieses Programm nun umschreiben. Alles, was du über die Jahre erlernt hast („Für Geld musst du hart arbeiten," "Es fällt nichts vom Himmel, "Nicht jeder hat das Glück reich zu sein.") darfst du auflösen und dir klar darüber werden, dass Geld nur so fließt. Du musst weder dafür hart arbeiten noch sonst was tun. Es ist schon da, du musst es nur noch entgegennehmen. Achte mal genau darauf, wie deine Gedanken in Bezug auf Geld sind. Oftmals haben gerade Menschen, welche in einem Mangel stecken, einen negativen Bezug zu Geld. Sie sehen es als Belastung an, als Stress und senden diese Schwingung tagtäglich in das Universum aus. Sie WÜNSCHEN sich mehr Geld und dennoch sagen sich ständig: "Ach, Geld alleine macht nicht glücklich, ich bin auch ohne Geld mehr als glücklich." Und schon bekommen sie das, was sie sich gewünscht haben: KEIN Geld. Hört es sich seltsam an, wenn du sagst: "Geld macht mich sehr glücklich?" Wenn sich das für dich befremdlich anhört, hast du gerade einen Glaubenssatz entlarvt. Natürlich macht Geld glücklich. Mir kann keiner erzählen, dass er sich nicht über mehrere tausend Euro freuen würde. Und mal wirklich im Ernst: Es freut sich JEDER. Also gib diesen Gedanken auf. Auch als spiritueller Mensch darfst du eine Menge Geld haben. Du darfst alles haben was du möchtest.

Wenn du nun also mehr Geld haben möchtest, tust du folgendes:

1. Deinen Verstand austricksen: "Ich kann mir das leisten. Ich habe genügend Geld."

2. In das Fühlen und Spüren hineinkommen: Fühlen, wie sich ein volles Konto anfühlt.

3. Glaubenssätze wie "Geld verdirbt den Charakter." oder "Für sein Geld muss man schwer arbeiten." auflösen. (Egal, welche dir da einst eingetrichtert wurden) und sie ersetzen durch "Geld macht mich glücklich." "Ich darf alles haben und muss dafür nichts tun."

4. Tief in deinen Glauben gehen, dass das Universum dir das auch liefern wird, was du möchtest.

Die meisten scheitern nämlich direkt am Glauben und Vertrauen. Wenn du etwas bestellst, aber nicht daran glaubst, dass es ankommt, dann wird es auch nicht passieren. Du hebst die Bestellung wieder auf. Hier habe ich auch einen sehr schönen Tipp für dich: Wenn du sagst, in zwei Wochen habe ich eine Million Euro, dann fühlt sich das für dich wahrscheinlich unrealistisch an. Obwohl es jederzeit möglich wäre, doch dein Verstand sagt "Nö!" Gut, dann mache es anders. Was hört sich für dich realistisch an? 7000 Euro in zwei Wochen, zwei Monaten? Oder das teure Traumauto in 6 Monaten? Schau einmal, welche Zeitspanne dein Verstand akzeptiert. Alles, was sehr groß ist (Haus, Auto, eigener Laden usw.) wird direkt vom Verstand als unmöglich angesehen. Du kannst auch erst einmal "kleiner" anfangen, wenn dir das hilft. Du musst dir wirklich bewusst werden, dass ALLES möglich ist. Und mit bewusst werden meine ich wirklich: Freue dich darüber. Denke nicht nur den Satz: Ich kann ALLES haben. Sondern spüre ihn. Werde dir bewusst, dass du ganz ruhig auf deinem Sofa sitzen und ALLES bestellen kannst, was du nur willst. Glaube ganz fest daran.

Sieh es mal so: Du blätterst in deinem Katalog (das Universum) und siehst ein Sofa. Das ist der absolute Traum, denn das Sofa ist weich, glänzt und besteht aus einem kostbaren Stoff. Du tippst also mit dem Finger darauf uns sagst: "Ja, genau das will ich." Super, du hast ausgewählt. Du weißt, was du WILLST. Doch jetzt weiß der Lieferant immer noch nicht, dass du es willst. Also greifst du zum Telefonhörer und rufst das Möbelhaus an und sagst ihnen, was du möchtest, wohin sie es liefern und wann es ankommen soll. Du siehst also: Du kommst hier in die Aktion. Für dich übertragen heißt das: Du sagst dem Universum was du willst und dann sagst du ihm: wann, wo und wie. Du legst dich einfach fest. Keine Umwege. Nun hast du also bestellt und jetzt? Bist du voller Vorfreude. Du wartest auf die Spedition, bist ganz aufgeregt und kannst dein Glück kaum fassen. Du weißt definitiv dass es ankommt, denn die Spedition hat supergute Bewertungen. Du zweifelst nicht. So ist es auch beim Universum: Wenn du anfängst zu warten und zu zweifeln hebst du deine Bestellung wieder auf: Deine Energie, deine Schwingung, alles ändert sich. Sie geht runter. Wenn du soeben etwas bestellt hast: Sitz nicht da und HOFFE dass es kommt, sondern sei dir GEWISS, es gehört ja schon dir. Wenn du im Möbelhaus anrufst und es bestellst, kauft es ja auch kein anderer mehr. Und selbst wenn: Du hast jetzt DAS Sofa deiner Träume. Wen interessiert es, ob der Nachbar auch das Sofa kauft? Freue dich auf die Antwort des Universums. Sei dir aber sicher: Dein Verstand wird sich immer und immer wieder dazwischen schalten. Er wird sagen: "Wann kommt es endlich? Ich warte hier schon so ewig. Das funktioniert doch wieder nicht." Würdest du auch so denken bei der tollen, spitzenbewerteten Spedition aus dem Möbelhaus? Wohl eher nicht. Du vertraust den Experten und natürlich auch den Bewertungen. Du bist dir zu hundert Prozent sicher: Das funktioniert. Wir Menschen neigen dazu alles mit unserem Verstand erklären zu wollen. Wenn der Verstand "Nein" sagt, dann ist für uns erst einmal: NEIN. Deswegen sage ich immer und immer wieder: Setze dein Bewusstsein an deinen Lenker. Sich bewusst zu werden alles haben zu können, was man möchte, löst in mir eine sehr große Freude aus. Dies wäre ein neuer, integrierter Glaubenssatz: "Ich kann alles haben was ich will. Ich kann alles manifestieren." Und irgendwann wird er zu deinem Gefühl: ein Gefühl der Freude, des Glücklich seins.

Neue Glaubenssätze für dich:

"Ich kann alles haben was ich möchte."

"Die Erde ist ein Spielplatz, ich manifestiere mir alles."

"Ich bin es wert alles zu haben."

"Alles Gute wird mir zuteil."

"Ich bin reich/geliebt/ein Superheld."

"Ich vertraue dem Universum. Es wird mir alles geben, was ich möchte."

"Meine Schwingung ist hoch, ich ziehe alles Gute in mein Leben."

Gerne kannst du dir weitere positive Sätze ausdenken und diese ersetzen. Sei hier frei. Denke immer daran: Da wo du heute bist, hast du dir vor Monaten und Jahren selbst manifestiert. Egal in welcher Situation du jetzt stecken magst, du hast es angezogen. Es geht mit sehr viel Verantwortung einher, aber genauso gesehen hast du gleichzeitig sehr viel Macht es auch wieder zu ändern. Du kannst deine Gesundheit damit anziehen. Eigenschaften wie glücklicher sein, freudiger sein, optimistischer sein. Es funktioniert einfach mit ALLEM.

Probiere dich gerne mal aus, und wenn es nicht direkt klappt schau einmal deine Glaubenssätze an. An was denkst du den lieben langen Tag? Was sperrt dich?

Ist Leid immer der einzige Weg?

Wer definiert Leid? Du, oder ich? Oder ist es die Regierung? Leid lässt sich nicht immer klar definieren, denn was für den einen schon großes Leid ist, ist für den anderen ein kleiner Wimpernschlag. Jeder bringt andere Ressourcen mit und jeder geht mit gewissen Dingen anders um. Sagen wir nun, dir widerfährt Leid. Irgendwo ist dies eine sehr schwere Phase in deinem Leben. Nun fragen sich viele, ob das Erwachen oder die Erleuchtung zwingend immer mit so einem Leidensweg verbunden sind. Ich sagte ja bereits, dass dies alles sehr individuell abläuft und man dies nicht pauschalisieren könne. Doch ich kenne keine starken Seelen, welche nicht einen sehr schweren Weg hinter sich hatten. Dies liegt einfach daran, dass diese Seelen sehr früh lernen müssen/dürfen und viele verschiedene Erfahrungen machen, um anderen Seelen bestmöglich helfen zu können. Was nützt es dir, wenn du es theoretisch gelernt hast, aber du es nicht nachempfinden kannst, was andere empfinden? Wenn du durch eine Situation selbst gegangen bist, dann hast du auch die Fähigkeiten es besser zu verstehen und kannst durch deine Tipps, Tricks und Hilfen anderen besser helfen. Klingt logisch, oder? Wer noch nie Trauer empfunden hat, kann dies auch nicht bei anderen tun. Du hast also einen Leidensweg hinter dir, und das ist völlig egal ob es "nur" ständiger Liebeskummer ist oder ausgeprägte Krankheiten bis hin zur Obdachlosigkeit. Egal welches Trauma dir da passiert oder begegnet sein mag, du hast daraus irgendwann deine Kraft gezogen und bist daran gewachsen. (Im besten Fall weißt du auch schon warum die Dinge so passiert sind wie sie passiert sind.) Du bist ein Stück weiter in deinen Erfahrungen. Ich würde nicht behaupten das Leid immer der einzige Weg ist, um an sein Potenzial und seine Fähigkeiten zu gelangen, doch passiert es den meisten genau in solchen Situationen. Sie werden sensibel, öffnen sich und suchen nach neuen Perspektiven. In der geistigen Welt wird "Leid" nicht als Leid angesehen. Denn für sie ist es alles eine einfache neutrale Erfahrung, welche du da gerade machst, so schräg das auch klingen mag. Sie empfinden es nicht als Leid. Wir Menschen hingegen leben in dieser Dualität, und empfinden sehr wohl diese Gefühle, deswegen sind wir hier. Und ja, ich muss auch sagen, dass es ganz schlimme Dinge hier auf der Welt gibt, an welchen wir wirklich an der geistigen Welt zweifeln. Doch so ist es leider nun mal: Wir legen alles in unserem Seelenplan fest, auch wenn das niemand in solchen Situationen hören möchte. Daher erwähne sowas bitte nicht gerade, wenn jemand mit einem Trauma zu kämpfen hat. Es ist immer besser Betroffene zu unterstützen, statt sie einfach mit ihrem Seelenplan abzuspeisen. Leid kann sehr viel Potenzial in uns freisetzen. Es ist niemals ein Schritt rückwärts, so wie manche vermuten. Wir werden dadurch verändert. Ich habe ein paar Leidenswege verfolgt, inklusive meines eigenen, und ich bin innerhalb zwei Jahren ein ganz anderer Mensch geworden. Ich habe mich positiv in eine stärkende Richtung entwickelt. Wieder andere sind noch auf der Suche. Und gerade jetzt in diesen schweren Zeiten brechen immer mehr Menschen auf und werden sich ihrer bewusst. Wieder andere müssen sich erst einmal davon erholen. Manch anderer geht erst einmal unter und taucht dann wieder auf. Ja, Leid ist nicht schön und mir selbst gefällt es auch nicht. Doch manchmal müssen wir diese Wege gehen, um uns selbst wieder zu finden.

Probleme? Lass dein Schiff nicht sinken!

Ich möchte dir hier in diesem Kapitel Mut machen. Denn ich weiß, wie schwer das Leben sein kann und habe in meinen jungen Jahren so gut wie alles durch, was man nur durchhaben kann. Wirklich alles, und das ist nicht gelogen. Ich habe Dinge gesehen und durchgemacht, die wünsche ich niemanden mehr. Deswegen möchte ich dir hier einfach mal Mut machen. Es gibt oftmals Zeiten im Leben, da würde man am liebsten direkt Mitsterben wollen. Egal ob Trauerfall, Trauma, finanzielle Sorgen oder andere Nöte. Auch wenn ihr es manchmal nicht glauben könnt, oder gar wollt: Die geistige Welt hilft euch. Sie helfen euch immer und überall. Die geistige Welt kann euch den Schmerz in diesem Moment wahrscheinlich nicht nehmen, das ist unsere Aufgabe da durchzugehen. Doch sie können dir Menschen oder andere Hilfe an die Seite stellen, welche dir auf deinem Weg weiterhelfen. Manchmal neigen wir dazu diese Dinge nicht zu sehen, und hinterher wird uns dann doch noch einiges bewusst. Wir können immer auf die Hilfe der geistigen Welt zählen. Wenn du in Not bist, dann bitte einfach das Universum um Hilfe. Mehr brauchst du gar nicht tun. Hatte ja schon erwähnt, dass du hier für keine großen Rituale benötigst, sondern einfach nur Bitten kannst. Sende deine Worte oder

Gedanken einfach an das Universum ab. Es wird dir Antworten, in jeglicher Form antwortet es dir, denn die Energie, welche du aussendest, kommt zu dir zurück. Diese Hilfe kann sehr unterschiedlich aussehen. Auch ein professioneller Therapeut oder Heilpraktiker können Hilfen sein. Selbst der nette Nachbar, der für dich einkaufen möchte ist so eine Hilfe. Oder ein Tier, welches sich auf dein Schoß setzen möchte. Es gibt auch hier wieder keine Grenzen. Sie nutzen alles aus: Von Sätzen über Lieblingslieder oder unsere altbekannten Zahlen. Gib nicht auf, wenn deine Zeiten einmal schwer sein mögen. In dunklen Stunden ist es besser auch in dieser Dunkelheit zu verweilen. Öffne ihr eine Türe und bitte sie herein. Du setzt dich mit ihr dorthin und lässt sie einfach mal sein. Behalte dein Licht in deinem Herzen und wisse, dass es besser werden wird. Behalte diese kleine Hoffnung in dir, und spüre sie immer und immer wieder. Es ist dein Lebensfunke, welcher dich am Leben hält. Egal wie schwer es sich gerade anfühlt, lass diesen Funken niemals ausgehen. Du musst ihn nicht jeden Tag zum Leuchten bringen, aber du kannst dich immer an ihn erinnern und ihn liebevoll warmhalten. Manchmal ist es einfach so, dass wir uns einfach ein paar Wochen oder Tage verkriechen möchten und ja, manchmal brauchen wir mehr helfende Hände in einer Situation. Es ist völlig in Ordnung sich aktiv Hilfe zu suchen. Alles, was dir guttut darfst du natürlich machen. Du liest gerade dieses Buch, weil du möglicherweise in einer schwierigen Situation steckst und jetzt was Neues erfahren möchtest. Du bist bereits auf deinem Weg, lass dich davon nicht aufhalten. Mache eine Pause, nutze die Dunkelheit, um dich im Moment auszuruhen. Und wenn du gerade ein sehr glückliches Leben führst, so hilf anderen, deren Licht gerade nicht so hell scheinen mag. Sie brauchen auch deine helfende Hand. Das Leben passiert niemals gegen dich, sondern für dich. Nimm dein Schicksal selbst in die Hand und gehe deinen Weg als Schöpfer. Es wird alles gut, glaube mir das. Ich gehe dir hier mit einem starken Beispiel voran, ebenso wie du, du wirst daran wachsen. Um dir ein wenig Kraft für deine Situation zu spenden, erzähle ich dir einmal kurz, welche kleinen und großen Probleme mich mein Leben lang verfolgt haben und was ich daraus ziehen kann:

Ich wuchs sehr arm auf, in meiner Familie gab es Alkoholprobleme und meine Eltern lebten nach einem sehr harten Vorfall getrennt. (Darauf möchte ich hier nicht näher eingehen.) Meine Mama war eine herzensgute Frau, doch leider wurde sie viel zu früh sehr schwer krank (Darmkrebs) und wir hatten kaum Geld über die Runden zu kommen. Da ich schon früh anders als andere Kinder war, hatte ich da auch meine Probleme. Ich wurde all die Jahre schwerst gemobbt, habe einige Schläge meiner Schulkameraden einstecken müssen und wurde emotional in der Schule brutal misshandelt. Später, als ich Jugendliche war, wurde es nicht wirklich besser, denn stellenweise tauchten Narzissten auf, welche mir freundschaftlich sowie beziehungstechnisch das Leben zur Hölle machten. Einer davon schlug mich sogar regelmäßig. Ich geriet an Familien, welche mich an meine Grenzen brachten. Von einem Messie Haushalt, bis über einer narzisstischen Mutter, die selbst ihre Kinder schlug. Ich habe mich jeden Tag um meine Eltern gekümmert, so wie sie sich auch um mich gekümmert haben. Mein Vater trug ein schweres Kriegstraumata mit sich und ich selbst konnte das nur zu gut verstehen, wie es einem damit gehen musste. Ich hatte nur eine gute Freundin, welche dann auch sehr weit weggezogen war. Ich war oft sehr einsam (zumindest physisch gesehen) und war zurückgezogen. Ich liebte es einfach alleine zu sein. Mir war es lieber allein zu sein, als in so einer Gesellschaft zu leben. Durch das Mobbing lief es in der Schule auch sehr schlecht (bis ich mich damals durchsetzte und dann tatsächlich Klassenbeste wurde.) In späteren Jahren wurde ich selbst sehr schwer krank: Ich litt an Endometriose, in allen drei Formen. Meine Mutter verließ diese wunderbare Welt viel zu früh, während ich in einer neunstündigen OP mit mir kämpfte. Mir wurden 20 cm Dickdarm entfernt und ein künstlicher Darmausgang gelegt, welcher in einer zweiten OP wieder zurückverlegt wurde. Auf eigenen Wunsch ließ ich mir die Gebärmutter vor lauter Schmerzen entnehmen, da ich jedes Mal Opiate benötigte. Unterdessen war ich selbst nicht in der Lage zu arbeiten, war selbst vom Amt und Krankengeld abhängig und wurde fast obdachlos. Ich habe die schlimmsten Traumata, Ängste und auch Situationen hinter mir (welche ich nicht ALLE hier aufzählen werde.) Doch ich bekam IMMER Hilfe aus der geistigen Welt. Ich gewann plötzlich im Lotto, fand meinen Seelenpartner, welcher mir sehr stark zur Seite stand und noch heute steht. Meine liebe Mama hilft mir nun auch von oben aus, und auch wenn alles zu zerbrechen scheint, so sehe ich immer eine Türe, durch welche ich gehen darf. Und heute? In all dem Chaos wurde ich selbstständig und lebe meine Berufung vollkommen aus, um dir helfen zu können. Ich bin sehr stark aus diesen Situationen zurückgekehrt. Ich würde mich selbst als ein sehr starkes Licht bezeichnen, denn nur durch all diese Erlebnisse kann ich dir auch helfen. Ich kenne alle Wunden, Narben und Winkel. Lass dein Schiff nicht sinken, Kapitän. Steuere es durch diese hohe See und du wirst es auch schaffen. Da bin ich mir sicher.

Übungen:

Meditative Übungen für jeden Tag

Dieses Kapitel soll sich mit den Übungen beschäftigen, welche ich dir im Laufe dieses Buches genannt habe. Ich selbst praktiziere diese Übungen täglich und ich kann dir sagen: Sie wirken und sind äußerst wichtig. Es dauert einige Zeit, bis du eine Veränderung bemerken wirst. Alles ist ein Prozess und jeder ist individuell. Bei dem einen dauert es länger und bei dem anderen geht es schneller, darum lasse dich auf diese Reise ein. Lasse dir Zeit, folge deinem Herzen und schau, was sich für dich richtig anfühlt. Es ist gar nicht so wichtig alles genau so zu visualisieren oder zu fühlen, wie ich es dabei fühle. Es soll dir einfach einiges veranschaulichen.

Für diese Übungen musst du kein Meditations-Guru sein, jeder kann sie durchführen, egal ob jung oder alt. Auch für Anfänger geeignet.

Wir starten direkt mit der ersten Übung.

Die Erdung

Erdung ist sehr wichtig, denn ohne geerdet zu sein, hängst du (auch als Medium) irgendwo in den oberen Sphären fest und kommst gar nicht mehr hier unten an. Erdung ist vor allem für das Wurzelchakra sehr wichtig. Durch die Erdung erhältst du Stabilität, du erdest dich, bist verbunden mit Mutter Erde und kommst wieder hier im Leben an. Du stehst dann "mit beiden Beinen" fest im Leben, fühlst dich sicher und geborgen. Du stehst fest und bist verbunden. Erdung ist für uns alle wichtig, ebenso für Energie-Arbeiter ein wichtiges Instrument, um nicht ganz abzuheben.

Du kannst diese Übung im Stehen oder im Sitzen machen. Diese Übung entfaltet eine noch stärkere Wirkung, wenn du sie in der Natur machst, barfuß im Gras oder auf dem Erdboden. Aber auch zu Hause ist sie möglich.

Punkt 1. Setze dich aufrecht hin (oder stelle dich aufrecht hin) und spüre deine Fußsohlen, wie sie auf dem harten Untergrund stehen. Fühle dich hier richtig rein. Wie ist der Untergrund beschaffen? Wie fühlen sich deine Füße an? Was kommen dir für Gedanken? Atme

326

dabei ruhig ein und aus, in deinem Takt. Komme erst einmal an.

Punkt 2. Wenn du das Gefühl hast, entspannt genug zu sein, visualisiere dir Wurzeln, welche aus deinen Fußsohlen wachsen und sich tief mit der Erde verwurzeln. Sie sind stark und halten dich. Dich kann nun nichts mehr "von den Füßen schmeißen." Spüre tief hinein, wie sich deine Wurzeln zu Mutter Erde anfühlen.

Punkt 3. Nun spüre, wie die Energie von Mutter Erde über diese Wurzeln zu dir aufsteigt. Sie fließt in deine Fußsohlen, weiter über deine Beine bis in dein Becken. Sie fließt in dein Wurzelchakra. Ich nehme es oft als eine rote Energie wahr, manchmal auch grün oder braun. Es fühlt sich dann ganz warm an. Die Fußsohlen fangen an zu kribbeln, oder zu schwitzen. Alles kann passieren, limitiere dich hier bitte nicht.

Punkt 4. Verbleibe in dieser Energie und spüre wie sich dein Wurzelchakra anfängt zu drehen, oder zu pulsieren. (Das Wurzelchakra hat seinen Sitz am Steißbein zwischen Anus und Scheide/am Damm.) Du kannst dir gerne auch dazu sagen: "Ich fühle mich sicher und geborgen."

Punkt 5. Du beendest die Übung, indem du deine Augen öffnest, Mutter Erde für die Energie dankst und eine Weile noch entspannt sitzen bleibst. Trinke Wasser

327

oder esse etwas um wieder im Hier und Jetzt anzukommen.

Diese Übung nimmt nicht viel Zeit in Anspruch, du kannst sie so lange durchführen wie du magst. 5-10 Minuten reichen hier oft schon aus. Ich mache es aber gerne für eine längere Zeit, gerade auch nach einem stressigen Tag oder wenn ich sehr viel energetisch gearbeitet habe. Tägliche Erdung bringt dir frische, neue Energie und lässt dich wieder im HIER UND JETZT ankommen. Du kannst entscheiden, ob du sie gerne morgens, abends oder öfter am Tag machen möchtest. Ich gehe hier immer intuitiv vor, da ich spüren kann, wann ich es brauche. Du kannst dir zur Erleichterung eine Routine aufbauen, so vergisst du diese Übung nicht und integrierst sie in deinen Alltag.

Star-Energie-Loop

Diese Übung eignet sich vor allem für Energie-Arbeiter. Man bringt seine Energie in eine Art "Loop" und schleust Erd-Energie sowie Universums-Energie durch seinen Körper. Mother Earth und Great Spirit durchlaufen dann dein Energiesystem und laden dich auf. Es ist Erdung und Öffnung des höheren Selbst in einem. Diese Übung mache ich auch täglich, vor allem bevor ich energetisch arbeite. Ich stärke und schütze somit meine Aura und kann diese ausweiten.

Punkt 1. Setze dich aufrecht hin und folge für einen Moment deinem Atem. Atme ruhig ein und aus und konzentriere dich auf deine Stirn (drittes Auge.) Fühle in

328

diesen Punkt hinein. Gehe hinter deine Stirn und verbleibe da eine kleine Weile. Spüre, wie es sich anfühlt. Gleichzeitig spürst du deine Füße auf dem Boden, wie sie stark verwurzelt sind. Lasse dir, wie bei der Erdung, Wurzeln aus den Füßen wachsen. Visualisiere diese.

Punkt 2. Nun nimmst du über diese Wurzeln Erdenergie von Mutter Erde auf. Du atmest ein und ziehst die Energie immer höher, über deine Füße, deine Beine, in dein Becken. Bei jedem einatmen immer ein Stückchen höher. Wenn du in der Mitte deines Bauches angekommen bist, drückst du diese Energie bei jedem ausatmen höher.

Du drückst diese Energie über deine Brust, deinen Hals, dein Gesicht bis hin zu deinem Scheitel (Kronen Chakra.) Du atmest über deinen Scheitel hinaus, bis an die Decke, bis zum Himmel (dies kann anfangs schwierig sein, lass dir hier Zeit.)

Punkt 3. Wenn du nun spürst, dass du dich in den Himmel geatmet hast, lässt du das göttliche Licht wie einen Loop wieder zurück in deinen Körper fließen. Es dreht sich quasi zu dir um und fließt über dein Kronenchakra in deinen Körper, über dein Gesicht, über deinen Hals in deine Brust, direkt in dein Herz Chakra. Hier sammelt sich nun die Erd-Energie und die göttliche Energie. Fühle, wie sich dein Herzchakra weitet und immer größer wird, es sich aufpumpt. Das Licht wird immer größer.

Punkt 4. Gebe jetzt das Herzenslicht in deine Aura. Sie kann eng an dir anliegen, oder wie eine riesige Blase um dich herum sein. Genieße für einen Moment diese wunderbare Energie. Du sitzt im Energy-Loop der Erde und des Universums. Geb all diese Energie von deinem Herz Chakra in deine Aura. Gleiche Schwachstellen aus, oder lass deine Aura richtig groß werden. Alles was du siehst und fühlst ist erlaubt. Sieh dich in dieser starken Aura sitzen. Nichts kann hineinkommen. Du bist geschützt.

Punkt 5. Wenn es für dich genug ist, kehre aus deiner Aura zurück in die Mitte deiner Stirn (drittes Auge) und bedanke dich für die Energien von Mutter Erde und dem Universum. Bleibe da eine kleine Weile und mache dann deine Augen auf. Trinke danach Wasser oder esse eine Kleinigkeit.

Diese Übung mache ich meist direkt nach dem Aufstehen, da sie mir Kraft und Energie gibt. Du kannst das jederzeit machen, wann du magst. Ich jedoch empfinde sie früh am Morgen als sehr wohltuend. Dieser Loop stärkt deine Aura für den Tag. Du brauchst dich nicht mehr zusätzlich vor anderen Energien schützen.

Aura Reinigung

Wir kommen nach Hause, waschen unsere Hände, gehen duschen und putzen uns die Zähne. Wir cremen unsere Haut ein, kämmen unsere Haare, legen Make-up auf und lackieren uns die Nägel. Wir kochen uns was gutes zum Essen oder gehen in ein Fitnessstudio, aber was machen wir eigentlich für unsere Aura? Wann reinigen und klären wir unsere Aura? Genauso wie wir über Tag ins Schwitzen kommen, so bekommt auch unsere Aura einiges an Energien ab, welche am Abend wieder hinausbegleitet werden dürfen. Aura Reinigung ist ein sehr wichtiges Tool um sich von Altlasten und schweren Energien zu befreien. Viele Energien machen uns müde, träge, wir fühlen uns ausgelaugt, schlapp, oder gar gereizt. Manche Stimmungen gehören auch gar nicht zu uns, und wir verhalten uns plötzlich seltsam. Im ersten Moment super gelaunt, im nächsten Moment weinerlich wie ein Schlosshund. Vor allem wir Frauen kennen das, aber auch Männer sind nicht ausgenommen. Du solltest jeden Abend deine Aura reinigen, um dich von diesen Energien zu befreien.

Punkt 1. Setze oder lege dich hin, so wie es für dich am bequemsten ist. Nun folgst du deinem Atem und atmest gleichmäßig ein und aus. Spüre wie deine Bauchdecke sich hebt und senkt, und gebe dich diesem rhythmischen Auf und Ab einfach hin.

Punkt 2. Fange an deine Aura zu fühlen. Vielleicht siehst du sie auch hinter deinem geistigen Auge. Ist sie groß? Fühlt sie sich leicht an? Oder gar schwer? Siehst du Blitze, Kreise oder Farben? Fühlst du Wärme, Kälte oder ein Kribbeln? Alles was du wahrnimmst, ist richtig. Siehst du Flecken, oder schwere Energien? Was nimmst du wahr? Beobachte dies eine Weile bis du alles gesehen oder gefühlt hast.

Punkt 3. Bitte die geistige Welt oder deinen Schutzengel dich zu reinigen und visualisiere einen goldenen Lichtstrahl, welcher direkt vom Himmel in dein Kronenchakra einfließt. Dieser Strahl durchfließt deinen ganzen Körper und weitet sich dann auf deine Aura aus. Du kannst spüren wie alles um dich herum leichter wird. Das goldene Licht strahlt von deinem Körper in die Aura und fängt auch hier an alles zu reinigen. Alle schweren Energien lassen nun ab von dir.

Alternativ kannst du dir gerne auch ein Netz aus goldenem Licht vorstellen, welches einmal durch deinen ganzen Körper fährt und alles hängen bleibt, was nicht zu dir gehört. Atme dabei ruhig in deinem Tempo weiter.

Punkt 4. Mache das so lange bis du das Gefühl hast, es ist jetzt genug. Dann bedanke dich bei deinem Schutzengel und deinen geistigen Helfern und lasse das Licht wieder zurück in das Universum fließen. Bleibe noch eine kleine Weile sitzen oder liegen und genieße diese Entspannung und deine neue, geklärte Energie. Schau dir deine Aura an, wie wunderschön sie strahlt. Welche Farbe hat sie? Wie wirkt sie auf dich?

Punkt 5. Öffne langsam wieder deine Augen und strecke dich. Fühle wieder den Boden unter dir und trinke Wasser oder esse eine Kleinigkeit.

Das vereinigte Chakra-Zentrum des Lichtes

Diese Übung kannst du optimal nutzen, um dein höheres Selbst zu treffen, aber auch gerne, um in eine sehr starke Energie zu kommen. Das vereinigte Chakra ist das Zentrum deines Herzens und vereinigt alle Chakren während dieser Übung zu einem großen Chakra zusammen. Hier rüber kannst du auch Botschaften erhalten, jedoch kannst du dies auch bei jeder anderen Meditation oder Übung erhalten, es gibt auch hier keine Vorgaben. Diese Übung stärkt deine Verbindung zur geistigen Welt und dir selbst.

Punkt 1. Setze oder lege dich hin, so wie es für dich bequem ist. Atme in deinem Rhythmus ein und aus und lasse den Atem fließen.

Punkt 2. Verbinde dich nun mit der Erde und dem Himmel. Fühle oder visualisiere dir einen Lichtkanal, welcher einmal vom Kronen Chakra und einmal vom Wurzelchakra in dich hineinfließt. Dieser Lichtkanal durchfließt jeden deiner Chakren. Atme auch hier entspannt weiter und spüre, wie der Atem des Lebens dich durchströmt. Halte dieses wunderbare Gefühl eine Weile aufrecht.

Punkt 3. Nun ziehst du alle deine Chakren über diesen Lichtkanal in dein Herz Chakra (dieses befindet sich bei dir genau dort, wo dein Herz sitzt.) Sieh wie sie leuchten und strahlen. Sie vereinigen sich im Herz Chakra zu dem vereinigten Chakra. Es leuchtet strahlend hell und strahlt von deiner Brust überall hin. Es ist stark und gefüllt mit der göttlichen Energie, die Energie von Mutter Erde und deinen Chakren. Wenn du dich eine Weile dort hineingefühlt hast, spüre wie es dich selbst mit Energie füllt.

333

Punkt 4. Begib dich selbst in dein vereinigtes Chakra hinein und setze dich gemütlich dorthin. Spürst du, wie es um dich herum leuchtet? Kannst du sehen, wer sich zu dir setzen mag? Oder spürst du jemanden um dich herum? Siehst du Farben, Lichter oder doch was ganz anderes? Was nimmst du wahr? In deinem vereinigten Chakra kannst du nun alles wahrnehmen, was sich dir zeigen möchte. Auch Engel sind jederzeit möglich. Spüre einmal für dich, wer da sein möchte.

Punkt 5. Wenn du fertig bist, verabschiede dich von deinem Kontakt und kehre langsam wieder in dein Bewusstsein zurück. Lasse dein Chakra langsam wieder schrumpfen und sieh, wie die einzelnen Chakren wieder an ihren Platz finden. Atme tief ein und aus. Schließe den Lichtkanal und bedanke dich auch hier für die Unterstützung. Jetzt öffne ganz langsam deine Augen und komme wieder im Hier und Jetzt an. Trinke Wasser oder esse eine Kleinigkeit.

Das Tal der Sonne

Diese Übung ist eine Reise in eine andere Welt. Du kannst sie als eine Entspannungsreise ansehen, aber auch gerne nutzen, um eine Astralreise einzuleiten.

Gerne kannst du damit etwas herumexperimentieren, was sich dir zeigen möchte. Das Tal der Sonne ist auch eine Reise zu dir selbst. Du kannst diese Übung auch vor dem Schlafengehen machen und sie als Einschlafhilfe nutzen.

Punkt 1. Setze oder lege dich ganz entspannt hin und atme langsam ein und aus. Komme in einen ruhigen, entspannten Zustand. Lasse deinen Atem fließen.

Punkt 2. Nun visualisiere dir eine helle Sonne. Sie scheint über dir strahlend hell und ihre Strahlen speisen dich mit neuer Energie. Sie scheinen auf dich hinunter. Ein Strahl erreicht dein Herz-Zentrum und du kannst sehen, wie sich daraus ein Weg ergibt. Du steigst auf diesen Strahl und beginnst diesen Weg zu gehen. Sieh, was sich dir alles links und rechts zeigt. Achte auf dein Gefühl, und schau dir alles genau an. Nutze diese wunderbare Zeit für dich. Geh bis zu deiner Sonne hinauf. Hier kann es auch zum Übergang in eine Astralreise kommen. Schau einfach mal wohin sie dich führen mag. Wenn nicht, darfst du gerne weiter entspannen und dich im Tal der Sonne umsehen.

Punkt 3. Du bist in der Sonne angekommen. Hier ist es angenehm warm und wahnsinnig hell, doch das Licht blendet dich nicht. Es fühlt sich angenehm an und du fühlst dich hier sehr wohl. Es ist wie ein nach Hause kommen. Du kannst einen Wasserfall erkennen, welcher in den schönsten Farben erstrahlt, du selbst stehst auf einer wunderbaren grünen Wiese. Du kannst das Gras unter dir spüren. Fühlst du den Wind auf deiner Hand? Atme ihn ein, er bringt dir neue Energie. Sieh dich hier ruhig um und schau, was du noch alles finden wirst. Vielleicht sind ja ein paar Tiere unterwegs, möglicherweise auch Fabelwesen? Vielleicht begegnet dir dein Krafttier. Genieße diesen Ort für eine Weile, hier bist du sicher. Es ist dein Tal der Sonne.

335

Punkt 4. Wenn du genug gesehen hast, kannst du dir diesen Ort gerne in Erinnerung behalten, denn vielleicht siehst du das nächste Mal etwas anderes wieder. Nun gehst du langsam wieder zu dem Sonnenstrahl zurück. Du wirst sicher begleitet von deinen Engeln. Sie bringen dich wieder in das Zentrum deines Herzens zurück. Wenn du dich bereit fühlst, darfst du deine Augen öffnen. Wenn du schon eingeschlafen bist (oder kurz davor) darfst du dich umdrehen und weiterschlafen. Genieße diese entspannende Energie.

Punkt 5. Am nächsten Morgen wirst du dich erholter und frischer fühlen. Strecke dich und beginne deinen Tag mit einer Erdungs-Übung, um wieder im Hier und Jetzt anzukommen. Öffne dein Fenster und lasse alle alten Energien hinaus. Du bist heute die Sonne.

Mediale Übungen

Diese Übungen sollen dir helfen, dich mit der geistigen Welt zu verbinden damit auch DU Botschaften empfangen kannst. Da ich selbst meine Gabe seit der Kindheit habe weiß ich nicht WIE man medial wird, da ich es schon immer war. Jedoch habe ich diese Übungen direkt von der geistigen Welt empfangen (für dich gechannelt) damit auch du ihre Botschaften hören/fühlen oder sehen kannst. Die Übungen eignen sich sowohl für Anfänger als auch für Fortgeschrittene. Für jeden ist etwas dabei.

Die einfache-Übung

Diese einfache kleine, aber sehr wirkungsvolle Übung hilft dir sofort, mit der geistigen Welt in Kontakt zu treten, völlig egal welcher Hellsinn bei dir aktiviert ist. Alles, was du dazu tun musst, ist dich darauf einzulassen und deinen Verstand einmal völlig beiseite zu schieben. Ja, ich weiß, das ist manchmal leichter gesagt als getan. Alles, was du nun nachfolgend wahrnehmen kannst, einfach annehmen und NICHT zerdenken. Dies ist ganz wichtig bei dieser Übung: Nicht denken.

Setze dich aufrecht hin, oder lege dich bequem auf eine Unterlage. Verbleibe einfach in dieser Stille. Bleibe einfach dort sitzen und lausche deinem Atem. Du musst nichts weiter tun. Wenn deine Gedanken abschweifen und wieder über irgendwelche Sorgen nachdenken müssen, so hole dich liebevoll zurück und achte wieder auf deinen Atem. Lausche in die Stille.

Achte auf deine Empfindungen. Was hörst du? Was siehst du? (meist sind es Farben hinter deinen Augen oder innere Bilder) Was riechst du? Wie fühlt sich deine Aura an? Ist es gerade warm oder kalt? Spürst du ein Kribbeln? Alles, was du jetzt wahrnehmen kannst, ist Energie. Diese Übung ist deswegen so einfach, weil du nichts tun musst als zu warten. In der Stille kannst du die geistige Welt viel besser wahrnehmen als im stressigen Alltag. Deine Intuition und dein geistiges Team sind immer sehr sanft und leise, deswegen darf man auch ganz genau hinhören (oder fühlen.)

Diese Übung braucht ihre Zeit, doch mit der Zeit wirst du immer effizienter und kannst auch dich immer besser spüren können. Du wirst sofort merken, wenn eine andere Energie in dein Energiefeld eintritt. Hetze dich dabei nicht. Mache diese kleine Übung am besten, wenn du nicht müde oder ausgelaugt bist. Nach einem stressigen Tag fällt es uns immer sehr schwer uns zu konzentrieren und den Fokus zu halten. Du kannst davor auch eine der anderen Übungen zur Entspannung machen, jedoch vergiss am Ende dieser Übung nicht die Erdung.

Du fragst dich, woher du jetzt wissen sollst, dass diese Bilder nicht aus dir stammen, sondern von der geistigen Welt?

Zunächst sei gesagt, dass du es mit der Zeit einfach weißt, oder spürst. Zum anderen sei gesagt, dass die geistige Welt sich deiner "Festplatte" bedient und genau diese Bilder/Gefühle benutzt werden, um dir Botschaften zu senden. Indirekt stammen diese Bilder aus dir. Du bist das Universum und ein Teil der geistigen Welt, alles, was von ihnen stammt, stammt auch von dir/aus dir.

Diese Übung macht mit der Zeit sehr viel Spaß, weil man immer etwas Neues entdeckt und sich rundum wohlfühlt. Die geistige Welt hält immer Überraschungen bereit.

Gerne kannst du zu dieser Übung eine Musik deiner Wahl hören.

Das dritte Auge aktivieren

Diese Übung gibt es wie Sand am Meer. Die einen machen Yoga, der nächste meditiert den ganzen Tag, und ich sage dir, es ist viel einfacher, als alle denken. Es ist wie die Einfache-Übung, nur noch einfacher.

Entspanne dich und folge deinem Atem. Wenn du Gedanken hast, welche dich ablenken mögen, komme einfach wieder zu deinem Atem zurück. Wenn du bereit bist, visualisiere dein drittes Auge in der Mitte deiner Stirn zwischen deinen Augenbrauen. Schau es dir an, wie es aussieht oder wie es sich anfühlt. Meist trägt es die Farbe Lila bis Indigo. Fühle dich in diese Farben hinein.

Wenn du magst, kannst du auch gerne ein helles Licht hineinfließen oder das dritte Auge erstrahlen lassen wie ein Stern. Dies kannst du so lange tun, wie du möchtest. Gerne kannst du das auf dein Kronenchakra (am Scheitelpunkt deines Kopfes) ausweiten lassen. Beobachte einfach mal was geschieht. Oft fängt es an zwischen den Augenbrauen zu drücken oder zu kribbeln. Es entsteht dabei "ein seltsames Gefühl." Dies ist ein Zeichen, dass sich dein Drittes Auge öffnet.

Später wird es sich "immer mal wieder melden", wenn eine Präsenz im Raum ist.

Ich habe das sehr oft. Entweder spüre ich es in meiner Aura, meinem Solarplexus oder eben direkt am dritten Auge. Es ist, wie ich es gerne nenne, meine Kamera in die andere Welt, in das Jenseits.

Das Kronenchakra kann später auch anfangen zu kribbeln oder sich "seltsam" anzufühlen, als würde dich jemand am Kopf duschen. Sei offen für alle Empfindungen, welche dir begegnen. Du siehst, diese kleine Übung ist nicht schwer und bedarf nicht viel Zeit. Wenn du dich nur auf dein drittes Auge konzentrierst, wirst du schon einen Erfolg erleben. Lass dir auch hier bitte wieder Zeit, du weißt: Alles ist ein Prozess und nichts geschieht von heute auf morgen.

Am Ende der Übung kannst du dich wieder erden, indem du die Erdungs-Übung machst, etwas isst, trinkst oder direkt in die Natur hinaus gehst. Du wirst immer mehr in die Verbindung kommen und es kostet dich nicht viel Zeit. Das kannst du auch unterwegs machen, egal wo du bist. Ob im Bus in der Pause oder morgens im Auto.

Im Licht verweilen

Diese Übung eignet sich dafür einfach mal im Licht der geistigen Welt zu baden. Es fühlt sich an wie eine erwärmende Dusche oder gar ein Entspannungsbad.

Lege dich hierzu einfach in dein Bett, auf dein Sofa oder auf eine Unterlage. Du kannst auch sitzen oder stehen, so wie es dir am liebsten ist.

Nun schließt du deine Augen und fängst an dich zu entspannen. Atme tief ein und aus und beobachte einfach mal deinen Atem. Mehr musst du hier gar nicht tun. Du kannst dir während dem ein- und ausatmen vorstellen wie du in einem Meer voller Licht schwimmst oder liegst, und dieses genießt. Es ist warm und

340

angenehm und umhüllt deinen ganzen Körper, dein ganzes Sein. Verbleibe für eine ganze Weile in diesem Meer aus Licht. Mache es so lange, wie es sich für dich richtig anfühlt. Wenn deine Gedanken abschweifen, hole dich immer wieder liebevoll in das Lichtermeer zurück.

Wenn du genug hast, steige aus dem Meer aus und komme wieder bei deinem Atem an. Nimm ihn wieder wahr und öffne langsam deine Augen. Esse und trinke danach etwas, um dich wieder zu erden.

Diese Übung mag sich auch wieder einfach anfühlen, ist aber sehr wirkungsvoll. Wiederhole sie so oft du magst und gehe natürlich auch nach deinem Bauchgefühl.

Alltagsübungen für Hochsensible und Empathen

Kraft tanken-Für Hochsensible aber auch für dich

Diese Übung ist, genau wie ihre Nachfolger, sehr einfach gehalten. Mache sie gerne zwischendurch oder immer dann, wenn es dir danach ist. Ich nenne sie "Kraft-tanken." Egal wo ich bin, nehme ich mich für ein paar Minuten aus der Situation heraus. Sei es mal eben auf das Klo zu gehen, oder an die frische Luft, einfach für 5-10 Minuten an einen anderen Ort, weg vom Getümmel und den lauten Geräuschen. Dort achte ich dann auf meinen Atem und genieße die Stille. Ich nehme sie richtig tief wahr und zähle meine Atemzüge. Ich versuche auch meine ganzen Gedanken einfach zu beobachten und für einen kurzen Moment auszuschalten. Einfach mal für sich sein. Wenn du damit fertig bist, gehst du einfach wieder zurück in die Runde. Du kannst das so oft machen wie nötig, gerne auch mehrere Male hintereinander, immer und überall. Kurz einmal Kraft tanken.

Die Zentrierung

Ich schrieb in meinem Kapitel "Empathie und Hochsensibilität" über die Zentrierung und ich finde, das ist ein wichtigstes Tool, um sich auch kurz- oder langfristig unter Menschen aufhalten zu können. Es erfordert etwas Übung, aber mit der Zeit klappt es doch recht gut. Sich auf sich selbst zu zentrieren ist ein sehr wichtiger Teil, um auch sich selbst als Empath wieder wahrnehmen zu können. Mit der Zeit weiß man dann, welche Gefühle von einem selbst stammen und welche nicht.

Die Übung ist recht einfach und kann immer und überall angewandt werden, unabhängig davon, ob du gerade daheim bist oder unter Menschen. Mach sie so oft, wie es dir guttut. Dazu musst du auch gar nicht lange entspannen. Stell dir einfach vor, wie du tief in dein Inneres blickst und ein goldenes Licht siehst. Du kannst auch andere Farben nehmen, oder ein anderes Symbol. Ein roter Ball oder eine Sonnenblume. Sei hier ganz frei. Du konzentrierst dich dann nur noch auf dieses Symbol/Licht, denn das bist du. Fühle dich hinein. Wie fühlt es sich an? Was für Gefühle stecken dahinter? Wie bist du? Und dann beobachte das drumherum: Dort wirst du viele andere Symbole oder Lichter wahrnehmen. Dies sind die Gefühle und Energien anderer Menschen. Schau sie dir einfach an und beobachte sie. Werte nicht und urteile nicht, sieh einfach zu. Du selbst sitzt auf deinem Symbol oder in deinem Licht und bleibst dort auch. So schaffst du es, dich immer wieder neu zu zentrieren. Mit der Zeit klappt es immer schneller und du kommst auch gut in deiner Mitte an. Du kannst dann in deiner Energie bleiben und dich von deiner Energie nähren, statt dich anderen ausgeliefert zu fühlen. Anfangs kann es hilfreich sein, diese Übung alleine zu machen und später dann unter Menschen zu wiederholen. Wenn es einmal nicht klappt, ist dies auch in Ordnung. Wir sind alle nicht perfekt und haben mal bessere und mal schlechtere Tage.

Selbstliebe Übung

Diese Übung findet man wahrscheinlich überall, jedoch empfinde ich sie als sehr hilfreich. Hierzu musst du auch nicht lange meditieren oder entspannen, du kannst einfach direkt loslegen und sie versuchen. Anfangs wirst du dir seltsam vorkommen, doch mit der Zeit wird es immer besser und besser werden. Du hast das wahrscheinlich schon gehört: Stell dich nackt vor den Spiegel und schau dich an. Schau dir in die Augen, schau deinen Körper an, nimm alle Gedanken an, welche sich dort zeigen mögen. Auch wenn sie erst einmal negativ oder unangenehm sind. Irgendwann wirst du merken, dass du dich nicht mehr unwohl fühlst. Das kann einige Male dauern, doch es klappt. Wenn du dich nicht mehr unwohl fühlst und dauernd etwas an dir auszusetzen hast, fängst du an dich anders zu

343

betrachten. Da sind dann Gedanken wie: "Ist doch eigentlich ganz in Ordnung." "Das passt doch gut zu mir." Diese Gedanken greifst du dann auf und denkst sie weiter: "Ich sehe echt gut aus." "Ich bin richtig liebenswürdig." Alles, was dir Positives in den Kopf kommt, darf auch sein. Bei dem einen wird es länger dauern, bei jemand anderen möglicherweise nicht. Stress dich da nicht und setz dich nicht unter Druck. Die Übung ist sehr simpel, aber wirkungsvoll. Ich selbst halte nichts davon mir jeden Tag zu sagen, wie großartig ich doch wäre. Unser Gehirn möchte etwas sehen und dazu dient der Spiegel, so kommt es besser in dein Unterbewusstsein an.

Empathie tief spüren

Ja, ich weiß: Wir Empathen spüren ohnehin schon mehr als alle anderen, wieso dann also noch tiefer spüren? Weil unsere Gefühle mehr als wichtig sind. Unsere Intuition können wir so stärken und auch ein besseres Gefühl für uns selbst entwickeln. Tief spüren bedeutet hier: Alles annehmen, dich annehmen wie du bist und deine Empathie richtig ausleben. Von vielen hörst du wahrscheinlich "Lege dir mal ein dickeres Fell zu." Doch das ist falsch: Wir müssen in diesen Gefühlen verweilen, um authentisch und gesund zu bleiben. Gefühle wegzusperren und zu unterdrücken ist nicht richtig und schon gar nicht für uns. Du kannst deine Empathie in Momenten tief spüren, wenn sie so richtig emotional werden. Natürlich auch vorher, aber wenn es richtig emotional wird, sind wir es, die schneller reagieren als andere. Achte mal darauf wann du so richtig emotional bist. Vielleicht, weil jemand weint oder wenn du dich besonders glücklich fühlst. Möglicherweise bei einem rührenden Film oder anderen Dingen. Lass es raus. Spüre diese Emotionen wirklich tief in dir. So kannst du sie auch sehr gut handeln und hast keine Angst davor dich selbst zu fühlen. Immer dann, wenn du etwas fühlst (und das wird wahrscheinlich sehr, sehr oft sein) gehe tief hinein und spüre es. Dies kann dir helfen, dich tatsächlich sicherer zu fühlen, weil du dich nicht so ausgeliefert fühlst.

Dein Orakel

Hier kannst du nach Belieben einfach eine Seite aufschlagen und dir je nach Bauchgefühl einen Spruch auswählen. Nutze es als eine Art Orakel. Du konzentrierst dich einfach auf die Frage oder das Thema, zu welchem du etwas wissen magst oder Hilfe benötigst. Vertraue hier ganz einfach dem Universum. Alles, was richtig ist, wird zu dir kommen. Schließe dazu für ein paar Sekunden die Augen, schlage eine Seite auf und richte deinen Blick genau auf diese Seite. Schau dir an, welcher Spruch sich für dich zeigt. Auch wenn er im ersten Moment nicht viel Sinn ergibt, so schau mal, ob er es später tut.

"Manchmal müssen wir die Wege hinter uns lassen, um uns selbst wiederzufinden. Gehe deinen Weg weiter, auch wenn er nicht leicht erscheint. Du schaffst das."

"Nimm dir die Zeit darüber nachzudenken. Das Universum ist an deiner Seite und begleitet dich. Gönne dir eine Pause und atme einmal durch."

"Sieh dich einmal um: Was könnte dir heute eine Freude bereiten? Was könnte dich auf den Weg bringen? Wo benötigst du mehr Hilfe?"

"Wenn dir dieser Weltschmerz zu viel wird und du selbst nicht mehr klar zu fühlen scheinst, ziehe dich zurück und bleibe für einen Moment lang bei dir."

"Nicht alles verdient eine Reaktion. Wähle weise deine Worte, wähle weise, wem du deine Energie gibst und was du als nächstes tust. Entscheide dich."

"Das Universum sieht dich und weiß, dass du gerade schwere Zeiten durchmachst, halte durch, es wird bald besser werden. Die Sonne wird wieder scheinen."

"Du bist eine Seele mit einer Mission hier auf Erden, du bist inkarniert, um in dieser Welt einen wichtigen Beitrag zu leisten. Du bist gebraucht und geliebt."

"Du lernst nie aus, Erfahrungen sind dazu da, um diese zu machen. Wenn du gerade eine Erfahrung gemacht hast, die sich für dich nicht förderlich anfühlt, so sei dir sicher, dass sie es ist. Du machst sie nicht ohne Grund, du lernst."

"Gott sieht dich und hört deine Bitten. Manifestiere weise und werde dir deinen Absichten klar. Du kannst alles manifestieren, was du möchtest."

"Dein Kanal ist bereits offen und verbunden, die geistige Welt schickt dir in nächster Zeit immer mehr Zeichen, gehe achtsam durch deinen Alltag."

"Heute ist dein Glückstag: Das Universum sagt dir ganz deutlich, dass sich nun alles zum Besseren wenden wird. Habe Vertrauen in diese Sache."

"Manchmal müssen wir aufbrechen, um an unsere wahren Seelenanteile zu kommen. Oftmals finden wir

347

uns erst in der Dunkelheit wieder, wenn unser Licht doppelt so hell leuchtet."

"Dualität ist schwierig zu meistern, kommen wir doch alle aus der unendlichen Liebe, der unendlichen Schöpfung. Doch vergiss nicht, dass du dich entschieden hast, hier zu sein. Genieße das Leben, auch wenn es nicht so einfach erscheint."

"Mutter Natur ruft deinen Namen. Hiermit bist du aufgerufen mehr Zeit in der Natur zu verbringen und dich mit den Naturgeistern zu verbinden. Sie bringen dir Frieden und Ruhe."

"Der Himmel öffnet sich für dich. Richte deine Bitten einfach an das Universum. Du bist Schöpfer/Schöpferin und kannst alles erreichen. Wirklich ALLES. Werde dir darüber bewusst."

"Es reicht nicht zu wissen, du musst es auch verinnerlichen und fühlen. Lass es wieder in dein Bewusstsein, wer du wirklich bist. Fühle es mit allen Sinnen."

"Liebe ist überall, du bist auch Teil dieser Liebe. Du selbst bist die Liebe. Beschenke dich mit all dieser Liebe. Du bist es dir immer wert."

"Wenn du Hilfe benötigst, dann bitte einfach um Hilfe. Das Universum hört dich und wird dir auch die nötigen Zeichen dazu senden. Es ist nie zu viel, sei dir gewiss."

"Die größte Herausforderung ist, sich selbst zu finden in einer Welt, die nur noch aus Masken besteht. Hast du schon hinter deine Maske geblickt?"

"Die Liebe ist wie ein Lichtstrahl, welcher mich zu dir führt, wenn ich im Dunkeln meine Wege nicht mehr zu erkennen vermag."

"Ich bin wahrhaftiges Licht. Alles, was zu mir kommen darf wird auch zu mir kommen. Ich habe keine Angst, denn ich bin sicher und gehalten."

"Verrenne dich nicht zu sehr. Schalte einmal dein Köpfchen ein und sieh dir die Situation genau an. Was hast du übersehen?"

"Ein Perspektivwechsel kann immer dann notwendig sein, wenn deine Situation festgefahren scheint. Ändere deinen Blickwinkel um klarer sehen zu können."

"Probleme sind nur verkleidete Lösungen. Nimm sie an und ändere deine Energie. Sie lösen sich nicht in derselben Energie, in welcher sie entstanden sind."

"Deine Aura ist stark. Nutze sie, um auch dich aufzufüllen, um auch dich wieder glücklich zu machen."

"Suche nicht im Außen nach der Erfüllung deiner Träume. Sie sind tief in deinem Inneren verankert. Alles, was du suchst, ist bereits da."

"Aufgestiegene Meister und Engel widmen sich heute verstärkt deinen Absichten. Bleibe in einer hohen Schwingung, um alles zu manifestieren. "

"Wenn etwas nicht so funktionieren möchte, wie du es gerne hättest, dann lasse es einfach mal los und schaue, ob es sich zu einem anderen Zeitpunkt leichter anfühlt. Manche Lektionen benötigen ihre Zeit."

"Jeder Prozess, in welchem du steckst, ist göttlich geführt. Du bist nicht alleine, du hast das ganze Universum hinter dir. Vergiss das nie."

"Lass das Wasser anderer nicht in dein Schiff eindringen. Du bist auf diesem Ozean nicht gefangen, du kannst jederzeit selbst deine Segel setzen."

"Gönne dir ruhig eine Pause, damit auch du deine Reserven wieder auffüllen kannst."

"Stark zu sein bedeutet nicht jeden Tag ein Lächeln im Gesicht zu tragen, sondern sich in den dunkelsten Stunden darauf zu verlassen, dass alles besser wird."

"Die Kraft der Heilung liegt in deinem Glauben. Wenn du fest genug an dich selbst und an deine Heilung glaubst, wird sie geschehen. Energie folgt der Aufmerksamkeit."

"Passe deinen Fokus an. Richte dich wieder auf das Licht in dir und auch im Außen aus. Ziehe all das in dein Leben, wovon du schon immer geträumt hast."

"Zu leben bedeutet nicht nur zu existieren. Breche nun aus deiner Komfortzone aus und traue dich auf neue Wege. Das Universum steht hinter dir."

"Stillstand bedeutet nicht automatisch keine Veränderung. In der Stille kann so vieles geschehen, Stille verändert alles. Sei dir sicher: Die Energien fließen immer."

"Vertrauen in dich und in die geistige Welt sind nun besonders wichtig. Du steckst in einem Prozess und darfst dir nun klar darüber werden. Alles wird zu deinen Gunsten geschehen, zum Wohler aller. Vergiss das nicht."

"Deine Engel sind sehr stolz auf dich. Du hast es bis hier hingeschafft und wirst es auch noch weiter schaffen. Sie applaudieren und gratulieren dir."

"Deine Entwicklung verläuft perfekt. Vertraue auf die göttliche Führung und gehe deinen Weg weiter. Es ist alles so wie es sein soll."

"Einsamkeit ist kein Ausdruck von Leere. Leer fühlst du dich, wenn du nicht der Stimme deiner Seele folgst. Du kannst einsam und voller Leben sein, wenn du dich der Erkenntnis hingibst."

"Du musst nichts mehr WERDEN, denn du BIST bereits alles. Erinnere dich daran und schaue tief in deine Seele. Du hast all dieses Wissen bereits in dir."

"Wenn du etwas finden willst, was zu dir gehört, wird deine Suche vergebens sein. Alles, was zu dir gehört, wird dich finden. Lehne dich also zurück und entspanne dich."

"An Tagen, an denen wir durcheinander sind, dürfen auch wir uns einfach mal sortieren und nicht erreichbar sein. Nimm dir diese Zeit und beschenke dich damit."

"Halt. Das ist jetzt nicht der richtige Zeitpunkt. Nimm dir noch einmal die Zeit darüber nachzudenken-Geh die Dinge einfach etwas langsamer an."

"Wenn du dich auf deinen Weg begibst, kann es sein, dass dir viele Schatten begegnen. Doch sei dir sicher, dass du die Sonne bist, welche alles durchleuchten wird."

"Deine Emotionen in deinem Inneren sind Boten. Sie möchten dir etwas mitteilen, darum höre auf sie. Sie sind nicht deine Feinde, sondern deine Freunde. Lausche."

"Ich weiß, du hast Angst, und es ist völlig in Ordnung. Du darfst sein wer du bist, zu jeder Zeit. Nimm dir heute die Zeit für dich. Du musst nicht immer gut gelaunt sein."

"Es ist absolut in Ordnung mächtig zu sein. Übernimm Verantwortung deiner Situation gegenüber. Du kannst sie immer wieder ändern, du hast alles in der Hand."

"Liebe ist die stärkste Kraft des Universums. Hast du sie schon erfahren? Halte nun deine Hand an dein Herz und spüre tief in dich hinein. Du wirst es fühlen können."

"Blicke hinter den Horizont. Auch wenn die Sonne untergeht, ist sie immer hinter den Bergen zu finden. Sie ist niemals ganz weg, du musst nur deinen Standort ändern und über die Berge blicken."

"Dein höheres Selbst erinnert dich daran, dass Gott auch in dir selbst ist. Du bist Gott und Gott ist du, wir sind niemals getrennt."

"Du kannst aufatmen: Gute Nachrichten machen sich auf den Weg zu dir. Mache dich bereit sie zu empfangen. Lasse den Segen geschehen und freue dich."

"Eigene Wege bedeuten auch immer viel Kraft und Zuversicht. Habe den Mut zu dir zu stehen, sei das, was du sein möchtest und lebe danach."

"Du bist nicht klein. Alles, was deine Freude blockiert oder dich klein fühlen lässt, solltest du aus deinem Umfeld entfernen. Es gehört nicht in deine Energie."

"Lebe so, wie es dir gefällt. Wenn du gerade nicht die Mittel dazu hast, dann lebe trotzdem so, als hättest du sie. Ziehe es in dein Leben."

"Nur dein Verstand begrenzt dich, sonst niemand anderes. Alle Grenzen entstehen nur in unseren Köpfen.

Überwinde dein Denken und du überwindest deine Grenzen."

"Dein Seelenweg fühlt sich leicht und unbeschwert an. Alles andere ist nicht dein Weg und du darfst ihn noch einmal überdenken. Der Seelenweg ist voller Liebe und Energie."

"Hörst du auf deine Intuition? Wirklich? Oder lässt du dich immer noch von deinem Verstand leiten? Achte hier einmal ganz genau drauf. Es reicht nicht zu vertrauen, wenn du nicht auch nach deiner Intuition handelst."

"Es steckt mehr in dir als du glaubst. Gib nicht auf und bleibe weiter hartnäckig. An manchen Tagen mögen die Sonnenstrahlen ausbleiben, doch hinter den Wolken wartet stets die Wärme auf dich. "

"Selbstliebe ist der Schlüssel zur universellen Liebe. Wenn du die Liebe des Universums erfahren möchtest, dann liebe dich selbst. Du bist Liebe, du bist einzigartig."

"Wenn du keine Segel hast um mit dem Wind zu segeln, dann bleibe ruhig in deinem Boot sitzen und warte bis

356

sich die Strömung für dich ergibt. Sie wird zu dir fließen und du wirst sie erkennen, sei dir dessen immer bewusst."

"Jede Seele ist gebraucht hier auf Erden, auch wenn wir manche Seelen lieber nicht wiedersehen möchten. Auf Seelenebene habt ihr euch abgesprochen, um euch möglichst zu zweit weiterzuentwickeln, ihr erinnert euch nur nicht."

"Alice im Wunderland ist kein Märchen. Du hast dieses Wunderland bereits in dir, sieh genau hin. Sieh dich um- Es ist überall."

"Die Kraft der eigenen Gedanken ist sehr stark, achte immer auf eine gute Gedankenhygiene."

"Gott steht hinter dir, du bist niemals alleine."

"Dein Engel hüllt dich liebevoll in einen Mantel der Liebe ein. Er möchte dich daran erinnern, dass du all seine Unterstützung hast."

Nachwort

Eine Reise in dein neues Bewusstsein. Manche Dinge wirst du erst mit der Zeit verstehen, andere werden länger brauchen und wieder andere lässt du erst einmal weg. Jeder macht sich auf seinen Weg, jeder geht mit dem in Resonanz, was sich richtig anfühlt. Es ist völlig in Ordnung, wenn du für all das Zeit benötigst. Gebe dir immer so viel Zeit wie nötig. Es ist wundervoll zu sehen, wie viele tolle Seelen doch hier auf Erden sind. Selbst für mich ist es sehr wichtig ein Teil dazu beizutragen und die Welt „wacher" und „heller" zu gestalten. Mein Buch darf zu dieser Aufklärung beitragen und ist ein Teil meiner Lichtarbeit. Ich wünsche mir auch für dich, dass du deinen eigenen Weg findest, dich öffnen kannst für die geistige Welt und keine Angst mehr haben musst vor alle dem, was dir einst aus der Gesellschaft erzählt wurde. Die geistige Welt wartet nur darauf uns zu begrüßen und mit uns/durch uns zu arbeiten. Sie sind so voller Liebe, dass auch du dich dieser Liebe vertrauensvoll hingeben darfst. Du findest deine eigene Wahrheit und deinen eigenen spirituellen Weg. Lasse dich von deiner Wahrheit nicht abbringen, sondern folge immer dem Ruf deines Herzens. Deine Seele kennt den Weg und du brauchst nichts anderes zu tun, als auf sie zu hören. Vielleicht wird dich die ein oder andere Seele nicht auf Anhieb verstehen. Nicht jeder ist bereit, sich auf einen neuen Weg zu machen, doch auch das darfst du akzeptieren. Lasse dein Licht leuchten und verbreite es in dieser Welt. Du und ich und alle Seelen sind wichtig.

Danke, dass auch du ein Teil dieser Welt bist.

Ich danke auch meiner Mama Karin Schulz, welche mir hier für all die Fragen zur Verfügung stand und mir sehr geholfen hat. „Unser aller Verbindung sind immer unsere Herzen." Wie recht du hast, liebe Mama.

Ein großes Dankeschön geht auch an meinen Mann Florian , welcher mich in allen Lebenslagen sowie meiner Berufung tatkräftig unterstützt hat.

Vielen Dank

Über die Autorin

Zemina Schulz ist ein modernes Medium der neuen Zeit. Sie entdeckte ihre Gaben bereits in der frühen Kindheit und ist seither mit der geistigen Welt, den Engeln und ihren Geistführern stark verbunden. Sie wuchs in Esslingen/ Baden-Württemberg in einer Altstadt auf und lernte früh, was es bedeutet, anders zu sein. Ihre Gaben verlor sie dabei nie aus den Augen.

Heute ist sie Engelmedium, Bewusstseins-Coach und Botschafterin sowie Heilerin. Mit ihrer Gabe hilft sie Menschen ihr eigenes Licht zu erkennen und begleitet sie auf ihrer individuellen Reise in ein neues Bewusstsein.

 Jenseitskontakte.mit.herz

 Jenseitskontakte mit Herz

 www.einfach-himmlisch.net